古典文獻研究輯刊

三九編

潘美月・杜潔祥 主編

第 14 冊

神異經輯校集注

王 寧 著

國家圖書館出版品預行編目資料

神異經輯校集注／王寧 著 -- 初版 -- 新北市：花木蘭文化事
業有限公司，2024〔民 113〕
序 14+ 目 4+204 面；19×26 公分
（古典文獻研究輯刊 三九編；第 14 冊）
ISBN 978-626-344-934-3（精裝）
1.CST：神異經 2.CST：注釋
011.08   113009711

ISBN-978-626-344-934-3

古典文獻研究輯刊
三九編　第十四冊　　　　　　　　ISBN：978-626-344-934-3

神異經輯校集注

作　　者　王寧
主　　編　潘美月、杜潔祥
總 編 輯　杜潔祥
副總編輯　楊嘉樂
編輯主任　許郁翎
編　　輯　潘玟靜、蔡正宣　美術編輯　陳逸婷
出　　版　花木蘭文化事業有限公司
發 行 人　高小娟
聯絡地址　235 新北市中和區中安街七二號十三樓
　　　　　　電話：02-2923-1455／傳真：02-2923-1452
網　　址　http://www.huamulan.tw 信箱 service@huamulans.com
印　　刷　普羅文化出版廣告事業
初　　版　2024 年 9 月
定　　價　三九編 65 冊（精裝）新台幣 175,000 元

神異經輯校集注

王寧 著

作者簡介

王寧，1968 年生於山東青島，籍貫山東荏平，棗莊廣播電視台高級編輯，獨立學者，從事古文字、上古史、古籍整理及出土文獻研究，在海內外學術刊物上發表論文 70 餘篇，曾合著出版《康熙〈嶧縣志〉整理與研究》（中國海洋大學出版社 2019 年）。

提　　要

　　《神異經》從傳世以來，因為其荒怪陸離的記載堪與《山海經》比肩，流傳很廣，傳注類書中徵引極多，《四庫全書總目提要》言其「詞華縟麗」，不僅許多文學作品從中取典，一些筆記小說也轉相引用，其內容詼詭奇異，不僅有許多虛擬，也有諸多實錄，對神話傳說研究、歷史研究、風土人物研究和語言研究等均有很重要的參考價值。但是此書元明之際散佚之後，雖然經明清諸家不斷輯集補綴，仍此得彼失，至今沒有一個相對完善的輯校本，現有諸輯本均存在文字缺脫訛亂、重複、失輯等情況，至於各家之校勘、注釋、論說也無人匯集整理，是為缺憾。本書重新輯校訂補，並匯集諸家說為一帙，諸家未盡、未及之處則出以己意補正之，庶幾可補原始文本及研究資料不全之憾。

序　言

一、《神異經》的製作時代和作者的爭論

　　《神異經》製作的時代，實際上到現在都不太好定論。目前可見的說法，主要有西漢說、六朝說和漢末說，西漢說就是相信《隋書・經籍志》的說法，認為這書是東方朔作的，東方朔是西漢人，即使是不是東方朔親作，也是西漢人託名他所作。但是這個說法學界沒幾個相信的，所以可以不論。

　　「六朝說」和「漢末說」兩派的爭論很大，許多學者著述進行論述，這方面的問題，陶淑敏在其碩士論文《〈神異經〉研究》中對諸家說作了比較詳細的梳理和分析，最後的結論是：「《神異經》最遲在東漢末年既已問世，但沒有確切證據證明其在東漢中期以前已存在，因此，在新的資料被發掘出來之前，我們可以斷定其成書年代為東漢末期，而且此時尚少見流通，知道魏晉六朝時期才廣泛流傳，並被大量應用。」〔註1〕

　　所以說《神異經》到底是作於什麼時候，就現有的資料來看，沒法完全確定。最穩妥的說法還是王國良所言，《神異經》是從東晉才在世上流傳起來的。〔註2〕那些作為漢代作品的根據，仔細考究，均不可靠。〔註3〕自然，說是漢東方朔撰、晉張華注也均屬依託。

─────────────────────────

〔註1〕周淑敏：《〈神異經〉研究》，重慶大學碩士學位論文2012年5月，第12頁。

〔註2〕王國良：《神異經研究》，文史哲出版社1985年，第10頁。

〔註3〕詳參王寧：《〈春秋左氏解誼〉引〈神異經〉獻疑──兼說〈吳都賦〉「海童」的出典問題》，《神話研究集刊》第六集，巴蜀書社2022年，第21～38頁。見本書「附錄三」。

二、《神異經》的製作背景

　　現在看到的《神異經》，裏面的文字有散、韻兩種格式，一種就是敘事性的散文體，還有一種是《銘》，是四言格式的韻文，這種韻文大多散失了，只有在《水經注‧河水一》裏還保存了《崑崙銅柱》和《大鳥希有》兩篇：

　　【銅柱】

　　崑崙銅柱，其高入天。

　　圓周如削，膚體美焉。

　　【希有】

　　有鳥希有，綠〈喙〉赤煌煌。

　　不鳴不食，東覆東王公，

　　西覆西王母，王母欲東，登之自通，

　　陰陽相須，惟會益工。

　　《希有》一篇可能文字脫誤，「不鳴不食」句下可能脫了一句。從用韻的角度上看，「東覆東王公，西覆西王母」當前後顛倒，其原可能是：

　　有鳥希有，喙赤煌煌。

　　不鳴不食，□□□□。

　　西覆西王母，東覆東王公。

　　王母欲東，登之自通。

　　陰陽相須，惟會益工。

　　此是用陽部和東部合韻，後面六句是用東部韻。根據這種情況可以知道，《神異經》一書的格式，它應該每條先記錄一種事物，然後還有一篇韻文的銘。因為此書已佚，而能見到的佚文都是古書中的引述，而古人引述的時候多引其正文而略去其銘，所以銘基本都佚失了。

　　《神異經》是模仿《山海經》所作，這個看法諸家無異議。我們知道《山海經》本是有圖、有文、有銘的，在劉秀（歆）等人校上《山海經》時還沒有銘，而在郭璞注《山海經》時就開始引《銘》，說明《山海經銘》是郭璞以前就有的作品，絕非郭璞的《山海經圖讚》。

　　這種記錄奇怪事物而有文有銘的作品，還見於另一種文獻，就是所謂「異物志類文獻」。就筆者淺見，《神異經》應是一本仿《山海經》所作的「異物志類文獻」。

　　從東漢開始，出現了一種「異物志類文獻」，王思宇認為這類文獻「罕見

於漢，盛行於魏晉，衰落於唐宋」，是漢唐間專門記載我國南方地區至東南亞、南亞、西亞等地異產風俗的文獻，其內容駁雜豐富，涉及當地地理、氣候、動植物、山川、河流、風俗等等，後期此類文獻中還夾雜了志怪內容。〔註4〕這類文獻目前尚可知名目的就多達二十二種，而且全部佚失，那些連名目都沒流傳下來的還不知道有多少，總之這類作品從東漢肇始，魏晉以降曾盛極一時，出現了大量的此類作品。

為什麼主要以記錄南方事物為主呢？王庸認為：「蓋以中原多故，士民遷徙無常，尤以北人南遷者多，而南方物產風俗多異於北，遂各記述成書，仿《山海經》之遺意，所述大抵以南方事物為多。」〔註5〕向達指出：「漢時南方漸與中國相通，殊異之物，多為中原所未有，覽者異之，遂有《異物志》一類書籍出現，與《山海經》《博物志》相先後。」〔註6〕王、向兩位先生的看法無疑是正確的，同時他們也都指出這些「《異物志》類文獻」都是仿《山海經》而作。東漢後期，北方少數民族南漸，同時戰亂頻仍，人口大量南遷；到了東晉南渡，其勢力主要在長江以南。北方的人到了南方，對南方的諸多事物感到奇異而神秘，自然認為是「異物」，一些官員或文人就根據所見所聞，仿效《山海經》的記異筆法，大量撰寫了這種「《異物志》類」著作。

目前能知道最早的《異物志》，是東漢楊孚的作品，楊孚這個人只能明確知道他是東漢人，但是具體的年代不能確定。侯康在《補後漢書藝文志》卷三《地志類》中收「楊孚《交州異物志》一卷」，注云：

「據黃佐《廣州先賢傳》、歐大任《百越先賢傳》諸書，則孚乃章、和時人，然未知所本；劉昭注《續五行志》引楊孚《卓傳》，謂《董卓傳》也，則又似漢末人，未知孰是。」〔註7〕

顧櫰三《補後漢書藝文志》於「楊孚《董卓別轉》」條下云：

「章宗源《隋志考證》曰：『楊孚《董卓別傳》，見《續漢志補注》，《太平御覽》、《後漢書》注亦引之。』侯志曰：《續漢·五行志》注引楊孚《卓傳》，蓋即《董卓別傳》也。楊孚當是撰傳之人。孚又有《交州異物志》一

〔註4〕王思宇：《漢唐間異物志類文獻研究》，東北師範大學碩士學位論文 2013 年 5 月，第 1 頁。

〔註5〕王庸：《漢唐間之異物志》，《史地雜誌》第一卷第二期，1937 年，第 47 頁。

〔註6〕向達：《唐代長安與西域文明》，三聯書店 1957 年，第 566 頁。

〔註7〕侯康：《補後漢書藝文志》，《二十五史補編》第二冊，開明書店 1937 年，第 2125 頁。

書，據黃佐《廣州先賢傳》、歐大任《百越先賢志》，則孚在章、和時，無由撰《董卓傳》，然未知所本。今仍題楊孚名而不敢必為即撰《異物志》之人，或異人同姓名也。」〔註8〕

顧氏書於「地理類・雜記之屬」中收了楊孚《南裔異物志》一卷、《交州異物志》一卷、《臨海水土記》三種「異物志類」著作。姚振宗《補後漢書藝文志》中收楊孚《董卓別傳》、《異物志》、《交州異物志》三種作品，〔註9〕都在應劭作品之後，應劭是東漢桓、靈時人，可見姚氏是以楊孚為東漢末時人，在董卓之後，此事未能實定。

《異物志》類作品的記載很特別，所記之事物既有作者親歷親見者，也有得自傳聞者，所以裏面很多看上去奇奇怪怪的內容，所謂「異物」者。舉幾個楊孚《異物志》的例子：

1.雕題國，畫其面及身，刻其肌而青之，或若錦衣，或若魚鱗。

2.狼𦡊國，男無衣服，女橫布帷。出與漢人交易，不以晝市，暮夜會，俱以鼻齅金，則知好惡。

3.穿胸人，其衣則縫布二幅，合兩頭，開中央，以頭貫穿胸，身不突穿。

4.斯調國有火州，在南海中。其上有野火，春夏自生，秋冬自死。有木生於其中而不消也，枝皮更活，秋冬火死則皆枯瘁。其俗常冬採其皮以為布，色小青黑；若塵垢污之，便投火中，則更鮮明也。

5.東北荒中有獸名獬豸，一角，性忠，見人鬥則觸不直者，聞人論則咋不正者。楚執法者所服也。今冠兩角，非象也。

6.貀，猿屬，頭形正方，髮長尺餘，皆蒼色，大類似人。欲有所視，輒搖頭，兩手被髮；不爾，則複障其兩目。衣毛蟠蟠，若被狐裘。木居洞藏，密向乃得見耳。

7.颭母，狀如猿，逢人則叩頭，小打便死，得風還活。

8.鯨魚，長者數十里，小者數十丈，雄曰鯨，雌曰鯢。或死於沙上，得之者皆無目，俗言其目化為明月珠。

9.椰樹，高六七丈，無枝條。葉如束蒲，在其上。實如瓠，繫在於巔，若掛物焉。實外有皮如胡盧。核裏有膚，白如雪，厚半寸，如豬膚，食之美於胡

〔註8〕顧櫰三：《補後漢書藝文志》，《二十五史補編》第二冊，開明書店1937年，第2370頁。

〔註9〕姚振宗：《補後漢書藝文志》，《叢書集成初編》第二冊。

桃味也。膚裏有汁升餘，其清如水，其味美於蜜。食其膚，可以不飢；食其汁，
則愈渴。又有如兩眼處，俗人謂之「越王頭」。

10.甘蔗，遠近皆有。交阯所產特醇好，本末無薄厚。其味甘，圍數寸，
長丈餘，頗似竹。斷而食之，既甘；生取汁為飴餳，益珍；煎而暴之，凝如
冰。〔註10〕

以上這些內容，如果在不知情的情況下說它們是出自《神異經》，恐怕不
會有人懷疑。它裏面記載的雕題、穿胸、儋耳諸國見於《山海經》，可見其書
的確受《山海經》的影響。其中第4條「火州」的記載，明顯就是《神異經》
火山、不爐木、火浣布的來源；而其中的獮猴、椰樹、甘蔗三條，也見於《神
異經》，只是文字不同。

另外就是《異物志》的記述方法，和《山海經》、《神異經》一樣，既有散
文記敘，還有銘、讚類的韻文，不僅楊孚的《異物志》有，萬震的《南州異物
志》也有，只不過後世書引述的時候多不注明，如：

【犀】
於惟元犀，處自林麓。
食惟棘刺，體兼五肉。
或有神異，表靈以角。
含精吐烈，望若華燭。
置之荒野，禽獸莫觸。（《廣東通志》卷五十二引楊孚《南裔異物志贊》）

【髯蛇】
髯惟大蛇，既洪且長。
彩色駮犖，其文錦章。
食豕吞鹿，腴成養創。
賓享嘉宴，是豆是觴。（《水經注・江水二》引楊氏《南裔異物志》）

【大貝】
乃有大貝，奇姿難儔。
素質紫飾，文若羅朱。
不磨不瑩，彩輝光浮。
思雕莫加，欲琢靡逾。
在昔姬伯，用免其拘。（《太平御覽》卷八〇七引萬震《南州異物志》）

〔註10〕以上均錄自吳永章：《異物志輯佚校注》，廣東人民出版社2010年。

可見，《異物志》的情況和《山海經》真的很相似，有散文記述，也有韻文的銘讚。對於這個問題，侯康《補三國藝文志》於「萬震《南州異物志》一卷」下云：

「《藝文類聚》、《御覽》屢引之，其中有用四字韻語者。……竊意此書體例，每物各為一讚語，而別以散文詳說其形狀，如戴凱之《竹譜》之例。諸書或引散文，則無韻；或引讚語，則有韻。」〔註11〕

在異物志類文獻興起的時候，其作者是仿照《山海經》而作，那時候《山海經》已經是有經有銘，所以他們寫這些異物志也是有文有銘。

那麼，從記述的內容和形式上看，我們只能相信，《神異經》其實也是一種「異物志類著作」，但是它和其他那些《異物志》以記述一方的異物不同，而是記錄了八方的異物，它是在眾多的「異物志類」作品出現之後，採擇了其中各方的異物，又加上自己的想像重新創作，製作的這麼一本作品——就這一點來看，它的產生也不會早於楊孚，它也不可能是東漢的作品。

由此來說，就筆者個人的臆見，《神異經》一書真可能是東晉時期的作品，它的產生還在郭璞之後。為什麼這麼說呢？酈道元《水經注·河水》中引《神異經》，裏面有昆侖銅柱和大鳥希有的兩篇《銘》，是被當成正文來引述的，陶憲曾認為：

「案銅柱、希有鳥二《銘》，當係注中之《銘》，如郭璞注《山海經》中亦有《銘》也。」〔註12〕

他這個看法很有道理，但並不準確。《山海經銘》在《山海經》中出現，的確是郭璞注書引以證經義，而酈道元《水經注》所引的《神異經》，其實是連正文帶銘文一起引了，因為《神異經》的格式應該是先經後銘、先散後韻，銘是次於正文之下的。這透露出一個消息：《神異經》在開始流傳的時候，就是有經、有銘、有注，它完全是模仿《山海經》的情況而作的：《山海經》的經文託名禹、益，《神異經》的經文託名東方朔；《山海經》有《銘》，《神異經》也有《銘》；《山海經》是郭璞注，《神異經》就託名張華注——《神異經》的經、銘、注當都是出自一人之手，而且是出於郭璞之後。

那麼為什麼不說它是模仿《異物志》所作呢？因為《異物志》雖然也有文有銘，可是諸家著錄都沒有注。看看《隋書·經籍志》的著錄：

〔註11〕侯康：《補三國志藝文志》，《二十五史補編》第二冊，第3182～3183頁。
〔註12〕陶憲曾：《神異經輯校》，《船山學報》1933年第1期、1934年第2～3期。

－序6－

《山海經》二十三卷。郭璞注。

《神異經》一卷。東方朔撰，張華注。

《異物志》一卷。後漢議郎楊孚撰。

《南州異物志》一卷。吳丹陽太守萬震撰。

《交州異物志》一卷。楊孚撰。

《扶南異物志》一卷。朱應撰。

《臨海水土異物志》一卷。沈瑩撰。

《涼州異物志》一卷。

再看看《新唐書·藝文志》中的著錄情況：

郭璞注《山海經》二十三卷。

東方朔《神異經》二卷。張華注。

沈瑩《臨海水土異物志》一卷。

楊孚《交州異物志》一卷。

陳祈暢《異物志》一卷。

萬震《南州異物志》一卷。

朱應《扶南異物志》一卷。

《涼州異物志》二卷。

房千里《南方異物志》一卷。

孟琯《嶺南異物志》一卷。

沈如筠《異物志》三卷。

最後看看《宋史·藝文志》的著錄情況：

郭璞《山海經》十八卷。

東方朔《神異經》二卷，晉張華傳。

《嶺表異物志》一卷。

孟管《嶺南異物志》一卷。

房千里《南方異物志》一卷。

沈如筠《異物志》二卷。

在《山海經》《神異經》兩種書上，《山海經》特別註明郭璞注，甚至直接說「郭璞《山海經》」，連「注」字都省了。《神異經》既注明作者東方朔，還注明注者張華。而那些「異物志類」文獻呢，只有著作人，沒有說有誰給它們作注，這可是很大的差別。當然，這些書後世流傳中也有人給作了注，比如上

面引述《太平御覽》卷八〇七引萬震《南州異物志》「大貝」的贊詞，在「大貝」下有注文云：

「大貝，文貝也。交趾以南海中皆有之。」

這些注都沒說明是誰人所作，這是因為這些「異物志類」作品剛作的時候，只是擬照《山海經》的經和銘，並沒有注文，後人所加之注也不出名。〔註13〕而《神異經》就不同，其作者是刻意擬照《山海經》的整體情況而作，不僅有經有銘，還特意模仿郭璞注《山海經》給作了注並託名於張華，這麼一來，《神異經》要比其它「異物志類」作品更加有名，那麼它就必定要產生於郭璞注《山海經》之後了。

在東晉末、劉宋時的裴松之注《三國志》時已經開始引用《神異經》，《神異經》就該是郭璞以後、裴松之之前東晉時期的作品，這書郭璞是看不到的，自然他也不會加以引用了。

至於服虔書中引的《神異經》，那就該是後人抄書時附錄進去的備考資料，可能服虔本人根本就沒說檮杌、饕餮之類的是獸名，他還是按照先儒所說「四兇」就是「四罪」，後人覺得不足，抄書時又引了《山海經》裏「驩兜」、「饕餮（狍鴞）」、「窮奇」的內容來證明其形狀，又抄了《神異經》的相關內容備參，所以在前面加了個「案」字以示分別，到了唐代已經混入了正文，人們就認為這個「案」是服虔的案語，孔穎達看到的服虔說，就是又引《山海經》，又案《神異經》，其實是誤會了。

許菊芳在其博士學位論文《四種現存託名漢代小說語料鑒別》一書中，〔註14〕通過對《廣漢魏叢書》本《神異經》的語料分析，發現其中多東漢時語，同時也有六朝和唐宋以後的語言，其中有 22 條經文中發現有晉以後的語言現象，〔註15〕指出：

「其大部分成分是反映東漢時期的語言面貌的，但其中也不乏六朝以來至明代的各個時代語言的痕跡，雖然我們從《神異經》中找到不少晉以後的語言現象，可以為《神異經》寫作年代的六朝說提供證據，但同時我們也發現了少數唐以後的語言現象，因此不能排除在流傳輯錄過程中後人增改誤錄

〔註13〕蕭旭先生在審稿時指出《御覽》編者自己就有為引文作注的習慣，此類注或李昉等人編書時所加。

〔註14〕許菊芳：《四種現存託名漢代小說語料鑒別》，浙江大學人文學院博士學位論文 2009 年 1 月。

〔註15〕同上，第 98 頁。

的可能。」〔註 16〕

又說：

「出現在六朝時期的語言現象並不是很多，不能排除是後人附會增益的可能，但其語言時代的上限當為東漢時期。」〔註 17〕

許氏將《神異經》中出現六朝以後語言的情況歸結於「在流傳輯錄過程中後人增改誤錄」、「後人附會增益」，當然這是可能的，至少隋唐以後的語言色彩更有這個可能，因為古人引書，一些不好懂的動詞、形容詞、副詞之類會根據當時通行的語言加以更易，這種做法很常見。可反過來說，魏晉去東漢未遠，隋唐去六朝未遠，其語言有所變化，卻也比較接近，古人著述多慕古雅，魏晉人著書承襲東漢人語言並不奇怪；通過對傳世文獻的統計來證明某些詞語始見於某時代的做法，也並非絕對的。且《神異經》書中出現的六朝語言並非是個例，許氏書中就舉出了 10 個例證，〔註 18〕有些詞語在文中也是無法更易替代的，特別是名詞，比如比如許氏舉出文中有「和羹食之，為地仙」、「食之者地仙」兩條文字，其中「地仙」一詞為晉代才出現，是個名詞，如果此二字是後人所篡改，那麼其原文當如何？再比如許氏舉出「著百結敗衣」一條，「百結」為晉代才出現的詞語，是一種衣服的名稱，《藝文類聚》卷六七引晉·王隱《晉書》曰：「董威輦每得殘碎繒，輒結以為衣，號曰百結。」如是後人篡改，那麼其原文當為何？此必是晉代或其後人所作，既承襲東漢語言，又有當時的新詞見用，有些詞語是不好篡改替代的，將這些東漢以後出現的詞彙都歸結於「後人增改誤錄」的做法並不妥當。所以，說《神異經》是東漢人所作，從語言學的角度無法提供堅實的證據，反而更可證明其為六朝時期的作品。

三、《神異經》的明代輯本

《神異經》一書，到元代馬端臨《文獻通考》中尚著錄一卷，到了明代楊士奇等人編的《文淵閣書目》中已經沒了《神異經》的蹤影，焦竑編《國史經籍志·史類·傳記》雖然著錄了《神異經》二卷，可應該是根據古書所記而言，其時並無此書，因為南宋以後各家著錄已經是《神異經》一卷，二卷本早已經

〔註 16〕許菊芳：《四種現存託名漢代小說語料鑒別》，第 89 頁。
〔註 17〕同上，第 106 頁。
〔註 18〕同上，第 82～86 頁。

不見，焦竑何得見之？我們只能相信明代的時候已經看不到全本，應該是已經散佚，能看到的，不過是《類說》、《紺珠集》、《說郛》裏摘錄本（實際上很可能也是輯本），寥寥幾條，還有誤收的情況。明代人不甘心，就開始作輯佚工作，此後出現了很多版本，這個問題，王國良先生在其著作《神異經研究》一書中有《版本考》一章作了專門論述，〔註19〕羅列達 12 種之多，然仔細考究，主要輯本及版本其實只有如下三種：

（一）程榮校刻《漢魏叢書》本，題「漢平原東方朔著，明新安程榮校」。現在能知道的最早的輯佚本就是萬曆年間程榮校刻的《漢魏叢書》本，大概是為了編書，輯錄得比較匆忙，只有四十九則，編排凌亂，有一條分成兩條的，也有兩條誤合成一條的，文字錯誤也很多。據王國良考訂，去除重複、誤合、誤收的部分，實際上只有四十一則，顯然是個很不能令人滿意的輯本。因為它出現相對早些，明代胡文煥編《格致叢書》本、清代《四庫全書》本等均出此本。

（二）何允中編《廣漢魏叢書》本。明末何允中編印《廣漢魏叢書》，也收錄了《神異經》，題「漢東方朔撰，明孫士鑛閱」。這個本子和程榮本的差距很大，應該是又重新作了一番輯佚和編排工作，但是這個本子可能不是何氏所輯，因為書裏有朱謀㙔的校語，當是先有了這個輯錄本，朱謀㙔校過，還寫了校語。書中凡朱謀㙔校語均稱「㙔按」或「㙔曰」，而另有一部分校語不如是標注者，當是孫士鑛所校。余嘉錫在《四庫提要辯證》卷十八裏認為「知其所據必是舊本，非如《搜神記》、《述異記》之類，出於抄撮者比也。」余氏的看法恐怕並不正確，這個「舊本」不是《神異經》的原本，仍然是「抄撮」而成的，是朱謀㙔時已有的一個輯本，王國良經研究後認為：「然則此本是否經由朱謀㙔援據舊本，再取《史記正義》、《太平御覽》、《太平廣記》、《說郛》等參訂而成；抑係朱氏搜輯當日所見古注、類書等保存之《神異經》遺文，重加彙輯編校而成，猶未可知也。」〔註20〕說此本就是朱謀㙔校本，自然無誤，但是說是「援據舊本」則須說明，這個「舊本」其實也是一個輯本，只是輯錄的文字條數相對多些而已，朱謀㙔據諸書引文又校訂了異同。當然，懷疑是朱謀㙔輯錄的似也不無可能。

這個輯本收錄了六十三則經文，比程榮本多出了三分之一，下的功夫也比

〔註19〕王國良：《神異經研究》，第 14～16 頁。
〔註20〕同上，第 18 頁。

較大，不僅有朱謀㙔、孫士鑣作的校語，最為突出的是它把經文根據記錄的方位作了分類，然後按照八方加上中央分成了《東荒經》《東南荒經》《南荒經》《西南荒經》《西荒經》《西北荒經》《北荒經》《東北荒經》和《中荒經》九篇，因為這個輯本文字相對全面，又有分篇，比較有條理，成了對後世影響最大的一個本子。《重編說郛》本、《增訂漢魏叢書》本、《龍威秘書》本、《百子全書》本、《四十家小說》本等，都是出自何本系統。

　　（三）王謨《增訂漢魏叢書》本。清乾隆間王謨《增訂漢魏叢書》本據《廣漢魏叢書》翻刻，每篇下說明則數（不準確），也包括朱謀㙔、孫士鑣的校語，內容基本相同。然此本又經趙秉清校過，文字個別稍有差異，算是《廣漢魏叢書》的一個衍生本。此本文字錯誤相對較少，故亦稍優於何本。《百子全書》本、《百部叢書集成》本均出自王謨本。

　　這些版本全是輯本，所有文字都來自宋代（包括）以前古籍所引，特別是類書中的引文，各版本之間個別文字或有差異，不過是在翻刻過程中發生了歧異，甚至訛復轉訛，實際上除了《類說》、《紺珠集》、《說郛》等較早的所謂選錄本之外，後出的諸本文字校勘價值並不大，以唐宋各類書所引之文校勘才是最重要的。

　　此後人們研究《神異經》主要就是依靠程榮本和何允中本，陶憲曾、周簧、王國良通篇校訂《神異經》，都是依據的何本；傅增湘校本則採用了程榮本。

四、《神異經》輯本的分篇問題

　　何允中本是明代輯本中比較好的本子，但是疑點和問題仍然很多，王國良指出此本疑点及缺点，主要是舊有張華序的缺脫、篇目排列上的疑惑、條目安置上的瑕疵、條目分合未盡恰當、經注未能完全釐清、佚文失收者尚多等六個方面，〔註21〕這幾個方面已經足以證明它是個輯本而不是原本。這裏主要說說其分篇問題。

　　何本把《神異經》的文字進行了分類，分成九篇，今人據之援引，都說某條經文出自《神異經》的某《荒經》，其實何氏本的這個分篇，可以說是毫無根據，其唯一的根據就是經文中「某荒中」或「某方」，本來這麼分類是不錯的，可因為他經文中有文字錯誤，不免有些條經文誤屬，比如《東荒經》裏的「桃」一條，何本作「東方」，這是入《東荒經》的依據；而古書所引都作「東

〔註21〕王國良：《神異經研究》，第22～26頁。

北方」，應該入《東北荒經》的，關於這方面的問題很多，可參看王國良書中《廣漢魏叢書之實況》一節，〔註22〕茲不贅。

《神異經》是擬《山海經》而作，從其敘述的風格看，作者明白地是在模擬《山海經》中的《大荒經》，所以他都是說「某荒之中」有什麼。《大荒經》共有東、南、西、北四篇，這四方各經中不僅記載了四正方，也記載了四隅方，比如《大荒東經》裏就有東南、東北，《大荒南經》中有「東南」，《大荒西經》有「西南」、「西北」，《大荒北經》有「西北」、「東北」，等等，就是雖以四正方名經，而記述的是八方的方位。那麼就可以想見，《神異經》原本如果有分篇的話，也只能如《山海經》的《大荒經》一樣，是分成東、南、西、北四篇，沒有四隅方位的經，而何輯本竟然分成八方加中九篇，這分明就是向壁虛造。

至於「中荒經」的命名就更可笑了。古代稱中國以內的地方為「四海」或「四海之內」，「四海」以外四方極遠之地為「四荒」，《逸周書·太子晉》曰：「善至于四海，曰天子。達于四荒，曰天王。四荒至，莫有怨訾，乃登為帝。」秦漢之時又稱八方極遠之地為「八荒」，賈誼《過秦論》說秦孝公有「囊括四海之意，併吞八荒之心」，《淮南子·泰族訓》「又況登泰山，履石封，以望八荒」。《尚書·禹貢》中稱最遠的地方為「荒服」，《國語·周語上》：「戎翟荒服」，韋昭注：「九州之外荒裔之地，與戎翟同俗，故謂之荒，荒忽無常之言也。」《漢書·嚴助傳》：「戎狄荒服」，顏師古注：「荒，言其荒忽絕遠，來去無常也。」引申為「遠」義，《楚辭·離騷》：「將往觀乎四荒」，王逸注：「荒，遠也。」《廣雅·釋詁一》：「荒，遠也。」古人言「四荒」、「八荒」，都是指四方或八方之外遙遠之地，是相對於「中（中土、中國）」而言。《山海經》之《山經》部分記載天下山川，分東、西、南、北、中五山經，可也；《海經》部分分《海內四經》、《海外四經》，其《海外經》又稱《大荒經》，均以四方分篇，專記四方海外荒遠之地之事物，亦可也。可是《神異經》於此除「八荒」之外又設「中荒」，「八荒」為八方荒遠之地，則「中荒」何謂也？於情不近，於理不通，殊可笑。且觀《中荒經》中之文，多可歸於八方荒經，全書亦無一處言及「中荒」者，可知此《中荒經》與其它八荒經一樣，實明人任意虛擬妄造，不足據信。只不過此分篇自明代有之，為後人所接受，相用成習而已。

〔註22〕同上，第 23～24 頁。

五、《神異經》的校注本

《神異經》雖然從明代以來就有輯本，各叢書收錄亦多，但真正全面輯錄、校注的沒有幾家，蓋其書本小說之流，內容荒怪不經，又是佚文殘篇，不為正統文人所重視，少有涉及者。今所可見者略介紹如下：

（一）陶憲曾《神異經輯校》，光緒三十一年陶氏刊本，後發表於《船山學報》1933年第1期、1934年第2、第3期，據刊本影印。此書據何允中《廣漢魏叢書》本，參照諸書引文校勘，校為精嚴，並輯錄了部分佚文。然遺漏較多，錯誤也不少。

（二）傅增湘校本。現藏國家圖書館。此本實際上是對程榮本的校勘，直接用程刻本，在書眉上標明每條經文在《太平御覽》和《太平廣記》中的卷數，然後在書頁文字旁增刪乙改文字，用朱筆圈點標注異同，校語極少。其後附有《神異經佚文》四十條，均從《御覽》引文錄出，不及它書。一部分有重複，其他部分已見於何本。

（三）張宗祥《說郛校勘記·神異經》，見《說郛》一百卷本末附錄。一百卷本《說郛》卷六十五收錄作《神異記》。張氏自記云：「一九五二年七月，得休寧汪季清家所藏明抄殘本二十五冊，用墨筆校一過。」張氏校語極簡略，先舉《說郛》本文句，然後曰「某字詞作某」，其言「作某」者，即明抄本作某也。所校勘《神異記（經）》凡十一條，見《說郛三種》收錄一百卷本《說郛》。〔註23〕

（四）周奮《神異經研究》。〔註24〕該書以王謨《增訂漢魏叢書》為底本，參考諸書校勘，並輯錄了部分佚文，但刪除了所有張華的注，殊為失當。周氏書雖曰「校訂」，卻喜歡旁徵博引，詳述首尾源流及相關典章故事，用語隨意散漫，殊乏精煉，還頗多設問，非校書體例，反類授課講義。王國良評價云：「可惜所取以參校的古注、類書等，多所遺漏，因此在校勘上的證據稍嫌薄弱欠缺，也容易導致不正確的判斷。又將全數所謂的張茂先注全部刪除，與本來流傳的原貌不符，亦欠考慮。大體來說，著者的確花了不少功夫來作整理探究，結果亦差強人意，仍有參考的價值。」〔註25〕周淑敏認為此書「在作者、版本、

〔註23〕一百卷本《說郛》，見《說郛三種》，上海古籍出版社1988年，第73頁。
〔註24〕周奮：《神異經研究》，臺灣日月出版社1977年版，後臺灣文津出版社1986年再版，本書用文津再版本。
〔註25〕王國良：《神異經研究》，第20～21頁。

注文的考證過程中，多有資料遺漏及推測之語，缺乏說服力。」〔註26〕此書標點符號使用頗多失當，又校勘不精，有很多錯字，甚至連人名都寫錯（比如第23頁把「鄒漢勛」誤作「郭漢勛」）。

（五）王國良《神異經研究》。此書以何氏《廣漢魏叢書》本為底本，參照諸本及古籍詳加校勘，比較精善，然仍存在許多校勘和文字問題。

《神異經》從傳世以來，因為其荒怪陸離的記載堪與《山海經》比肩，很能引起人們的好奇心，所以流傳很廣，傳注類書中徵引極多，其對神話傳說研究、歷史研究、風土人物研究和語言研究等均有很重要的參考價值，但是此書在元明之際亡佚之後，至今沒有一個相對完善的輯校本，現有諸輯本均存在文字缺脫訛亂、重複、失輯等情況，至於各家之論說注釋也無人匯集整理，研究者缺少較為齊全的一手資料，是為憾事。

筆者從 2000 年開始就著手搜集整理相關資料，先成《神異經輯校》一文，今以此為基礎，以王國良校本為底本，重新輯校訂補，並匯集諸家說為一帙，諸家未盡或未及之處則出以己意補正之，作成《神異經輯校集注》一書，庶幾可補原始文本和研究資料不全之憾矣。然筆者受水平與條件所限，讀書無多，收集未備，掛漏尚夥，拾遺補缺尚待異日。

本書在寫作過程中，棗莊學院史大豐先生、網友大意覺迷先生為搜集相關資料，又蒙蕭旭先生為審訂書稿，使本書避免了許多錯誤，茲並致謝忱。

〔註26〕周淑敏：《〈神異經〉研究》，第 13 頁。

目

次

序　言
凡　例
神異經輯校集注 ……………………………………………… 1
東荒經第一 ……………………………………………………… 3
　【東土公】 ……………………………………………………… 3
　【善人】 ………………………………………………………… 8
　【豫章】 ………………………………………………………… 10
　【扶桑】 ………………………………………………………… 11
　【梨】 …………………………………………………………… 13
　【桃】 …………………………………………………………… 15
　【沃焦山】 ……………………………………………………… 17
　【玉鷄】 ………………………………………………………… 20
　【彊木】 ………………………………………………………… 21
　【建春山】 ……………………………………………………… 22
東南荒經第二 …………………………………………………… 23
　【尺郭】 ………………………………………………………… 23
　【邪木】 ………………………………………………………… 26
　【樸父】 ………………………………………………………… 32
　【鮒魚】 ………………………………………………………… 34
　【地戶】 ………………………………………………………… 35

南荒經第三………………………………… 37

　【驩兜】………………………………… 37

　【魃】………………………………… 40

　【火鼠】………………………………… 42

　【粗稼櫃】………………………………… 46

　【如何樹】………………………………… 49

　【沛竹】………………………………… 52

　【肝蟅】………………………………… 54

　【細蟻】………………………………… 55

　【無損獸】………………………………… 57

　【銀山】………………………………… 60

西南荒經第四………………………………… 61

　【聖】………………………………… 61

　【饕餮】………………………………… 63

　【訛獸】………………………………… 64

西荒經第五………………………………… 67

　【渾沌】………………………………… 67

　【檮杌】………………………………… 69

　【苗民】………………………………… 73

　【獏㹢】………………………………… 74

　【金山】………………………………… 76

　【山臊】………………………………… 79

　【河伯使者】………………………………… 83

　【鵠國】………………………………… 85

　【率然蛇】………………………………… 86

西北荒經第六………………………………… 89

　【窮奇】………………………………… 89

　【共工】………………………………… 91

　【玉饋酒、追復脯】………………………………… 91

　【天門】………………………………… 94

　【小人】………………………………… 96

　【無路之人】………………………………… 99

北荒經第七 ································· 101
【北方棗】 ······························ 101
【橫公魚】 ······························ 102
【冰鼠】 ································· 106
【鷿】 ·································· 108

東北荒經第八 ···························· 111
【栗】 ·································· 111

中荒經第九 ····························· 115
【銅柱，稀有鳥】 ······················ 115
【天地八宮】 ·························· 121
【鬼門】 ································· 125
【齧鐵獸】 ····························· 126
【汗血馬】 ····························· 128
【猰】 ·································· 129
【獨】 ·································· 132
【不孝鳥】 ····························· 133

佚文第十 ······························· 135
【鯀】 ·································· 135
【西荒人】 ····························· 135
【狂】 ·································· 136
【惡物】 ································· 137
【礜碎】 ································· 138
【石室】 ································· 138
【百屋】 ································· 138
【西北人】 ····························· 139
【毛人】 ································· 139
【石鼓】 ································· 142
【獬豸】 ································· 142

辨誤存疑第十一 ························ 145
【化民】 ································· 145
【狙】 ·································· 145
【東嶽神】 ····························· 146

【南嶽神】 …………………………………… 147

【西嶽神】 …………………………………… 147

【北嶽神】 …………………………………… 147

【中嶽神】 …………………………………… 148

【翁仲孺】 …………………………………… 148

【墮婆登國】 ………………………………… 149

【大茗】 ……………………………………… 149

【昆侖三角】 ………………………………… 149

【破鏡】 ……………………………………… 149

【花柳酒】 …………………………………… 149

【織女降】 …………………………………… 150

【陀移國人】 ………………………………… 150

【金翅鳥】 …………………………………… 150

【雀芋】 ……………………………………… 150

【猈猨】 ……………………………………… 151

附錄一：歷代著錄情況 …………………………153

附錄二：諸家論說 …………………………………157

附錄三：《春秋左氏解誼》引《神異經》獻疑——
　　　　兼說《吳都賦》「海童」的出典問題 …… 181

主要引用及參考書目 ……………………………… 195

凡　例

一、本書所據各輯本版本

據諸家對比研究，目前看到的《神異經》雖然版本眾多，[註1]其實其根據的主要就是程榮本和何允中本兩個本子，這兩個算是最初輯本的祖本，外加三個衍生本。

（一）程本。明萬曆間新安程榮編印《漢魏叢書》本。本書中稱「程本」。

（二）何本。明末武林何允中編印《廣漢魏叢書》本。本書中稱「何本」。

（三）王謨本。清乾隆間王謨《增訂漢魏叢書》本，此為何本的衍生本。本書用此刊本校訂部分文字，書中稱「王謨本」。

（四）陶本。陶憲曾《神異經輯校》本，此為何本的衍生本，書中稱「陶本」。

（五）王本。王國良《神異經研究》以何本為底本，作了較為精善的校訂，亦為何本的衍生本，簡稱「王本」。

本書即以王國良校訂本為底本，依照古籍所引原文重新參校，其它輯本的異文無特殊者不再出校，無必要也。

二、本書所引諸家說

書中所引諸家說，凡清代（包括）以前非專校勘注釋《神異經》者不錄，出處參書末附錄參考書目。茲僅列專校《神異經》者及近現代諸家。

〔註1〕各版本詳細介紹參看王國良：《神異經研究·前言》之第叁節《版本考》，第14～21頁。

舊注：託名張華之注及類書所引不明作者之注文均以「舊注」出之。

朱謀㙔曰：何本中的「㙔按」、「㙔曰」。

孫士鑛曰：何本中不標注作者的校語，當即孫士鑛校閱之語。

陶憲曾曰：陶憲曾《神異經輯校》。

傅增湘曰：傅氏校本校語很少，除兩三條校語之外，無法直接引用，只能在筆者個別按語中略加說明，其校對的文字其他諸家均及之，亦不煩一一盡錄。

楊守敬曰：楊守敬、熊會貞《水經注疏》，《續修四庫全書》影印一九五七年科學出版社影印抄本。《水經注》中所引《神異經》楊守敬每有校勘及論證，故引為一家之說。

張宗祥曰：張宗祥《說郛校勘記·神異經》中校語。凡其校語中明抄殘本作某者，均增「明抄本」三字，以便明晰。

曹鵠雛曰：曹鵠雛《注釋漢魏六朝小說選》，中華書局 1936 年。選取其中《神異經》的注釋部分。

袁珂曰：《中國神話傳說詞典》，上海辭書出版社 1985 年版。其中多引《神異經》之文，間或有校注性質的文字，本書酌情收入部分相關內容。

呂思勉曰：呂思勉《呂思勉讀史札記（增訂本）》，上海古籍出版社 2005年。其《戉鉞》中有專論《神異經》一篇，採取其中解說文字。

周睿曰：周睿《神異經研究》，臺灣文津出版社 1986 年再版。收錄其校注語。周書中發揮演繹內容較多，限於體例，其個別注文部分無法照引全文，只能在不失其文意的基礎上節錄或略作剪裁變化而用；標點符號錯處及錯字亦徑作改正，其引述諸書之文凡無關校勘者不錄。本書稱其校本為「周本」。

王國良曰：王國良《神異經研究》，文史哲出版社 1985 年。校語皆予收錄，限於本書體例，其校語或有移動位置及數條合併者。稱其校本為「王本」。

劉城淮曰：劉城淮《中國上古神話》，上海文藝出版社 1988 年，取其有關《神異經》內容注解者。

張國風曰：張國風《太平廣記會校》，北京燕山出版社 2008 年。收該書中有關《神異經》內容的校勘部分。其書簡稱《廣記會校》。

欒保群曰：欒保群《中國神怪大辭典》，人民出版社 2009 年。收其中相關按語部分。

許菊芳曰：許菊芳《四種現存託名漢代小說語料鑒別研究》，浙江大學人

文學院博士學位論文 2009 年 1 月。該書中有關文字校勘及釋義部分。

　　張亞南曰：張亞南《〈神異經〉及其注釋研究》，《荊楚理工學院學報》2010年第 8 期。此文以《五朝小說大觀》本為底本，僅校訂了 8 條經文，茲分別收入。書中稱「張亞南曰」。

　　周淑敏曰：周淑敏《〈神異經〉研究》，重慶大學碩士學位論文 2012 年 5月。此書主要是研究《神異經》一書的文本內涵及其對後世文學、民俗文化等影響，校勘注釋的內容不多，本書間擇其有關考證者錄入。

　　周運中曰：周運中《漢晉道士雜記中的中外交流史料考》，《中國港口》2020年第 S1 期。其中有關《神異經》事物解說者錄入。

　　蕭旭曰：蕭旭《〈神異經〉校補》（未刊稿），凡二十九條，蒙蕭先生慨允，本書收錄其說；又蕭先生在審訂本書稿時加以辨析之校語，亦作為其說收入。

　　筆者之見以「寧按」出之。

　　其他散引諸家說以括號夾注或腳注注明出處。所徵引古人之說可參考書末附錄四：主要引用及參考書目。

三、輯校集注體例

　　正文中凡文字錯訛脫漏倒衍之處，致文意不通者，有古書可據者均從校改；若能兩通，則存其原貌，於校注中說明。

　　每條正文前【】中者為標題。據諸本及文意補出的缺文加〔 〕表示。各家說之間加「○」間隔。

　　所引諸家說，校勘、注解經文的內容盡量予以收錄，凡演繹、議論、旁述之類的文字均所不取。凡校勘、注解，或分解或合併，以從本書體例。

　　書中所引諸家說中所稱引書籍，或全稱，或簡稱（如《太平御覽》或簡稱《御覽》），乃所引諸家原文如此，本書一律存其原貌，不予統一校改。

　　諸家說所引古籍，每有文字和句讀錯誤，本書引用時徑覆按古籍原書予以校改，不再一一注明。

神異經輯校集注

舊題〔漢〕東方朔　撰，〔晉〕張華　注

王寧　輯校集注

東荒經第一

○寧按：王謨本《目錄》云「《東荒經》，九則」，經校理實有十則。

【東王公】〔一〕東荒山中有大石室，東王公居焉。〔二〕長一丈，頭髮皓白，〔三〕人形鳥面而虎尾，〔四〕載一黑熊，〔五〕左右顧望。恒與一玉女〔更〕投壺，〔六〕每投千二百矯。〔七〕設有入不出者，天為之噓嘘；〔八〕矯出而脫悞不接者，〔九〕天為之笑。〔一〇〕

〔一〕○周馡曰：《太平御覽》卷七五二「投壺」條引，說是出「神異絕經」，多一「絕」字，恐怕是手民傳鈔的誤文。○寧按：周氏所言者見《御覽》卷七五三，「絕」字宋刻本即如此，當是刊刻時之衍文。

〔二〕○曹鵾雛曰：東王公，古仙名，世稱東華帝君，為男仙之領袖，與女仙領袖西王母並稱。○袁珂曰：東王公，即「木公」、「東王父」。○顧頡剛曰：東王公與西王母：又《句踐陰謀外傳》曰：「大夫種曰：『夫欲報怨復讎破吳滅敵者有九術，……一曰尊天事鬼……』越王曰：『善。』乃行第一術，立東郊以祭陽，名曰東皇公，立西郊以祭陰，名曰西王母，祭陵山于會稽，祀水澤于江州。」以東皇公與西王母對立，似始此。然究出東漢人筆也。〔註 1〕○信立祥曰：關於東王公的由來，在漢代文獻中尋找不到任何線索，筆者推測很有可能是從先秦信仰中的東皇太一發展嬗變而來的。〔註 2〕○欒保群曰：東王公，又稱木公、東華帝君，與西王母共為道教之尊神。而其源則頗暗昧。戰國時楚地信仰「東皇太一」神，又稱「東君」，或認為即人神化之日神，為東王公之前身。

〔註 1〕顧頡剛：《滬樓日劄》，《顧頡剛讀書筆記》卷四，中華書局 2011 年，第 356 頁。
〔註 2〕信立祥：《漢代畫像石綜合研究》，文物出版社 2000 年，第 156 頁。

《枕中書》與《真靈位業圖》又稱其為扶桑大帝，也顯示了他是由日神演變而來。另外，東王公在中國民間傳說中被認作男仙之首，主陽和之氣，生於碧海之上，理於東方，也表現出日神的特徵。至於其姓氏、配偶、職能、名號，多為後世道士捏造，已根本脫離原始的日神性質了。○劉子亮、楊軍、徐長青曰：學界普遍認為，西王母在戰國時期已經出現，東王公的形象是在東漢時期為了和西王母對應而創造出來的。孔子衣鏡從文字和圖像兩方面將東王公的出現由 1 世紀提前到了公元前 1 世紀前葉，以劉賀去世的神爵三年（前 59 年）為下限，並且證明了東王公作為男性的「陽仙」與女性的「陰仙」西王母相對應的傳說及其圖像組合模式在西漢宣帝時期已經成型。〔註 3〕○楊晨曦曰：目前學界大多認為東王公稱謂產生於東漢初年，畫像石中有明確「東王父」和圖像的為滕州西戶口一號祠堂畫像，年代為漢明帝至章帝時期。但近年來，無論是江蘇連雲港雙龍漢墓出土的彩繪漆尺，還是南昌海昏侯墓的孔子衣鏡，都出現了東王公形象，這表明此前學界對東王公圖像出現的年代研究有待商榷。同時我們也應關注到，目前資料顯示西漢晚期到東漢早期，未有東王公圖像出現，在畫像石中反而以「風伯」，「牛首人」、「雞首人」代替，其原因值得深入探討。〔註 4〕○寧按：西王母是先秦即有的神名，居西方，見《山海經》《穆天子傳》等書，漢代人以五行方位稱之為「金母」，故又為造一與之相對之神東王公，或稱東王父（《十洲記》）、東皇公（《吳越春秋·句踐陰謀外傳》），以其居東方，故又稱「木公」（《太平廣記》卷一引《仙傳拾遺》）。其事起於漢代，非古神也。論「東王公」出現之事者極多，不煩一一引述，僅錄數家說以見其概要。

〔三〕○許菊芳曰：先秦的典籍中很少見到「頭」字。僅《儀禮》中 2 例，《禮記》中 3 例以及《左傳》中 2 例。「首」字卻很多見。《神異經》中用「頭」13 次，用「首」僅 1 次。根據吳寶安《西漢「頭」的語義場研究》一文中所考察的西漢文獻來看，「首」的使用次數在當時還占優勢。可見《神異經》中的語言現象與其不同。○寧按：許說不確，與《神異經》同類的作品《山海經》中「頭」字出現了 18 次，可見「頭」字在先秦典籍中使用並不罕見。

〔註 3〕 劉子亮、楊軍、徐長青：《漢代東王公傳說與圖像新探──以西漢海昏侯劉賀墓出土「孔子衣鏡」為線索》，《文物》2018 年第 11 期。

〔註 4〕 楊晨曦：《漢畫像石東王公圖像研究》，山東大學碩士學位論文 2021 年 5 月 23 日，第 17 頁。

〔四〕○人形鳥面，王本改作「鳥面人形」。王國良曰：「鳥面人形」，原作「人形鳥面」，今依《藝文類聚》（以下簡稱《類聚》）卷十七引文乙倒。《太平御覽》（以下簡稱《御覽》）卷三七三作「身人形」。

〔五〕○陶憲曾曰：載即戴也，古通用。○張宗祥曰：「載」，明抄本作「戴」。○王國良曰：載，猶戴也。此謂戴黑熊於頂上，蓋古代圖騰之遺象。○寧按：「載」、「戴」古書通用，此當為「戴」。

〔六〕○宋本《書鈔》卷一五二引作「玉女與天帝投壺」。孔廣陶曰：《神異經·東荒經》及陳、俞本「天帝」作「東王公」。○陶憲曾曰：《文選·甘泉賦》注引作「常」，「女」下有「共」字。○曹鵠雛曰：玉女，仙女也。投壺，古代遊戲之一，賓主燕飲時常舉行之。其法設壺一，與賽者以次投矢於其中，負者罰酒。○袁珂曰：《北堂書鈔》卷一五二引《神異經》：「玉女與天帝投壺，天為之笑，今電光是也。」今本《神異經》「天帝」作「東王公」。○「更」字王本補。王國良曰：「更」字，據《類聚》卷十七、《御覽》卷三七三、《集韻》卷三引文補。更，遞迭、輪流之意。《文選》卷七《甘泉賦》注引作「共」。○蕭旭曰：《集韻》見「矯」字條引。《太平廣記》卷一引《仙傳拾遺》亦有「更」字。更，猶言相互。《書鈔》卷一五二引作「玉女與天帝投壺」，無「更」字，續道藏本《搜神記》卷一亦無「更」字。

〔七〕舊注：九尾反。○朱謀㙔曰：《仙傳拾遺》「矯」字作「梟」。○方以智曰：驍者，投壺反激之名也。柳惲言「投壺驍不止」。《神異經》：「東王公與玉女投壺千二百矯。」升菴曰：「矯，音尻，矢躍出也。」智按：「矯」即「驍」。（《通雅》卷三十五）○徐應秋曰：「梟」一作「嬌」。《神異經》：「東王公與玉女投壺，千二百嬌。」嬌音尻。楊大年詩：「書題柱史藏三尺，壺矢誰同賽百嬌。」謝無逸詞：「雙粲枕，百嬌壺。」《雜藝編》：「投壺實以豆，恐大矢躍也。今則以躍為貴，謂之驍，有倚竿、帶劍、狼壺、豹尾、龍首之名。其妙者有蓮花驍。」《西京雜記》：「郭舍人一箭能七十餘驍。」顏光祿載汝南周璸、會稽賀徽並四十餘驍。古傳投壺之工者，王胡之閉目，賀革置障，石崇妓隔屏風，薛眘惑背坐反投而無不中。今之投壺名最多，有春睡、聽琴、倒挿、卷簾、鴈啣蘆、翻胡等項，不下三十餘種。（《玉芝堂談薈》卷三十一）○張宗祥曰：小字注文「九尾反」，明抄本「九尾」作「堅堯」。○周睿曰：本經的「矯」字，《仙傳》寫作「梟」字。筆者認為，本經的「矯」應該作「驍」，作「梟」是借代過來的字。又「驍」、「梟」《廣韻》音「古堯切」，「矯」《廣韻》「居夭切」，

居、古同屬見紐，堯、夭是蕭、宵韻可以互通，也可以看出是「驍」借代為「梟」，再誤為「矯」。○王國良曰：《集韻》卷三《宵韻》：「矯，矢躍出也。」《西京雜記》卷六：「武帝時，郭舍人善投壺，以竹為矢，不用棘也。古之投壺，取中而不求還，故實小豆，惡其矢躍而出也。郭舍人則激矢令還，一矢百餘反，謂之為驍，言如博之擊梟於掌中為驍傑也。」《說文通訓定聲·小部第七》：「梟，叚借為驍、為勢、為豪。」○許菊芳曰：「驍」用作一個量詞始見於南北朝時期。如《玉臺新詠·序》：「雖復投壺玉女，為觀（一作歡）盛於百驍；爭博齊姬，心賞窮於六箸（一作著）。」北齊·顏之推《顏氏家訓·雜藝》：「投壺之禮，近世愈精。古者，實以小豆，為其矢之躍也。今則唯欲其驍，益多益喜，乃有倚竿、帶劍、狼壺、豹尾、龍首之名。其尤妙者，有蓮花驍。汝南周璔，弘正之子，會稽賀徽，賀革之子，並能一箭四十餘驍。賀又嘗為小障，置壺其外，隔障投之，無所失也。至鄴以來，亦見廣寧、蘭陵諸王，有此校具，舉國遂無投得一驍者。彈棊亦近世雅戲，消愁釋憒，時可為之。」明·方以智《通雅·器用》：「矯即驍。」因此，《神異經》中「每投千二百矯」的用法最早也要到六朝時期了。○寧按：「矯」字舊注「九尾反」非其音，《唐韻》《廣韻》並「居夭切」，《集韻》《韻會》並「居妖切」，訓「矢躍出也。」以此，則「尾」當是「毛」或「毛」之訛，「九毛（毛）反」可得「矯」音，明抄本作「堅堯反」亦近是。或作「梟」、「驍」、「嬌」者，均音近通假字。

〔八〕舊注：華曰：嘆也。〔噫嘘，上噫下嘘，言用以嘘嘘然笑也。〕○曹鵠雛曰：噫嘘，嘆也。○王國良曰：「華曰嘆也」四字，《說郛》卷六五作「上噫下嘘，言用以嘘嘘然笑也。」《集韻》卷一《之韻》：「噫嘘，開口笑也。」按：噫，蓋即「譩」、「噫」之或體字。嘘，猶噫乎，嘆息聲也。又《太平廣記》（以下簡稱《廣記》）卷一引《仙傳拾遺》作「嗑，呼監切。嗑嘘者，言開口而笑也。」○許菊芳曰：《大詞典》有「嗑嘘」條，釋義：「笑而歡息。」引例為宋·葉庭珪《海錄碎事·鬼神道釋》：「玉女投壺，每一投千二百梟，設有不入者，天為之嗑嘘。嗑，呼監反，開口笑也。」查《海錄碎事》，此條未注出處，後文又引此條注出《列仙傳》，查今本《列仙傳》無，此條應出自《神異經·東荒經》，而「嗑嘘」應為「噫嘘」。《大字典》「噫」：「嘆聲。」引《神異經》為例，《集韻·之韻》：「噫嘘，開口笑也。」又《說郛》本注：「噫嘘，上噫下嘘，言用以嘘嘘然笑也。」查「嗑」，《廣韻·敢韻》：「嗑，同『喊』。」《集韻·闞韻》：「喊，呵也。亦從監。」文獻中也有「嗑嘘」的用例，如《咸淳臨安志》卷四

二《仙林寺鐘銘》：「大塊噌嚀，震薄蓋輿，眷此洪鐘，以實出虛，鑾銑其角，十分其鼓。」但意義與我們所討論的笑義無涉。「噌嚀」之為「嗑嚀」，恐怕是形近而誤。查《太平廣記》卷一《木公》引《仙傳拾遺》：「或與一玉女更投壺焉，每投一投，十二百梟。設有入不出者，天為嗑嚀；梟而脫愣不接者，天為之噓。」注：「噌，呼監切。嗑嚀者，言開口而笑也。」到了宋·蔡夢弼注唐·杜甫《能畫》詩「能畫毛延壽，殺壺郭舍人。每蒙天一笑，復似物皆春」曰：「《神異傳》：東王公與玉女投壺，投而不接，天為之笑，開口流光，今電是也。又《仙傳拾遺》：木公與王母投壺，有入者，天為之嗑嚀。注：嗑嚀，開口而笑也。」○蕭旭曰：《說文》：「癋，劇聲也。」又：「殹，一曰病聲也。」當是病而嘆惜之聲。《玉篇》：「譩，不平之聲也，恨辭也，作噫同。」《廣韻》：「譩，忿也。噫，恨聲。」嗑嚀者，恨惜聲，嘆惜聲。舊注「開口笑」非是，蓋據下文「天為之笑」而臆說。○寧按：《列子·黃帝》：「仲尼曰：『譆！吾與若玩其文也久矣，而未達其實』」，張諶注：「譆，與譩同。」「譩」亦「噫」字或體，歎詞。

〔九〕舊注：言失之。○張國風曰：愣，原作「悟」，現據沈本改。○許菊芳曰：「愣」，是「誤」的換旁俗字。所謂「言屬心聲」，漢字中「忄」旁的字與「言」旁的字多相通。《集韻·術韻》：「訹，《說文》：『誘也。』或作忱。」《玉篇·心部》：「悷，或作誎。」《玉篇·心部》：「愣，與誤同。」《廣韻·暮韻》：「愣，同誤。」《周書·寇儁傳》：「儁於後知之，乃曰：『惡木之陰，不可暫息；盜泉之水，無容愣飲。』」因此，「脫愣」即「脫誤」。「脫誤」，疏忽失誤。魏晉時常見。最早見於《太平經》卷九一《拘校三古文法》：「『唯唯。請問無故脫誤事一，正笞三十乎？』『善哉，子問也，天使子言耶？然，夫數者，起於一，十而終，是誤脫一事，即其問一之本也，脫誤不實復為欺，則復為天怨地咎，國家之大賊也。』」《後漢書·劉寬傳》：「寬曰：『物有相類，事容脫誤。』」○寧按：注凡未言為誰云者，蓋均所謂張華注，其音注則有可能別有後人所加，如《御覽》所引古書，其編撰者每亦好加音切及注文，然亦不能分辨。張華注文或言「華曰」，或言「張華曰」，或言「張茂先曰」，不能統一，此正可證本書乃綴輯之文，體例不一也。

〔一○〕舊注：華云：言笑者，天口流火炤灼。今天下不雨而有電光，是天笑也。○陶憲曾曰：注「言笑者天口流火」，《太平御覽》七百五十三引作「天笑者，開口流光」。○王國良曰：「華云⋯⋯」一句，《御覽》卷十三作「開口流光，今電

是也」；又卷七五三作「天笑者，開口流光」。今注文作「天口流火」，不確，當正。○張國風曰：嗤，孫本作咲。○寧按：笑，張國風《廣記會校》作「嗤」，據注文恐非，作「咲」是，即「笑」字異體。此注文開始兩句疑當作「言〔天〕笑者，天開口流光炤灼」。「今天下不雨而有電光」句當作「今天不下雨而有電光」。

【善人】東方有人焉，男皆朱衣縞帶玄冠，〔一〕女皆彩衣，〔二〕男女便轉可愛，〔三〕恒恭坐而不相犯，〔四〕相譽而不相毀。見人有患，投死救之。名曰善，〔五〕一名敬，〔六〕一名美。〔七〕不妄言，唉唉然而笑，〔八〕倉卒見之，如癡。〔九〕

〔一〕○寧按：玄，程本、何本、《說郛》卷六十五同，王謨本作「元」，後文或作「糹」，均避清聖祖康熙（玄燁）諱而改。下同，不再出校。

〔二〕李強曰：此處應該是對東方善人國男、女服飾整體形象的描寫，文中有衣無裳，可見其形制皆為深衣。「朱」色乃正色，中國古代服制中崇正色而賤間色，服朱者皆為士族階層乃至貴族階層；縞帶乃白色生絹帶，與朝服之大帶、革帶有別，乃質樸之衣飾，泛指學子之服；元冠即玄（黑）冠，士階層常服冠帽。由此可見，善人國男子皆為士人，即飽讀詩書之人且穿著比較正式。對於女子之彩衣，並非是指《儀禮·士冠禮》中所言未冠者之衣，因為古代只有男子才行冠禮，此處女子之彩衣應是彩色之衣，其彩色應該是用刺繡完成的，可見善人國女子衣著很華麗，衣食無憂。這可能是作者對理想國中男女服飾形象的想像。〔註5〕

〔三〕周睿曰：「便轉」兩字，殊不易曉；然看其文意，我懷疑它是作「漂亮」解釋。羅宗濤師的《敦煌講經變文研究·俗語考》談到「周旋」，說有「周密圓滿」的意思，引申為「漂亮、好看」，並引《醜女緣起》說：「毀謗阿羅漢嘆果業，致令人貌不『周旋』」為證。今案「便」字，高本漢氏《先秦文獻假借字例》說是從「辯」的語根分出，而辨、辯、徧在古書上常通用，有「普遍」、「到處」之義，那麼就是「周」字之義。至於「轉」字，《說文》云：「還也」，「還」就是「旋」，所以「便轉」就是「便旋」，就是「周旋」。我以為即「漂亮」之意，這解釋雖嫌迂迴，恐怕正是此意。○王國良曰：便轉，猶便妍、便娟、便嬛，

〔註5〕李強：《〈神異經〉〈海內十洲記〉中的紡織服飾資訊整理》，《服飾導刊》2018年第3期。

美姿容也。○許菊芳曰：「便轉」一詞僅《神異經》中見，其他文獻均不見用例。「便轉」即輕捷靈便。考「便」有輕便義。有同義複合詞「輕便」，例如《後漢書·方術傳下·華佗》「華佗與吳普語『五禽戲』」；「體有不快，起作一禽之戲，怡而汗出，因以著粉，身體輕便而欲食。」宋·朱淑真《新春》詩「鶯脣小巧輕煙裏，蝶翅輕便細雨中。」「轉」，《說文·車部》「轉」朱駿聲《通訓定聲》：「轉，叚借為孌。」「孌」有敏捷輕巧義。有「孌巧」、「孌捷」等。又作「嫚」、「偄」、「翾」等，因此，「便」、「轉」同義連言。○蕭旭曰：王說是也，但「便妍」是另一係詞。「便轉」是「便娟」音轉，亦作「嬋娟」、「便嬛」、「嬋嬛」。字亦作「便圜」，北大漢簡（四）《妄稽》：「嫖莫便圜。」考《說文》：「縠，細縛也。」《廣雅》作「縠，絹也。」《玉篇殘卷》：「繘，宜轉反。《聲類》：『今作絹字。』」《周禮·內司服》《釋文》：「白縛，劉音絹，《聲類》以為今作絹字。」此其音轉之證。周本說迂曲至極，絕不可信。

〔四〕○王改「恭」為「分」。王國良曰：「分坐」，原作「恭坐」，據《說郛》卷六五引文校改。○寧按：作「分坐」是。

〔五〕舊注：俗云「士人」。○王國良曰：「善」，原作「善人」，據《說郛》卷六五引文刪「人」字。○寧按：周本亦刪「人」字。

〔六〕舊注：俗云「敬謹」。

〔七〕舊注：俗云「美人」。

〔八〕○周本曰：《說郛》本「恆恭坐」作「恆分坐」，「善人」作「善」，「喋喋然而笑」作「喋喋然常笑」，我們拿文例、文義繩之，覺《說郛》本很對。○王國良曰：喋，《龍龕手鑑》卷二《口部》云：「俗，口臥反。」喋喋，蓋為狀聲詞。「而笑」，《說郛》卷六作「常笑」，《御覽》卷三九一作「恆笑」。○許菊芳曰：「喋喋」，象聲詞，笑聲。《大字典》引《神異經》為例。《廣雅·釋訓》：「呵呵，笑也。」「喋」，「呵」的俗字。「呵呵」，始見於六朝，《晉書·石季龍載記下》：「宣乘素車，從千人，臨韜喪，不哭，直言呵呵，使舉衾看尸，大笑而去。」「喋」字的使用更晚。《龍龕手鏡·口部》：「喋，俗，口臥反。」清·胡文英《吳下方言考》卷六「平韻五詞」：「喋喋，喜笑貌。吳中謂喜而笑曰『喋喋』。」○蕭旭曰：《御覽》卷三九一引作「不妄語恒笑」，刪「喋喋」二字。胡文英曰：「喋喋，喜笑貌。吳中謂喜而笑曰喋喋。」古音果聲、可聲相通，「喋喋」是「呵呵」、「欱欱」、「嗝嗝」音轉。古音可聲、亞聲相通，故又音轉作「亞亞」、「啞啞」。《說文》：「啞，笑也。」《廣雅》：「嗝、啞，笑也。」

又「吷吷、唧唧、呵呵、啞啞，笑也。」《易·震》彖辭「笑言啞啞」，馬王堆帛書本作「亞亞」。《釋文》：「啞啞，馬云：『笑聲。』」P.3906《碎金》：「笑唧唧：呼架反。」○寧按：「唭唭」即「呵呵」之俗寫，許、蕭之說是也。

〔九〕舊注：俗云「善人如癡」，此之謂也。○王國良曰：《御覽》卷三九一引張華注云：「今人癡好笑，本此。」○許菊芳曰：說人憨傻，上古多用「愚」，「癡」用的很少，只有少數用例，如《韓非子·內儲說上》：「曰：『嬰兒癡聾狂悖之人嘗有入此者乎？』」《睡虎地秦簡·日書甲種》：「女子不狂癡，歌以生商，是陽鬼樂從之。」從東漢開始口語多說「癡」。○寧按：「倉卒」即「倉猝」。清代陸次雲《八紘荒史》曰：「善人國，男朱衣帶，女彩服，恭坐而不相犯，人有患，力救之，不妄言，倉卒見之，其態如癡。」蓋本此經為說。

【豫章】東方荒外有豫章焉，〔一〕此樹主九州，〔二〕其高千丈，圍百尺，〔三〕本上三百丈，本如有條枝，〔四〕敷張如帳，〔五〕上有玄狐、黑猿。〔六〕枝主一州，〔七〕南北並列，〔八〕面向西南。有九力士操斧伐之，以占九州吉凶。斫之復生，〔九〕其州有福。創者，〔一〇〕州伯有病。〔一一〕積歲不復者，其州滅亡。〔一二〕

〔一〕舊注：樟木。○王國良曰：「豫章」，《物類相感志》（以下簡稱《相感志》）卷十三引作「九豫章」。○章，《廣記會校》本作「樟」，張國風曰：樟，原作「章」，現據沈本改。○寧按：明抄本《相感志》卷十三無「九豫章」之文，《類說》卷二十三引《物類相感志》有「九豫章」，此句正文作「東方有九豫章」。據下文，疑有「九」字是，然亦有脫誤，或本當作「九枝豫章」，謂此豫章樹有九枝，對應九州，故下文言「此樹主九州」、「枝主一州」。《廣記》卷四〇七此節標題為「主一州樹」。

〔二〕○王國良曰：「九州」，《廣記》卷四〇七引作「一州」。○此，《廣記會校》本作「樟」。張國風曰：樟，原作「此」。孫本作「樟木」。現據陳本改。○寧按：根據下文之意，「主一州」非是，此處文當不誤。

〔三〕○王國良曰：「百尺」，《廣記》卷四〇七作「百丈」。

〔四〕○王校「本如有條枝」為「始有枝條」。王國良曰：「始有枝條」，原作「本如有條枝」，據《廣記》卷四〇七引文校正。○此句《廣記會校》本作「始有枝條」。張國風曰：始，原作「本」。現據陳本改。

〔五〕○許菊芳曰：「敷張」即「布張，展開」，古無輕唇音，「敷」、「布」讀音相同。

然其他文獻中竟再無「敷張」作「展開」的用例，有的是「敷張」作鳥兒撲扇張開翅羽的動作。如三國魏・劉楨《鬥雞》詩：「長翹驚風起，勁翮正敷張。輕舉奮勾喙，電擊復還翔。」○寧按：「敷張」即今言「鋪張」，舒張、展開之意。

〔六〕○張國風曰：黑，孫本作「異」。

〔七〕○王改「枝」為「樹」。王國良曰：「樹」原作「枝」，據《廣記》引文校改；《相感志》卷十三作「一樹」。○《廣記會校》本作「樹主一州」。張國風曰：一，孫本作「人為」。○寧按：此節文字當曰有九枝豫章焉，一枝主一州，故開始曰此九豫章主九州。

〔八〕○寧按：「並列」，程榮本作「列並」，傅增湘乙正。

〔九〕○王國良曰：「斫之復生」，《相感志》卷十三作「行斫行復」，《御覽》卷九五八作「行斫行合」。○寧按：《廣記》卷四○七作「斫復」。疑經原文當如《御覽》作「行斫行復」，「斫之復生」本為注文，後混入正文，又以文意重複刪去一句。

〔一○〕○王國良曰：「創者」，《相感志》卷十三作「復遲者」。○張國風曰：創，孫本作「建」。

〔一一〕○寧按：州伯有病，疑本當作「其州有病」，病者，謂患難也。蓋「州」下本有注文曰「州伯」，是注者以為有病者當為人，故謂此「州」是指州伯，猶下文言「其州滅亡」而注曰「亡者，州伯死」也。後此注混入正文，又刪改如此。

〔一二〕舊注：亡者，言州伯死。復者，木創復也。○呂思勉曰：豫章在古亦為神木，與扶桑等同。○張國風曰：伯，原無此字。現據孫本、陳本補。○寧按：據文序，此注文兩句當互倒，疑本作「復者，木創復也。亡者，言州伯死。」

【扶桑】〔一〕東方有桑樹焉，〔二〕高八十丈，〔三〕敷張自輔。〔四〕其葉長一丈，廣六七尺，〔名曰扶桑〕。〔五〕其上自有蠶，作繭長三尺。繰一繭，〔六〕得絲一斤。〔七〕有椹焉，〔八〕長三尺五寸，圍如長。〔九〕

〔一〕○寧按：《廣記》卷四○七引《神異經》此條題名為「偃桑」。

〔二〕○陶憲曾曰：「樹」上本有「桑」字，從《藝文類聚》八十八、《太平御覽》九百五十五引刪。○周奇曰：《廣記》卷四○七「偃桑」條引作「東方有樹焉」，「樹」上無「桑」字。○王國良曰：「樹焉」，原作「桑樹焉」，據《類聚》卷八八、《御覽》卷九五五、卷九七三、《廣記》卷四○七引文刪「桑」字。○寧

按：陶、王二本均刪「桑」字。

〔三〕○周睿曰：《御覽》卷九五五引本經，作「東方有樹焉，高八十尺。」今案，葉長一丈，廣六七尺，則樹高「八十尺」就不成比例，恐怕是「丈」字，手民誤寫成「尺」字。○寧按：「尺」當「丈」字之形訛。

〔四〕○王國良曰：敷張自輔，謂樹之枝條往四方擴張，並下垂著地，形同枝幹，穩住整棵樹也。○寧按：「敷張自輔」殆謂樹枝葉伸展亦有八十丈如其高也。

〔五〕○陶憲曾曰：此四字從《類聚》引補。《御覽》無「名」字。○周睿曰：《廣記》卷四○七「偓桑」條引，「廣六七尺」下有「名曰桑」。「八十丈」恐不能稱作「扶桑」，所以當從本經刪「扶桑」二字。○王國良曰：「名曰扶桑」四字，據《類聚》卷八八、《御覽》卷九五五、《記纂淵海》（以下簡稱《淵海》）卷九五引文補；《御覽》卷九七三、《廣記》卷四○七則作「名曰桑」。按《海內十洲記》云：「扶桑，在碧海之中，地方千里。……地多林木，葉皆如桑。又有椹樹，長者數千丈，大二千餘圍。樹兩兩同根偶生，更相依倚，是以名為扶桑。」其說與本則所敘述差似。○蕭旭曰：北大漢簡（四）《反淫》作「枎桑」，文獻也作「浮桑」，與「榑桑」都是聲轉。「枎」是「扶疏」的本字。《說文》：「枎，枎疏，四布也。」蓋取扶疏布散義，木葉茂盛義。或讀為蟠。《呂氏春秋·為欲》：「東至扶木。」《史記·五帝本紀》：「東至於蟠木。」○寧按：「名曰扶桑」四字據陶、王說補。「扶桑」之「扶」《說文》作「榑」，云：「榑桑，神木，日所出也。」「扶」、「榑」蓋「溥」或「博」之音假字，大也，「扶桑」意為「大桑」，「榑」則其後起專字。蕭旭以為「蓋取扶疏布散義，木葉茂盛義」亦備一說。《十洲記》之說乃望文生義，不足據。

〔六〕○曹鏏雛曰：繰，同繅。○王國良曰：「一繭」，《太平廣記校勘記》卷四○七作「不合一繭」。不合，謂不滿也。○張國風曰：一，孫本作「不合一」。○蕭旭曰：明刊本《太平廣記》卷四○七引仍作「一繭」，又「斤」作「觔」。「觔」是俗「斤」字。程榮本誤作「繰不合一繭一斤」。

〔七〕○周睿曰：《廣記》卷四○七引「得絲一斤」作「觔」。○寧按：《正字通·酉集·角部》：「舊註此字無所考，今俗多作『斤』字。按《考工記》：『弓人相筋欲小，簡而長大，結而澤』，註：『獸筋也。』『觔』與『筋』同。後人訛以為斤兩之『斤』。」是「斤」、「觔」通用。

〔八〕○曹鏏雛曰：椹，同葚，桑實也。○寧按：「椹」，程榮本作「葚」，傅增湘校改「葚」。《玉篇·木部》：「椹，豬金切。鈇椹，斫木質也。或作碪。又時枕

切，桑子也。」又《屮部》：「葚，市枕切，桑實也。」「椹」、「葚」通用，以「葚」為正字。

〔九〕舊注：此桑是偃桑，但樹長大耳。○王國良曰：「圍如長」之下，《廣記》有注云：「桑是偃桑，但樹長大耳」一句。○張國風曰：此，原無此字，現據沈本、陳本補。耳，陳本無此字。○蕭旭曰：程榮本即有注：「此桑是囗桑，但樹長大。」「偃」字作墨釘。「偃桑」無考。圍如長，《廣記》卷四○七引同，《御覽》卷九七三引作「其圍如數」，《類聚》卷八七作「圓與長等」。○寧按：注文據《廣記》卷四○七補。注文「偃桑」當是「檿桑」之聲訛，「偃」、「檿」聲相近，指山桑。《尚書·禹貢》「厥篚檿絲」孔傳：「檿桑蠶絲，中琴瑟弦。」《正義》：「《釋木》云：『檿桑，山桑。』郭璞曰：『柘屬也。』『檿絲』是蠶食檿桑所得絲，靭中琴瑟弦也。」

【梨】東方有樹焉，〔一〕高百丈，敷張自輔。葉長一丈，廣六〔七〕尺，〔二〕其名曰梨。〔三〕其子徑三尺，剖之少瓤，〔四〕白如素，〔五〕和羹食之為地仙，〔六〕衣服不敗，辟穀，〔七〕可以入水火。一名木梨。〔八〕

〔一〕○周嘗曰：《廣記》卷四一○作「南方」。

〔二〕○陶憲曾曰：《齊民要術》《太平御覽》九百六十九、《事類賦注》二十七引「六」下皆有「七」字。○王國良曰：「七」字據《齊民要術》（以下簡稱《要術》）卷十、《御覽》卷九六九、《事類賦》卷二六引文補。○寧按：「七」字據陶、王說補。王引《事類賦》卷二六當作卷二七。

〔三〕舊注：如今之櫨梨，但樹大耳。○陶憲曾曰：注九字，本混作經，今改。○周嘗曰：《廣記》卷四一○「櫨」作「粗」。○王本「梨」作「木梨」。王國良曰：「木梨」，原本作「梨」，今據《相感志》卷十三校補。「如今之櫨梨……」一句，原混入正文，今據《御覽》卷九六九引文，改作注。○寧按：《廣記》卷四一○引此文作「仙梨」，標題亦作「仙梨」。此節文末有注云：「一名木梨」，則正文當作「曰梨」，否則此句注無意義。「如今之櫨梨但樹大耳」九字據陶、王說移為注文。

〔四〕○陶憲曾曰：「剖」，《要術》引作「割」，無「少」字。○王國良曰：《要術》卷十引，無「少」字。○許菊芳曰：「剖」、「割」二字形近而易混，「剖」，《要術》卷十《粗梨》作「割」，經文皆隨《御覽》、《廣記》作「剖」。據年代較早的《要術》更可靠些。○蕭旭曰：許說有問題。《要術》雖早，但今所見本最

早的也就是宋本，安知不誤？從文義判斷，還是「剖」好。古書未見說「割梨」的。

〔五〕○周啻曰：《御覽》卷九六九引本經作「自如素」，「自如素」顯然是錯了，應該是「白如素」。而《漢魏叢書》本的《神異經》作「曰如素」，也錯了。賈思勰《齊民要術》卷十作「割之，瓤白如素」。○王國良曰：「白如素」，原作「曰如素」，今據《要術》卷十、《類聚》卷八六、《相感志》卷十三、《廣記》卷四一○、《事類賦》卷二六引文校改。

〔六〕○張黎明、馬敬宇、朱琳曰：「和羹食之」，大約是加入羹中蒸煮而食之，這是服食物的尤為習見的處理方式。〔註6〕○許菊芳曰：「地仙」，為道教仙人譜系中的一種，是譜系中等級較低的神仙。據《漢武帝內傳》：「……此太上之所服，非中仙之所保。其次藥有八光太和，斑龍黑胎，文虎白沫，……此天帝之所服，下仙之所逮。其次藥有九丹金液，……此飛仙之所服，地仙之所見也。其下藥有松柏之膏，……得為地仙。」神仙等級依次為：太上—中仙—天帝—下仙—飛仙—地仙。「地仙」這一說法晉以前的文獻未見使用。晉·葛洪《抱朴子內篇》中較多。如《論仙》：「按《仙經》云：上士舉形昇虛，謂之天仙。中士遊於名山，謂之地仙；下士先死後蛻，謂之屍解仙。』」又《對俗》：「又云，人欲地仙，當立三百善；欲天仙，立千二百善。」晉之前只有「地祇」，而沒有「地仙」的說法。東漢時期的道教經典《太平經》用「地祇」而不用「地仙」，《太平經》卷五六至卷六四《闕題》：「二十四氣前後，箭各七八，氣有長日，亦復七八，以用出入，祠天神地祇，使百官承漏刻，期宜不失，脫之為不應，坐罪非一。」又卷一一二《不忘誡長得福訣》：「但取作害者以自給，牛馬騾驢不任用者，以給天下。至地祇有餘，集共用食。」

〔七〕○許菊芳曰：「辟穀」，謂不食五穀，是道家的一種修煉術，東漢始見用例，如《論衡·道虛篇》：「如武帝之時，有李少君，以祠竈、辟穀、卻老方見上。」《梁書·處士傳·陶弘景》：「善辟穀導引之法，年逾八十而有壯容。」《三國志·魏志·華佗傳》裴松之注引魏文帝《典論》論郤儉等事曰：「潁川郤儉能辟穀，餌伏苓；甘陵、甘始亦善行氣，老有少容；廬江左慈知補導之術，並為覃吏。初，儉之至，市伏苓價暴數倍。議郎安平李覃學其辟穀，餐伏苓，飲寒水，中泄利，殆至隕命。」○蕭旭曰：楊雄《太玄》就有「辟穀」用例，不得

〔註6〕張黎明、馬敬宇、朱琳：《〈神異經〉名物特點辨析》，《語文月刊》2015年第3期。

說東漢始見。帛書《去〔卻〕穀食氣》說「卻穀」。○寧按：《史記・留侯世家》：「乃學辟穀，道引輕身。」則西漢司馬遷時已有「辟穀」之說。西漢揚雄《太玄經・翕・次五》：「翕其腹，辟穀。」亦言之。

〔八〕舊注：故今梨樹大者名木梨。○陶憲曾曰：「一名木梨」四字，本訛作注，今改。注九字從《御覽》引補。○王國良曰：「水火」之下，原本有注「一名木梨」四字，今刪。○寧按：注文從陶說增。《御覽》卷九六九引注文作「是故今梨樹大耳」，當有脫誤，其本或當作「是故今梨樹大〔者名木梨〕耳。」。「一名木梨」從陶說歸為正文。木梨即榠樝，乃木瓜之一種，又名蠻樝、瘙樝、木李。《本草綱目》卷三十《果之二・榠樝》：「木李生於吳越，故鄭樵《通志》謂之『蠻樝』，云俗呼為『木梨』，則『榠樝』蓋『蠻樝』之訛也。」則此經所謂「梨」者，疑即此。

【桃】東方有樹〔焉〕，〔一〕高五十丈，葉長八尺，〔廣四五尺〕，〔二〕名曰桃。〔三〕其子徑三尺二寸，和核羹食之，〔四〕令人益壽。〔五〕食核中仁，〔六〕可以治嗽。〔七〕

〔一〕○陶憲曾曰：「東方」，《太平御覽》九百六十七引作「東北」。「樹」下有「焉」字。○周奢曰：《御覽》卷九六七卷作「東北有樹焉」，「方」作「北」，《齊民要術》同，「樹」下多「焉」字。○王國良曰：「東方」，《要術》卷十、《御覽》卷九六七並作「東北」。「焉」字，據《御覽》卷九六七引文補。○《廣記會校》本此句作「東方村有桃樹」。張國風曰：村有，陳本作「有村曰」。○寧按：「東方」作「東北」當是。《廣記》卷四一○引《神異記》「方」後有「村」字，題名曰「東方村桃」。據陶、王說補「焉」字。由此可知此本確為輯錄之文且多有訛誤，而各「荒經」之命名又是根據輯文臨時分類所擬，否則此條當入《東北荒經》，不當在此矣。

〔二〕○陶憲曾曰：此四字從《御覽》引補。○周奢曰：《御覽》卷九六七「葉」上多「其」字，「八尺」下有「廣四五尺」句。○王國良曰：「廣四五尺」四字，據《御覽》引文補。

〔三〕舊注：〔桃之大者曰木桃。《詩》云：「投我以木桃」是也。〕○張國風曰：曰，原無此字。現據沈本補。○寧按：此文乃《廣記》卷四一○引《神異記》，題名曰「木桃」，實即此經文之注，故據補。所引詩見《詩經・衛風・木瓜》。

〔四〕○周奢曰：《御覽》卷九六七「二寸」下多「小狹」兩字，無「和羹」兩字。

○王國良曰：「和核羹」，《要術》卷十作「小核味和」，《御覽》卷九六七作「小狹核」。○張亞南曰：此段中「和核羹」似為不通，《齊民要術》卷十引《神異經》作「小核味和，食之，令人益壽」，《太平御覽》卷九百六十七引《神異經》作「小狹桃食之，令人知壽」，根據其文義，似覺《齊民要術》所引之文為通，應據改正。○寧按：周本於此句上補「核小狹」三字。據《要術》《御覽》所引，「和核羹食之」疑本當作「〔小〕核，和羹食之」，或「核〔小狹〕，和羹食之」。

〔五〕○朱謀㙔曰：別本作「壽短」，誤。○陶憲曾曰：「益」，《御覽》引作「多」。○周㝏曰：《御覽》卷九六七「益壽」作「知壽」。《齊民要術》「和核羹食之，令人益壽」作「小核味和，食之，令人短壽。」與《御覽》參校，《要術》所據或是善本。○王國良曰：按《要術》卷十引，作「短壽」；《御覽》卷九六七作「知壽」。「知」，疑係「短」之形誤。○張國風曰：益壽，孫本、陳本作「短壽」。○寧按：程榮本此句作「令人壽」，傅增湘於「壽」上校增「短」字。疑「短」、「知」均「矰」之訛，《周禮‧夏官司馬‧司弓矢》：「矰矢、茀矢用諸弋射」，鄭玄注：「結繳於矢謂之矰。矰，高也。」其義同於「增」，《文選‧左思〈魏都賦〉》「增構㠊㠊」，李周翰注：「增，高也。」二字義同，「矰（增）壽」即「高壽」；又《說文》：「增，益也。」故或作「益壽」。作「短」、作「知」恐均非是。

〔六〕○陶憲曾曰：「仁」，《御覽》引作「人」。○張國風曰：人，孫本作「仁」。○寧按：「食核中仁」，《御覽》九六七引文無「食」字。「人」、「仁」乃通假字，古書多互用。

〔七〕舊注：小桃溫潤，嘅嗽人食之即止。〔今之桃也〕。○朱謀㙔曰：別本作「嘅嗽人肉滑」者，誤。○陶憲曾曰：注「小桃」以下十一字本混作經，今改。《御覽》引此注云：「今之桃也」，亦有脫誤，今惟據補「今之」二字。○王國良曰：「小桃溫潤，嘅嗽人食之，即止」，原誤為正文，今依據陶憲曾《神異經輯校》之說改。小桃，蓋指桃核中仁。「即止」句下，原本有「朱謀㙔曰：別本作嘅嗽人肉滑者，誤。」雙行夾注。今按《太平廣記校勘記》卷四一○作「嘅嗽人食之，肉滑。」肉滑，謂肌膚柔軟潤澤也。○張國風曰：食之即止，孫本作「食之肉滑」。陳本作「肉滑」。○許菊芳曰：「小桃」以下，陶憲曾認為是注文。其中「嘅嗽」，正文用「嗽」。「嘅嗽」，僅《神異經》中

見，徙文意來看，同「咳嗽」。「咳嗽」一詞魏晉始見，醫書中常見，如東漢·張仲景《金匱要略方論》卷中有「痰飲咳嗽病脈証並治。」「咳」字又作「欬」，《三國志·魏志·華佗傳》：「毅謂佗日：『昨使醫曹吏劉租針胃管訖，便苦欬嗽，欲臥不安。』」此前，如《史記》就只用「嗽」，如《史記·扁鵲倉公列傳》：「得之風，及臥開口，食而不嗽。」「嘅」，《說文·口部》：「嘅，嘆也。從口既聲。《詩》曰：『嘅其嘆矣。』」歷代文獻中除《神異經》外尚未見「嘅」作「咳」的用例。○寧按：此據陶、王二家說將「小桃」等十一字移為注文。其別本注文疑當作「小桃溫潤，〔治〕嘅嗽。〔其〕人（仁）食之，肉滑。今之桃也。」謂小桃之性溫潤，可以治療咳嗽，其桃仁吃了，可以讓人肌膚潤滑，《本草綱目·果之一》言服食桃仁可「延年去風，令人光潤」是也。注文「今之桃也」四字據《御覽》九六七引文補。蓋經文所言是一種大桃，注文所言之「小桃」即今之普通的桃。又《廣記》卷四一○引此文注「出《神異記》」。

【沃焦山】〔一〕東海之外荒海中有山，〔名曰沃焦〕，〔二〕焦炎而峙，〔三〕高深莫測，〔四〕蓋稟至陽之為質也。〔五〕海中激浪投其上，〔六〕嚵然而盡。〔七〕計其晝夜，嚵攝無極，〔八〕若熬鼎受其洒汁耳。〔九〕

〔一〕○袁珂曰：沃焦，亦名「尾閭」。《莊子·秋水》成玄英疏引《山海經》（今本無）：「羿射九日，落為沃焦。」吳任臣《山海經廣注》輯《山海經佚文》：「沃焦在碧海之東，有石闊四萬里，居百川之下，故又名尾閭。」又《古小說鉤沈》輯《玄中記》云：「天下之強者，東海之沃焦焉，水灌之而不已。沃焦者，山名也，在東海南，方三萬里，海水灌之而即消，故水東南流而不盈也。」即此。○周運中曰：高大的沃焦山，海水澆不熄，顯然是火山，日本有火山，所以說在扶桑。《古事記》說日本始祖伊邪那美生了很多神，但是最終被火神燒死，伊邪那岐殺死火神，反映古代日本人認為火山兇猛。我已指出，《拾遺記》岱輿山（九州）也描述其東的櫻島火山。《莊子·秋水》成玄英疏引《山海經》：「羿射九日，化為沃焦。」今本無此句，或有所本，所以《神異經》說至陽之質。沃即澆灌，因為火山岩漿，海水沃之，仍然燒焦，所以稱為沃焦。○寧按：王本此題名為「焦炎山」，然「焦炎」非山名，茲據《相感志》題名「沃焦山」。

〔二〕○田藝蘅曰：《玄中記》：「天下之強者，東海之惡樵，水灌而不已。」惡樵即沃焦。（《留青日札》卷十）○寧按：此節經文見《物類相感志》卷三，不言出

《神異經》。此條《相感志》本題曰「沃焦山」，本書下文作「沃椒山」，「椒」、「焦」音近通假，字亦作「燋」。但是此條經文中並沒有出現「沃焦」或「沃椒」的名稱，當有脫誤，此句下當有「名曰沃焦（或椒）」一句，故據文意補。《莊子·秋水》曰：「天下之水，莫大于海，萬川歸之，不知何時止而不盈；尾閭泄之，不知何時已而不虛。」司馬彪注：「尾閭，水之從海水出者也，一名沃燋，在東大海之中。尾者，在百川之下故稱尾；閭者，聚也，水聚族之處，故稱閭也。在扶桑之東，有一石方圓四萬里，厚四萬里，海水注者無不燋盡，故名沃燋。」成玄英《疏》：「尾閭者，泄海水之所也；在碧海之東，其處有石，闊四萬里，厚四萬里，居百川之下尾而為閭族，故曰尾閭。海水沃著即焦，亦名沃焦也。《山海經》云：『羿射九日，落為沃焦。』此言迂誕，今不詳載。」《玄中記》云：「天下之強者，東海之沃焦焉，水灌之而不已。沃焦者，山名也，在海東，方三萬里，海水灌之而即消，故水東南流而不盈也。」司馬彪、成玄英之說疑皆本《玄中記》和《神異經》，則此條經文開始當曰：「東荒之海外，〔扶桑之東〕，海中有〔沃焦（椒）〕山，有一石方圓四萬里，厚四萬里」云云。成《疏》所引所謂《山海經》之文，今《山海經》無之，疑亦《玄中記》或《神異經》之誤，是成玄英誤記為《山海經》。

〔三〕○周奢曰：焦炎，描寫山能出火而極嚴熱。○寧按：峙，《緯略》卷七引同，明抄本《相感志》卷三誤作「時」。

〔四〕○許菊芳曰：「高深莫測」，宋始見，高似孫《緯略·沃焦山》引《物頻相感志》：「沃焦山，東海之外荒，海中有山，焦炎而峙，高深莫測。」清·黃宗炎《周易象辭》卷十《遯》：「天健行而不息，山安止而不遷，巉巖傾險，雖高深莫測，一入覆幬之中，甚覺伎倆有限。」○寧按：宋人以「高深莫測」形容山高，如南宋時道教作品《上清靈寶大法》：「北都羅酆有山，高深莫測，萬劫焦暗。」

〔五〕○王國良曰：至陽，極陽，至極之陽氣也。○寧按：此句疑為舊注文。

〔六〕○王本改「中」為「水」。王國良曰：「海水」，原作「海中」，今據《相感志》卷三引文校改。○許菊芳曰：「激浪」，晉時始見，晉·潘尼《惡道賦》：「迴波激浪，飛沙飄瓦。」北魏·酈道元《水經注·淄水》：「長津激浪，瀑布而下，澎贔之音，驚川眐谷，湖涆之勢，狀同洪河，北流入陽水。」○寧按：作「海水」是。

〔七〕○王國良曰：噏然，吸斂貌。按：噏、吸同。

〔八〕○周奢曰：噏攝，即吸收。○王國良曰：噏攝，吸取也。○許菊芳曰：「噏」，

即吸。《漢書‧揚雄傳上》載揚雄《甘泉賦》:「噏清雲之流瑕兮,飲若木之露英。」五臣本《文選‧揚雄〈甘泉賦〉》作「吸」。「攝」,吸收。《字彙‧手部》:「攝,收也。」《鶡冠子‧世兵》:「度數相使,險陽相攻,死生相攝,氣威相滅,虛實相因,得失浮縣。」北魏‧楊衒之《洛陽伽藍記‧城東‧崇真寺》:「沙門之體,必須攝心守道,志在禪誦。」有「吸攝」一詞,如明‧李日華《六研齋三筆》卷四:「以其養氣既厚,心靈吸攝,其精華影現自在耳。」○寧按:噏,周㝥本正文及注文皆作「嗡」,誤。

〔九〕○徐應秋曰:《物類相感志》曰:「沃焦山:東海之外荒海中有山,焦炎而峙,高深莫測,蓋稟至陽之為質也。海水激浪投其上,噏焉而盡。計其晝夜,噏攝無極,若熬鼎受其灑汗耳。此道家之說,無是山也。四海受百川之漲,必然洶湧而溢也。」《莊子》:「天下之水,莫大于海,萬川歸之,不知何時止而不盈;尾閭泄之,不知何時已而不虛。」疏曰:「沃焦山在碧海之東,有石潤四萬里,厚四萬里,居百川之下,海水注者無不焦盡,故名沃焦,又名尾閭。」《佛藏》云:「大海有石,其名曰焦,萬流沃之,至石皆竭,所以大海初不增長。」《玄中記》:「天下之強者,東海之沃焦焉,海水灌之而即消。」吳融有《沃焦山賦》。《山海經》:「堯時十日並出,堯使羿射九日,落為沃焦。」《華嚴經》:「海有盡無餘之寶,能縮所注,故無增減。及婆竭龍宮水湧出有時,是故潮不失時。」《夷堅志》:「寧海縣東海中有尾閭,與海門馬篩相直,自高山望之,其水湍急,陷為大渦者十餘,凡浮物近之則沉,舊傳東海泄水處。」(《談薈》卷二十三)○王國良曰:本篇所述,與佛經所說沃焦山事,有異曲同工之妙,殆受佛教啟示而撰。據現存文獻,舊題吳支謙譯《金剛三昧本性清淨不壞不滅經》、苻秦鳩摩羅什譯《十住毘婆沙論》、東晉末佛馱跋陀羅譯《大方廣佛華嚴經》、《觀佛三昧經》,並載沃焦山事;又士禮居本《博物志》卷一云:「東方有蟑螂、沃燋。」《文選》卷十二郭璞《江賦》有「淙大壑與沃焦」之句。然則沃焦之說,蓋起於三國之末也。○劉城淮曰:《莊子‧秋水》成玄英疏引《山海經》:「羿射九日,落為沃焦。」《古小說鉤沉‧玄中記》:「天下之強者,東海之沃焦焉,水灌之而不已。沃焦者,山名也,在東海南方三萬里,海水灌之而即消,故水東南流而不盈也。」○寧按:「灑汁」,《相感志》卷三作「灑汗」,當是,然疑此句亦舊注文,與《相感志》「此道家之說,無是山也。四海受百川之漲,必然洶湧而溢也」等均是。宋高似孫《緯略》卷七、明徐應秋《玉芝堂談薈》卷二十三引此文均注出《物類相感志》,不言出《神異經》。又《博物

志》一書，原為西晉張華抄撮古書所編，然其時當尚無《神異經》，蓋其後所出之《神異經》或有從其書中取材者，因之託名張華注。而今傳《博物志》中亦每有類《神異經》之文，當如四庫館臣所言「原書散佚，好事者掇取諸書所引《博物志》而雜採他小說以足之」，非原書所有也。

【玉鷄】大荒之東極，〔一〕至鬼府山臂、〔二〕沃椒山脚、〔三〕巨洋海中，升載海日。〔四〕蓋扶桑山有玉鷄，〔五〕玉鷄鳴則金鷄鳴，金鷄鳴則石鷄鳴，石鷄鳴則天下之鷄悉鳴，潮水應之矣。〔六〕

〔一〕○王國良曰：東極，東方之極也。○寧按：此句後疑當有「有扶桑焉」四字，否則下文意不通。

〔二〕○王國良曰：鬼府山，未詳，疑即《論衡・亂龍篇》、《訂鬼篇》以及《獨斷》卷上所謂之「度朔山」。《論衡・訂鬼篇》引《山海經》佚文云：「滄海之中，有度朔之山。上有大桃木，其屈蟠三千里。其枝間東北曰鬼門，萬鬼所出入。」○寧按：「至」疑「在」字之誤。《論衡》所引《山海經》恐亦非是，而是別據他書。此條本是解釋神荼、鬱壘之故事，而此事至漢代方見，先秦無之，尤不得見於《山海經》。當是王充誤記誤引，後人又因之而已。

〔三〕○朱謀㙔曰：《玄中記》云：「天下之強者，東海之惡燋焉，水灌而不已。惡燋，山名，在東海南，方三萬里，海水灌之即消。」即沃椒也。○王國良曰：「沃椒」，《相感志》卷七作「沃焦」。○許菊芳曰：「西北海外有人，長二千里，兩脚中間相去千里，腹圍一千六百里。」（神 47.11）「大荒之東極，至鬼府山臂、沃椒山脚，巨洋海中，昇載海日。」（神 8.2）第一例的「脚」可明確為指脚掌，第二例則是用於指物象。這樣的用法都相當成熟，當為六朝晚期甚至更晚些時代的語言特質。如「山脚」的說法最早也是在《齊民要術》中纔見到，《齊民要術》卷十《槃多》：「《嵩山記》曰：『將子於山西脚下種，極高大。』」○蕭旭曰：「沃椒」、「惡燋」即「沃焦」音轉，亦作「沃燋」，東海中大石之名。《文選・江賦》李善注、《慧琳音義》卷四一、《御覽》卷六〇、《事類賦注》卷六引郭璞《玄中記》作「沃焦」，《御覽》卷五二引作「沃燋」。沃，灌注也。焦、燋並讀為湫。《說文》：「湫，盡也。」指水盡。

〔四〕○寧按：《山海經・大荒東經》曰：「湯谷上有扶木，一日方至，一日方出，皆載于烏」，郭璞注「扶木」曰「扶桑在上」。據此，則「升戴海日」句前，確當有「有扶桑焉」云云，否則文句不通。

〔五〕○寧按：「山」疑「上」字之誤。

〔六〕○王國良曰：《玄中記》云：「蓬萊之東，岱輿之山，上有扶桑之樹。樹高萬丈。樹巔常有天雞，為巢於上。每夜至子時，則天雞鳴，而日中陽烏應之；陽烏鳴，則天下之雞皆鳴。」所記與本篇相近，天雞蓋即玉雞也。○寧按：此條經文見《相感志》卷七，不云出《神異經》，他書亦不見徵引者，疑亦非《神異經》之文。

【彊木】 東海滄浪之洲，生彊木焉，〔一〕洲人多用作舟楫。其上多以珠玉為戲物，〔二〕終無所負。〔三〕其木方一寸，可載百許斤，縱石鎮之不能沒。〔四〕

〔一〕○袁珂曰：彊，一作強。《淵鑒類函・木部六》引《匯苑詳注》云：「強木，不沈木也，以之造船，木方一寸，以百斤巨石縋之，終不沒。」○王國良曰：彊、強通用。此木蓋因浮力特大而得名也。○寧按：《廣記》卷十八引《杜陽雜編》曰：「強木，不沈木也。方一尺，重八百斤，巨石縋之，終不沒。」可為此「彊木」之注文。

〔二〕○周睿曰：戲，疑作「飾」的同音通假字。○許菊芳曰：「戲物」，唐代始見，如唐・段成式《酉陽雜俎》續集卷八《支動》：「烏賊魚骨如通草，可以刻為戲物。」○寧按：「戲」乃遊戲之意，非「飾」之假借字。周本「物」屬下句讀，恐非。

〔三〕○王國良曰：負者，載也。本句殆謂珠玉甚輕，不得留置舟上耳。○蕭旭曰：負，猶失也。指舟楫上多以珠玉為戲物，卻不曾丟失。指沒人看重舟楫上的珠玉。

〔四〕○寧按：此條經文見《相感志》卷十三，不云出《神異經》，疑非《神異經》文。此事見《廣記》卷十八引《杜陽編》（即唐・蘇鶚撰《杜陽雜編》），言處士元藏幾於隋朝大業九年為過海使判官，出海時遇到風浪，船壞，藏幾為破木所載，漂至一洲，洲人曰：「此滄洲，去中國已數萬里。」言洲人「更以彊木造船，其上多飾珠玉，以為遊戲。彊木，不沉木也，方一尺，重八百斤，巨石縋之，終不沒。」此條經文該即本此為說，所謂「滄浪之洲」即「滄洲」，彊木即不沉木。○此條下原有「栗」一條。王國良曰：本篇與《廣記》卷四一一引《酉陽雜俎》文字全同，段成式《雜俎》全襲《神異經》也。按：本篇在《東北荒經》重出，此處當刪。○寧按：王說是，故將彼條移於《東北荒經》，

諸家說亦採入《東北荒經》「栗」條下，此處刪。

【建春山】東方裔外有建〔春〕山，〔一〕其上多橘柚。〔二〕

〔一〕○陶憲曾曰：「春」字從《初學記》二十八引補。○周睿曰：裔外，猶邊外。
《御覽》卷九七三卷引《神異記》，沒有「裔外」兩字，或誤。因為本條是本
經《東荒經》的最後一條，所以極可能記邊外事。又「建山」《御覽》寫成「建
春山外」，無「橘」字。○王國良曰：「東方裔外」，《御覽》卷九六六引作「東
南外」，《事類賦》卷二七則作「東南荒外」。「春」字，據《類聚》卷八六、《初
學記》卷二八、《御覽》卷九六六、卷九七三、《事類賦》卷二七引文補。○周
運中曰：建山在東南海外，或許不是福建的建州地名由來，而是東南另一個
地名。○寧按：《事類賦》卷二十七引句首有「東方朔云」四字。

〔二〕○陶本文末補「美甘樹」，曰：「美甘樹」三字，從《太平御覽》就百六十六引
補。○王國良曰：「橘柚」，《類聚》卷八六作「甘」，《御覽》卷九七三作「柚」，
《御覽》卷九六六、《事類賦》卷二七並引作「美甘樹」。○寧按：《御覽》卷
九七三之「柚」殆「柑」字之訛，「甘」、「柑」通假。「橘柚」疑本是注文。《南
方草木狀》卷下曰：「柑乃橘之屬，滋味甘美特異者也。」經文當作「其上多
美柑樹」，下有注云：「橘柚。」謂柑即橘柚也。《御覽》卷九七三引《神異記》
曰：「東方建春山外多柚。」蓋即此文。此條魯迅《古小說鉤沉》輯入王浮《神
異記》，疑是。

東南荒經第二

○寧按：王謨本《目錄》云：「《東南荒經》，五則」，經校理同。

【尺郭】東南方有人焉，〔一〕周行天下，身長七丈，〔二〕腹圍如其長。頭戴鷄父、〔三〕魃頭，〔四〕朱衣縞帶，以赤蛇繞額，〔五〕尾合於頭。不飲不食，朝吞惡鬼三千，暮吞三百。〔六〕此人以鬼為飯，〔七〕以露為漿。〔八〕名曰尺郭。〔九〕一名食邪，〔一〇〕一名赤黃父，〔一一〕〔一名去邪〕。〔一二〕

〔一〕○王國良曰：「東南方」，《初學記》卷二六、《事類賦》卷十八引作「東方」，《廣記》卷四八二、《類說》卷三七、《紺珠集》卷五引則作「南方」。○寧按：《相感志》卷六此句作「東南有人」。

〔二〕○朱謀㙔曰：《說郛》所引作「七尺」，誤。○傅增湘曰：《御覽》卷九百十八引「長七丈」下有「頭戴雞」三字。○王國良曰：「七丈」，《法苑珠林》（以下簡稱《珠林》）卷八、《類說》卷三七、《紺珠集》卷五引，並作「七尺」。今按：《說郛》卷六五引文，仍作「七丈」。

〔三〕○朱謀㙔曰：鷄父，未詳。○陶憲曾曰：「父」字衍，《事類賦注》十八引無。「戴雞」如饕餮戴豕之類。○周睿曰：《說郛》本「頭戴雞父魃頭」，作「頸戴雞文魃頭」。江畬經《漢魏六朝小說筆記選》（以下簡稱《筆記選》）「魃」字作「魁」。《廣記》沒有這一句。不管是「雞父」，是「雞文」，遍考古籍，多不得的解。筆者懷疑它是「鶡冠」之類的冠飾。應劭《漢官儀》說：「虎賁冠插鶡尾。鶡，鷙鳥中之果勁者也，每所攫撮，應爪摧碎。」董巴《漢輿服志》也說：「武冠加雙鶡尾為鶡冠，羽林虎賁冠之。鶡雞勇鬥，死乃止。」而「尺郭」的性向好鬥——以鬼為飯，以露為漿——《說郛》本寫作「尺廓」，又自注云「俗

-23-

曰赤廓」，郭、廓，揚雄《方言》說：「劍削（鞘），自河而北，燕趙之間謂之室；自關而東，或謂之廓。」戴震《疏證》引《廣雅》說：「郭，劍削也。郭、廓古通用。」我們懷疑它是「劍神」或「劍精」，是從周之方相演變幻化而來。○王國良曰：「戴雞父」，《相感志》卷六、舊鈔本《說郛》卷六五引，同。《御覽》卷九一八、《事類賦》卷十八，並作「戴雞」。戴雞，與《東荒經》東王公戴黑熊，《西南荒經》聖人戴朱鳥、饕餮戴豕等，情形相同。若原本確是「雞父」二字，其義殆指雄雞，如俗云「雞公」是矣。○寧按：王說是，雞父即雄雞，此指雄雞形的帽子或以雄雞羽毛裝飾的帽子。《史記·仲弟子列傳》：「子路性鄙，好勇力，志伉直，冠雄雞，佩豭豚。」「冠雄雞」即本經之「戴雞父」也。雄雞（公雞）、豭豚（公豬）均勇悍好鬥，以示有勇力。周氏以為是「鶡冠」之類近之，又曰「劍神」、「劍精」云云，誕妄無據。

〔四〕舊注：華曰：〔魌頭〕，髮煩亂也。○曹鵠雛曰：雞父魌頭，髮煩亂不整，狀如雞冠之帽也。○周奢曰：至於「魌頭」寫作「魖頭」，那是《筆記選》的錯誤。因為《周禮·夏官》說「方相氏」是「掌蒙熊皮，黃金四目，玄衣朱裳，執戈揚盾，帥百隸而時難（儺），以索室敺疫。」鄭玄注：「冒熊皮者，以警敺疫癘之鬼，如今魌頭也。」孫詒讓《正義》說：「案魌正字作頄，字又作俱。《慎子》曰：『毛嬙、西施，天下之至姣也，衣之以皮俱，則見之者皆走也。』蓋周時謂方相所蒙熊皮黃金四目為皮俱，漢魌頭，即周之皮俱。」又由此可知是「頭戴」，不是「頸戴」。張華注也說「髮煩亂也」，可見。○劉城淮曰：雞父魌頭，一種猙獰的面具。○許菊芳曰：「魌頭」即一種頭套，其功用是驅邪避鬼。《神異經》中多處出現頭戴動物頭套，可見魌頭之習俗在鄭玄、應劭所在的東漢時期頗為流行。○蕭旭曰：《御覽》卷九一八、《事類賦注》卷一八引作「頭戴雞」，脫三字。《太平廣記》卷四八二引無「頭戴雞父，魌頭」。《法苑珠林》卷五、《御覽》卷三七七、《永樂大典》卷二九七八引無「頭戴雞父」，「魌頭」作「箕頭」，有注：「箕頭，髮煩亂也。」《永樂大典》卷二九五二引亦作「箕頭」。箕頭者，言頭髮散如簸箕，故張華注云「髮煩亂也」。以此人以鬼為飯，故字又作「魌」。○寧按：注文「魌頭」二字據《珠林》引補。「雞父」是一種冠飾，「魌頭」是一種面具，樣貌兇惡，古人模擬方相氏驅邪逐疫時以覆頭面，故《荀子·非相》：「仲尼之狀，面如蒙俱。」楊注：「方相也。其首蒙茸，故曰蒙俱。」「俱」即「魌」之異體。《說文》作「頄」，釋云：「醜也。從頁其聲。今逐疫有頄頭。」

〔五〕○孫士鑣曰：一作「惡蛇遶頂」。○周睿曰：《說郛》本作「惡蛇饒頭」，《廣記》「額」字作「項」。我們依下文「尾合於頭」推想，應是「額」，不是「項」。又是「朱衣縞帶」、「赤黃父」、《周禮》「方相氏」也是「玄衣朱裳」，所以是「赤蛇」，不是「惡蛇」。○王國良曰：今按《說郛》卷六五作「惡蛇繞額」，《廣記》卷四八二作「赤蛇繞其項」，《類說》卷三七作「赤蛇遶項」。○張國風曰：項，原作「頂」。現據沈本改。

〔六〕舊注：〔但吞不咋〕。○周睿曰：「暮吞三百」下，《說郛》本有「但吞不咋」句。咋，是齰、齚的通叚字，嚼咬也。○王國良曰：「三百」下，《珠林》卷八、《御覽》卷三七七引，並有「但吞不咋」一句，疑是注文也。○寧按：注文據王說補。周睿曰「咋」是「齰」、「齚」的通假字，「齰」無嚼咬義，非是。漢人每以「咋」為咬齧義，如《淮南子·修務訓》：「齕咋足以噆肌碎骨」高誘注、《漢書·東方朔傳》「孤豚之咋虎」顏師古注並曰：「咋，齧也。」《廣雅·釋詁三》：「齰，齧也。」王念孫《疏證》：「齰、齚、嚛、咋，字異義同。」注文「但吞不咋」謂之是囫圇吞嚥而不咀嚼也。

〔七〕○朱謀㙔曰：《廣記》「飯」作「食」，別本作「飲」，誤。○寧按：《相感志》卷六此句作「朝吞鬼為糧」。《類說》卷三十七「以鬼為飯，以露為漿」二句以「又云」出之，疑此二句本為舊注文。

〔八〕○孫士鑣曰：《廣記》作「霧」。○陶憲曾曰：《初學記》二十六、《太平御覽》八百五引皆作「霧」。原本《北堂書鈔》一百四十四引作「以霧露為漿」。○周睿曰：《廣記》「飯」作「食」，「露」作「霧」，恐都誤。○王國良曰：今按：《書鈔》卷一四四、《珠林》卷八、《相感志》卷六、《御覽》卷十二、卷八六一引，並作「霧露」；《初學記》卷二六、《御覽》卷九一八、《廣記》卷四八二、《類說》卷三七、《紺珠集》卷五引，則並作「霧」。○寧按：《相感志》卷六此句作「以霧露為將」，「將」當作「漿」。

〔九〕舊注：〔俗曰「赤郭」。〕○王國良曰：「尺郭」下，《說郛》卷六五有「俗曰赤郭」小字注文。○蕭旭曰：《太平廣記》卷四八二、《永樂大典》卷二九五二、二九七八引「尺郭」同，《紺珠集》卷五、《類說》卷三七引作「赤郭」，《法苑珠林》卷五（此據高麗本，宋本為卷八）、《御覽》卷三七七引作「天郭」。「赤」、「尺」音同，「天」是「尺」形誤。《書鈔》卷一四四引作「一名茲父，一名去邪」。○寧按：注文據王說增。

〔一○〕舊注：道師云「吞邪鬼」。○陶憲曾曰：「食」，《書鈔》引作「去」。注六字本

混作經，今改。○傅增湘曰：《廣記》四百八十二引全文皆同，惟「尺郭」下有「一名食邪」四字。○王國良曰：「道師云吞邪鬼」六字，原混入正文，今改。《珠林》卷八、《御覽》卷三七七引文，「食耶（邪）」下，小字注云：「吞食耶（邪）鬼。」○劉城淮曰：道師，道士、巫師一類人物。○寧按：「道師云吞邪鬼」據陶、王說移為注文。據《珠林》《御覽》所引，則注文疑當作「道師云：吞〔食〕邪鬼。」

〔一一〕舊注：今世有黃父鬼，〔俗人依此名而名之〕。○宋本《書鈔》「赤黃父」作「茲父」。孔廣陶曰：王謨本《神異經》脫「茲父」句及「霧」字，餘同。《龍威秘書》本亦然，惟附注引《廣記》「飯」作「食」，又去「露」存「霧」。《初學記》引「茲父」作「黃父」。○陶憲曾曰：「赤」字疑衍。注六字本亦混作經，今改。○王國良曰：「今世有黃父鬼」六字，原混入正文，今改。《御覽》卷三七七「黃父」下，小字注云：「黃父鬼，俗人依此名而名之。」《珠林》卷八同，惟「父」訛作「火」。○欒保群曰：有說亦即「黃父鬼」，似不相類。黃父鬼，劉宋·劉敬叔《異苑》卷六：「黃州（劉宋時無黃州，梁時始置黃州，在今廣西欽州西南。疑此黃州為湖北之黃陂）治下有黃父鬼，出則為祟，所著衣袷皆黃。至人家張口而笑，必得疫癘。長短無定，隨籬高下。」又云：「廬陵（在今江西吉安東北）人郭慶之有家生婢名采薇，年少有美色。宋孝建中，忽有一人自稱山靈，如人裸身，形長丈餘，胸臂皆有黃色，膚貌端潔，言音周正，呼為『黃父鬼』，來通此婢，婢云意事如人。鬼遂數來，常隱其身，時或露形。形變無常，乍大乍小，或似烟氣，或為石，或為小鬼，或為婦人，或如鳥獸。足迹或如人，長二尺許；或似鵝迹，掌大如盤。開戶閉牖，其人如神，與婢戲笑如人也。」○寧按：「今世有黃父鬼」句據王說移為注文，並補「俗人」等八字。《御覽》「此名」，《珠林》引作「此人」。《書鈔》卷一四三引此作「茲父」。又按：所謂「尺郭」、「赤郭」、「赤黃」，均「吃鬼」、「食鬼」之音轉，「食邪」或「去邪」則其別名。

〔一二〕○寧按：此句據《書鈔》一四四引補。

【邪木】東南荒中有邪木，〔一〕高三千丈，〔二〕或十餘〔丈〕，〔三〕圍〔丈餘〕，〔四〕或七八尺。其枝〔不〕喬，〔五〕葉如甘瓜，二百歲葉〔盡〕落而生花，〔六〕花形如甘瓜。花復二百歲，落盡而生萼。〔七〕萼下生子。三歲而成熟。〔八〕成熟之後，不長不減。子形如寒瓜，〔九〕長七八寸，徑四五寸，萼覆其頂。〔一〇〕此〔實〕不取，〔一一〕萬世如故。若取子而留

萼，萼復生子如初，年月復成熟。〔一二〕其子形如甘〔瓜〕，〔一三〕瓤少親，〔一四〕甘美，〔一五〕食之令人身澤。不可過三升，〔一六〕令人冥醉，半日乃醒。木高，人取不能得，〔一七〕唯木下有多羅之人緣能得之。〔一八〕一名無葉，〔一九〕一名倚驕。〔二〇〕

〔一〕舊注：〔音耶〕。○陶憲曾曰：「邪」，《齊民要術》、《藝文類聚》八十七、《太平御覽》九百七十二引皆作「椰」。○周奢曰：《廣記》卷四一〇引，「邪」字注「音耶」；「木」下多「焉」字。○王國良曰：「邪木」，《廣記》卷四一〇「邪」下有「音耶」注文；《要術》卷十、《御覽》卷九七二引，並作「椰木」。按：邪、耶同，椰字後起。○張亞南曰：「邪」字《齊民要術》卷十、《太平御覽》卷九百七十二引《神異經》作「椰」，查閱《漢語大詞典》「邪」下有一意，即通「椰」，《三國志・吳志・士燮傳》：「奇物異果，蕉、邪、龍眼之屬，無歲不至。」○周運中曰：邪木即椰樹，椰汁能釀酒，《交州記》：「椰子有漿，截花，以竹筒承取汁，作酒飲之，亦醉也。」又：「椰子生南海，狀如海梭，子大如碗，外有粗皮，如大腹子、豆蔻之類。中有漿似酒，飽之得醉。」孫吳萬震《南州異物志》說到椰樹，今見輯佚之文不提「醉人」，可見《神異經》的價值。○蕭旭曰：《說文》：「枒，木也。」《異物志》：「枒樹似檳榔，無枝條，高十餘丈，葉在其末，如束蒲，實大如瓠，繫在樹顛若掛物也。」單言曰枒，俗作梛、椰；復言則曰楈枒，胥餘、胥邪。○寧按：傅增湘校「邪」為「耶」，未詳何據。注文「音耶」據《廣記》補。蕭引《說文》據段玉裁注本當作「枒，枒木也」。此「枒木」、「邪木」、「耶木」、「椰木」即今所言椰子樹。《廣記》引此文題名「綺縞樹實」。

〔二〕○陶本作「二十丈」。陶憲曾曰：本作「三千丈」，從《類聚》引改。○王本作「三十丈」。王國良曰：「三十丈」，原本作「三千丈」，今據《廣記校勘記》卷四一〇改正；《類聚》卷八七作「二十丈餘」，《相感志》卷十三作「二三十丈」，《要術》卷十作「三二丈」，《御覽》卷九七二作「二三丈」，不確。○寧按：當從王本作「三十丈」。

〔三〕○陶憲曾曰：「丈」字從《御覽》引補。○王國良曰：「丈」字，據《御覽》卷九七二引文補入。

〔四〕○陶憲曾曰：「丈餘」二字從《要術》《御覽》引補。○王國良曰：「丈餘」二字，據《要術》卷十、《御覽》卷九七二引文補。

〔五〕舊注：直上不可郵也。○朱謀埠曰：郵，猶何也。○陶本於「喬」上補「不」

字。陶憲曾曰：「不」字從《要術》引補。案《爾雅・釋木》云：「小枝上繚為喬，無枝為檄。」《要術》引《異物志》云：「椰樹高六七丈，無枝條，葉如束蒲在其上。」是此樹旁無枝條，檄擢直上，故云「不喬」也。「喬」，《要術》引作「橋」，「橋」、「喬」古通用。又「橋」下本有「直上不可那也」六字，蓋誤以下注文羼入，今刪。○周筈曰：《廣記》卷四一〇「其枝喬」作「其枝有喬」，顯然不對：一、別本都無「有」字。二、喬，義為「高」，所以下文緊接着「直上不可郴也。」「直上不可郴也」並不是本經的原文，而是注文摻入的，因此讀來覺得拗口不文。《齊民要術》引作「椰木」，「直上不可郴」正茂先注。○王國良曰：「喬」，《廣記》卷四一〇作「有喬」，《要術》卷十引作「不橋」。按《爾雅・釋木》：「小枝繚上為喬，無枝為檄。」椰木無枝條，檄擢直上，則當以「不橋」（通「喬」字）為是。然《詩・周南・漢廣》：「南有喬木」，毛傳云：「喬，上竦也。」《集韻》卷八《笑韻》：「喬，木枝上曲。」則作喬、有喬，亦無不可也。又「喬」下，原本有「直上不可那也」六字，並有「朱謀㙔曰那猶何也」雙行夾注，蓋原為篇末注文，誤羼入此，今刪。○張亞南曰：「倚驕」下面《增訂漢魏叢書》本、《子書百家》本、《百子全書》本都有「按《太平廣記》引此作『綺縞』而張茂先注云『驕謂直上不可那也』，知《廣記》誤。」《五朝小說大觀》本沒有此注文，似應據此補正。○許菊芳曰：「郴」，即「那」。《說文》中「那」作「邶」，「從邑，冄聲。」《廣韻・歌韻》：「那，盡也。」《要術》卷十《椰》引此條「直上不可郴也」句為注文。疑據《廣記》誤錄。○寧按：據陶說補「不」字。注文「郴」當作「邶」，即「那」本字，許說是。據陶、王說，此注文當刪。

〔六〕○陶本補「盡」字，「花」改「華」。陶憲曾曰：「盡」字從《要術》、《御覽》引補。「華」本作「花」，俗字，亦據引改。下同。○周筈曰：「二百歲葉落而生花」，《廣記》作「三百歲晝落而生花」，「晝落」顯然不文，錯了。又「花」下少一「花」字。《廣記》「復二百歲落而生萼」的「落」字下少「盡」字，也許手民抄寫時看錯，把「盡」字誤成「晝」字，又誤植於前行，遂成「晝落而生花」，就兩俱不文了。○王本亦補「盡」字。王國良曰：「盡」字，據《要術》卷十、《御覽》卷九七二引文補入。○張國風曰：盡，原作「晝」。現據沈本、陳本改。○許菊芳曰：《廣韻・麻韻》：「花，俗，今通用。」《廣雅・釋草》：「花，華也。」王念孫《疏證》：「《玉篇》云：『花，今為華萼字。』」顧炎武《唐韻正》云：『考花字自南北朝以上，不見於書。《隋書・禮儀志》梁武帝引孔氏

《尚書》『山龍華蟲』傳曰：『華者，花也。』今傳無此語，而朱子固已疑此傳為非漢人之作矣。晉以下書中閒用『花』字，或是後人改易。惟《後魏書・李諧傳》載其《述身賦》曰：『樹先春而動色，艸迎歲而發花。』又曰：『肆雕章之腴旨，咀文苑之英華。』『花』字與『華』並用。而《五經》、《楚辭》、諸子、先秦兩漢之書，皆古本相傳，凡『華』字未有改為『花』者。又考太武帝始光二年三月初造新字千餘，頒之遠近，以為楷式，如『花』字之比。得非造於魏晉以下之新字乎？』《神異經》中「花」、「華」並見，反映出不同時代的語言面貌。○寧按：傅增湘徑校改「葉」為「盡」。本節中的「花」，傅增湘均校改作「華」。

〔七〕○「落盡」王本改「盡落」。王國良曰：「盡落」，原作「落盡」，今據《要術》、《御覽》引文乙改。○寧按：程榮本「落盡」，傅增湘乙作「盡落」。

〔八〕○張國風曰：三，陳本作「二」。

〔九〕舊注：〔似冬瓜也。〕○周睿曰：「子形如寒瓜」下，《廣記》多了「似冬瓜也」一句，我們再查照後文，發現《廣記》又把各本注文的「言發蕚而得成實」句，誤抄為「蕚復覆生頂」下的正文，那麼這一句「似冬瓜也」也是注文摻入的無疑了。《要術》引作「蕚覆其頂」較順暢。○王國良曰：「寒瓜」下，《廣記》卷四一○有「似冬瓜也」一句，疑是注文。○寧按：周、王說是，故據補注文四字。

〔一○〕舊注：言發蕚而得成實。○此句經本作「蕚復覆生頂」，陶本刪「復」字，「生」改「其」。陶憲曾曰：本作「蕚復覆生頂」，從《要術》引改。○王本刪「復」、「生」二字。王國良曰：「覆其」，原作「復覆生」，今據《要術》卷十引文校改。○寧按：「生」字疑作「其」是，蓋涉下文「蕚復生子」之語而誤。茲從陶說改。

〔一一〕陶憲曾曰：「實」字從《要術》引補。○王國良曰：「實」字，據《要術》卷十引文補。○張國風曰：取，孫本、沈本作「取下」。

〔一二〕舊注：後二年則成蕚，而復生子。○陶憲曾曰：《要術》引作「取者掐取其流下生如初。」○周睿曰：「年月復成熟」不通，《筆記選》刪去。○王國良曰：「若取子……」一節，《要術》作「取者掐取其留下生如初」，字句有脫落，故文義不明。○寧按：《要術》作「留」。疑此句當作「取者掐取其〔子〕留〔蕚〕，下生〔子〕如初」，謂取其子留其蕚，則蕚下復生子如初。○注文十字本為經正文，王本改注文。王國良曰：「復二年……」一句，原為大字正文，今據上

下文意改。○張國風曰：復二年則，沈本作「後二年又」。○寧按：王本此數句斷讀作「若取子而留萼，萼復生子；如初年月，復成熟。」而據《要術》卷十所引，當於「如初」下斷句。「年月」二字據注文可知，「年」前當缺「二」字，「月」當為「乃」字之訛，文當作「〔二〕年乃復成熟」，故注曰「後二年則成萼，而復生子」是也。

〔一三〕王國良曰：「瓜」字，依《要術》卷十引文補入。

〔一四〕舊注：音練。○陶本校此二句作「其子形如甘瓜，少瓤」，是改「瓤」為「瓜」。陶憲曾曰：「瓜」本作「瓤」，從《要術》引改。「覶」疑「覛」字之譌。《廣韻》：「覛，瓜覛。」案「覛」即瓤也。少覛者，言瓤少而汁多也。《要術》引無「少」字，「覶」作「瓤」，「美」下有「如蜜」二字。○張國風曰：音練，原作大字。現據孫本改。○許菊芳曰：「覶」，有注：音練。其他文獻未見，根據注音和上下文義，我們認為此字即「覛」。《正字通‧瓜部》：「覛，力見切，音練，瓜中瓤。」○蕭旭曰：《齊民要術》卷一○引作「其子形如甘瓜，瓤甘美，如蜜」。陶憲曾從《要術》改「瓤」作「瓜」，並云：「『覶』疑『覛』字之譌。《廣韻》：『覛，瓜覛。』案覛即瓤也。」陶說「覛即瓤」是也，但「瓤」疑是衍文，蓋本書作「少覛」，《要術》當作「少瓤」，今本誤存其異文。本書《東荒經》：「東方有樹焉……（仙梨）其子徑三尺，剖之少瓤，白如素。」《太平廣記》卷四一○引「覶」誤作「觀」，「音練」誤作正文。「覶」字字書未載，當即「覛」字，指瓜瓤。裴務齊《正字本刊謬補缺切韻‧霰韻》、《廣韻‧霰韻》、《龍龕手鏡》並云：「覛，瓜覛。」《大般涅槃經疏》卷一四引《法顯傳》：「王妃生肉〔團〕如瓜，有千覛，一覛一子者是。」字亦作「練」，《劉涓子鬼遺方》卷二「烏雞湯方」有「瓜練」，《千金要方》卷五「葵根湯方」有「冬瓜練」。《證類本草》卷二七引劉禹錫說引《藥性論》：「冬瓜練亦可單用，味甘平。」范成大《桂海虞衡志‧志果》：「波羅蜜大如冬瓜……食之味極甘，子、練悉如冬瓜，生大木上，秋熟。」《本草綱目》卷二八：「冬瓜……其皮堅厚，其肉肥白。其瓤謂之瓜練，白虛如絮，可以浣練衣服。其子謂之瓜犀，在瓤中成列。」又「瓜練（瓜瓤）：氣味甘平，無毒。」民國十五年刻本《甘泉縣續志》卷七：「冬瓜……瓜瓤白虛如絮，謂之瓜練。」民國十五年刻本《續修江都縣志》卷七：「白瓤謂之瓜練，白虛如絮，可以浣練衣服。」甘泉縣係由江都縣析出，則揚州江都縣於清代仍有「瓜練」之語。至其名義，即為何瓜瓤稱作「瓜覛（練）」，上引李時珍說是因為「可以浣練衣服」，《證類本草》卷二七引《日華子》「冬

瓜……穰（瓤）亦可漱練白鎌」云云，當為李說所本。我則認為「瓯（練）」是「連」音轉，瓜瓤是指瓜腹中的與瓜子相連的白色而虛鬆的絲絮狀物質，因而稱瓜瓤為「瓜連」。浙江紹興、餘姚稱瓜瓤為「瓜連」，上海寶山稱瓜瓤為「瓜蓮」，正是其古音遺存。○寧按：傅增湘亦校「瓜」為「瓤」。《要術》引作「其子形如甘瓜，瓤甘美如蜜」，是固有「瓜」、「瓤」二字，且「甘瓤」不辭，「甘瓜」則常見，如《藝文類聚》卷二十六引魏文帝《與吳質書》曰：「浮甘瓜於清泉」，又卷八十七引《本草經》曰：「水芝者，是白瓜、甘瓜也。」又引晉嵇《含瓜賦》曰：「甘瓜普植，用薦神祇。」等等，即今所謂「甜瓜」。故不當改「瓤」也。古人認為椰子汁能令人醉，《本草綱目》卷三十一《果部三》引郭義恭《廣志》云：「（椰）殼內有膚，白如豬肪，濃半寸許，味如胡桃。膚內裹漿四、五合如乳，飲之冷而動氣醺人。」又引宗奭曰：「椰子開之，有汁白色如乳，如酒極香，別是一種氣味，強名為酒。」

〔一五〕○王國良曰：「甘美」下，《要術》有「如蜜」二字；《相感志》卷十三則作「甘如蜜」。

〔一六〕○張國風曰：升，孫本作「勝」。○寧按：「勝」是音訛字。

〔一七〕○王國良曰：「人取」二字，《要術》作「凡人」。

〔一八〕舊注：多羅，國名。○陶憲曾曰：《要術》引作「唯木下有多羅樹，人能緣得之。」○周嚳曰：《要術》引作「唯木下有多羅樹，人能緣得之。」○王國良曰：「之」字，《要術》作「樹」，《相感志》作「氏」。按：多羅樹，即貝多羅樹，印度盛產之。○「緣能」王本改作「能緣」。王國良曰：「能緣」，原作「緣能」，今據《要術》引文乙正。○周運中曰：多羅即都盧，《漢書·地理志》記載中國到印度航路，經過都盧國。顏師古注：「都盧國人勁捷，善緣高，故張衡《西京賦》云：烏獲扛鼎，都盧尋橦。又曰：非都盧之輕趫，孰能超而究升？」漢代宮廷有都盧雜技，《漢書·西域傳下》說漢武帝：「設酒池肉林以饗四夷之客，作巴俞、都盧、海中碭極、漫衍魚龍、角抵之戲以觀視之。」李奇曰：「都盧，體輕善緣者也。」我考證都盧國在今泰國南部，《神異經》說多羅人爬椰子樹有根據。○寧按：「緣能」與「能緣」均通，不必乙改。疑「木高，人取不能得，唯木下有多羅之人緣能得之」三句均舊注文混入正文者。

〔一九〕舊注：世人後生不見葉，故謂之無葉也。○陶憲曾曰：注十三字本混作經，今改。○王國良曰：「世人後生……」一句，原為大字正文，今依陶本改。

〔二○〕舊注：張茂先注：驕謂直上，不可那也。〔人見無葉，謂之倚驕。〕○孫士鑣

曰：按：《太平廣記》引此作「綺縞」，而張茂先注云：「驕謂直上，不可那也。」
知《廣記》誤。○陶憲曾曰：注七字從《要術》引補。○周奢曰：《廣記》「綺
縞」下有「人見無葉謂之綺縞」，不知何義，朱氏直以為錯了，應刪去。○王
國良曰：今按：倚，假借為踦，謂獨立不偶也。驕，假借為喬，高也。故注文
謂之曰「直上不可那」。那，奈何之合聲也。《廣記》作「綺縞」，殆形近而誤。
○寧按：《廣記》作「綺縞」，下又曰：「人見無葉，謂之綺縞」，當是注文，故
據補。注文「不可那」疑當作「不婀娜」，「婀娜」或作「阿那」、「猗那」等，
朱起鳳《辭通》卷十五《二十哿》云：「草木繁盛曰婀娜，柔弱亦名婀娜。」
此處之「不可（阿）那」謂不柔弱也。「人見無葉，謂之倚驕」者，疑「倚驕」
即後世所謂「蹊蹺」，奇怪、可疑之意，此注蓋謂人見此樹無葉，皆以為奇怪，
而曰蹊蹺，故亦以名之，書作「倚驕」也。

【樸父】東南隅大荒之中，〔一〕有樸父焉，〔二〕夫婦並高千里，〔三〕
腹圍自輔。〔四〕天初立時，使其夫妻導開百川，嬾不用意。〔五〕謫之，〔六〕
竝立東南。〔七〕男露其勢，女露其牝。〔八〕〔氣息如人〕，〔九〕不飲不食，
不畏寒暑，唯飲天露。〔一〇〕須黃河清，當復使其夫婦導護百川。〔一一〕

〔一〕○周奢曰：「大荒」，別本作「太荒」。○寧按：王謨本作「太荒」。

〔二〕○陶憲曾曰：「樸」，《初學記》十九引作「林」。○蕭旭曰：樸，程榮本作「林」，
　　《御覽》卷三七七、《永樂大典》卷二九七八引作「朴」，《初學記》卷一八引
　　亦作「林」。不知孰正。○寧按：《萬花谷·續集》卷五引亦作「林」，蓋「朴」
　　字之訛。《廣雅·釋詁一》：「朴，大也。」王念孫《疏證》：「朴者，《楚辭·天
　　問》：『焉得夫朴牛』，王逸注：『朴，大也。』《九章》：『材朴委積兮』，注云：
　　『條直為材，壯大為朴。』」「父」是男子之美稱。則「朴父」略同《山海經》
　　之「夸父」、「大人」，巨人之義。蓋其字本作「朴」，故或形訛為「林」，用為
　　「大」義；今諸本作「樸」，本義為「木素」（《說文》），引申為質樸之意，無
　　「大」訓，蓋非。

〔三〕○周奢曰：「夫婦」，《說郛》本作「夫妻」。○王國良曰：「夫婦並高」，《說郛》
　　卷六五作「夫妻並立其高」。○寧按：疑作「夫婦並立，其高千里」是。

〔四〕舊注：〔自輔，圍亦千里也。〕○陶憲曾曰：「自」，《初學記》引作「百」。○
　　王國良曰：「自輔」，《初學記》卷十九、《御覽》卷三七七，並作「百輔」，《御
　　覽》並有「百輔，圍千里也」注文。《說郛》卷六五仍作「自輔」，且注云：「自

輔，亦千里。」按：自輔，謂周圍寬度與本身的高度成適當比例，足以穩住物體本身。此在本書為常用語。當以作「自輔」為是。○寧按：注文據《御覽》引補。

〔五〕○孫士鑑曰：《說郛》作「用力」。○寧按：「不用意」猶言不用心。

〔六〕○王國良曰：「謫之」，《御覽》卷三七七作「謫其夫妻」。

〔七〕○張宗祥曰：「竝立東南」，明抄本「竝」作「恆」。○劉城淮曰：竝，同「並」。

〔八〕舊注：勢、牝，謂男女之陰陽。○曹鵠雛曰：勢，男子之性器官也。牝，指女陰而言。○孫士鑑曰：《御覽》作「殺」。○王國良曰：「男露其勢，女露其牝」，《御覽》卷三七七作「男露其勢，女彰其殺」，並有注文：「勢殺，陰陽」四字。《說郛》卷六五作「男露其牡，女張其牝」，注文則作「牡牝，陰陽。」○劉城淮曰：勢，男生殖器。牝，女生殖器。○蕭旭曰：《永樂大典》卷二九七八引同《御覽》。疑「牝」形誤作「札」，復音誤作「殺」。○寧按：「殺」字本當作「牧」，《集韻·上聲五·紙韻》云「牧」或「普弭切」，正與「牝」音近。蓋本作「牝」，別本或音假作「牧」，又形訛作「殺」。

〔九〕○周筌曰：《說郛》本作「男露其牡，女張其牝，氣任妙人。」○王國良曰：「氣息如人」四字，據《御覽》卷三七七引文校補。《說郛》卷六五作「氣任妙人」，「任妙」當即「息如」之誤。○許菊芳曰：《御覽》引文、《說郛》本「男露其勢，女露其牝」一句後均有四字，前者作「氣息如人」，後者作「氣任妙人」，經文無。蓋四字不可解，故刪。今考「任」有相當、相稱義。《史記·扁鵲倉公列傳》「倉公語」：「臣意心論之，以為非病也。以為肥而蓄精，身體不得搖，骨肉不相任，故喘，不當藥治。」唐·韓愈《太學生何蕃傳》：「蕃之力不任其體，其貌不任其心，吾不知其勇也。」據文意，此夫妻為神妙之人，因此，作「氣任妙人」更勝。

〔一○〕○張宗祥曰：「惟飲露」，明抄本「飲」下有「天」字。○周筌曰：《說郛》本作「不畏寒暑，不飲不食，惟飲露」。

〔一一〕舊注：古者〔天〕初立，此人開導河，河或深或淺，或隘或塞，故禹更治，使其水不壅。天責其夫妻倚而立之。若黃河清者，則河海絕流，水自清矣。○陶憲曾曰：注五十字，本混作經，今改。「古者」下疑脫「天」字。○張宗祥曰：「或隘或塞」，明抄本「隘」作「溢」。○曹鵠雛曰：禹，即夏禹。堯時洪水為災，命禹父鯀治水，無功誅死。又命禹繼其業，水卒平。○周筌曰：「河」下《說郛》本多一「海」字，案之下文，《說郛》不誤。○王國良曰：「古者初

立……」一段，原混入正文，陶憲曾《輯校》本改為注文，可從。「古者」下，陶憲曾《神異經輯校》云：「疑脫『天』字。」按正文云「天初立時……」，則注文宜有「天」字，下接「初立」二字為是也。「河」，《說郛》卷六五作「河海」，惟無下一「河」字。

【鮒魚】東南海中有烜洲，〔一〕洲有溫湖，〔二〕鮒魚生焉。〔三〕其長八尺，食之宜暑而辟風寒。〔四〕

〔一〕舊注：〔烜，興遠切〕。○陶本改「烜」為「袓」。陶憲曾曰：「袓」本作「烜」，從《北堂書鈔》一百五十六引改。《十洲記》有袓洲，在東海中，地方五百里。《初學記》七引作「㫧」，蓋「擄」之訛。古「袓」字省作「且」，或作「慮」，見周伯據敦。○王國良曰：「東南」，《御覽》卷三四作「東南方」。「烜洲」，《書鈔》卷五六作「袓洲」，《廣記》卷四六四引《酉陽雜俎》亦作「袓洲」，陶憲曾《輯校》本從之。今按：《御覽》卷三四、卷六六引仍作「烜洲」，卷三四「烜」下注云：「興遠切。」《玉篇》卷二十火部：「烜，況遠切，火盛貌。」以本則下文云有溫湖證之，則仍當作「烜洲」為是。○張國風曰：州，沈本作「洲」。○周運中曰：我以為「烜」是「垣」字之誤，指南海珊瑚環礁類似城垣，故名垣洲。珊瑚礁魚類很多，所以說到大魚。海中長達百丈的石井，也是珊瑚環礁。形狀類似石井，也即石塘之名的由來。位置和大小也很符合，所以無疑是指南海的珊瑚環礁。○蕭旭曰：王說是也。《書鈔》卷一五六作「東南海內袓洲上有溫湖」，王氏誤記其卷號。《酉陽雜俎》續集卷八「東南海中有袓州」，《廣記》卷四六四引同，王氏誤作「袓洲」。《御覽》卷九三七引《神異經》作「恆洲」，是「烜洲」之誤。「袓洲」上有不死之草，未說鮒魚，與「烜洲」不同。○寧按：作「袓洲」者當是涉《十洲記》而誤改者，不可從。《相感志》卷十七引作「怛州」，蓋亦字誤。注文據《御覽》補。

〔二〕○陶本改「洲」為「上」。陶憲曾曰：「上」本作「洲」，從《書鈔》《太平御覽》六十六引改。○周奢曰：《御覽》卷九三七引，「烜」作「恆」，「有溫湖」上無「洲」字。○王國良曰：《御覽》卷九三七引無「洲」字。《書鈔》卷五六、《御覽》卷三四、卷六六引，並作「上」。

〔三〕○方以智曰：鮒，鰿也。《禮》用鮒十有五，謂其小也。《神異經》袓州烜湖內鯽，長八尺，食之宜暑而辟風寒。成式亦載之。又尋陽青林湖鯽大者二尺，可止寒熱。（《通雅》卷四十七）○宋本《書鈔》卷一五六作「鯽魚」。孔廣陶曰：

陳、俞本「鯽」作「鯀」。又陳本「辟」誤「碎」。考《神異經·東南荒經》「祖」作「烜」，「鯽」作「鮒」，無「卻氣」二字。○陶憲曾曰：「鮒」，《書鈔》《御覽》引皆作「鯽」。又《御覽》九百三十七引仍作「鮒」。案「鮒」即今鱭魚，《說文》作「鮆」。「鯽」者「鯽」之或體也。○王國良曰：「鮒魚」，《書鈔》卷一五六、《御覽》卷三四、卷六六並作「鯽魚」。按：鮒魚，即鯽魚也。陸佃《埤雅》卷一云：「《呂子》曰：『魚之美者，洞庭之鮒。』鮒，小魚也，即今之鯽魚。……以相即也，謂之鯽；以相附也，謂之鮒魚。」《御覽》卷九三七引盛弘之《荊州記》云：「荊州有美鮒，踰於洞庭、溫湖。」《文苑英華》卷六五五庾信《謝趙王賚乾魚啟》云：「……況復洞庭鮮鮒，溫湖美鯽，波瀾成雨，鱗甲防寒。」則南北朝人所見傳本，似已鮒魚、鯽魚兼用矣。○寧按：《相感志》卷十七、《說略》卷二十九引「鮒魚」作「鯀魚」。《本草綱目》卷四四引作「南方湖中多鯽魚」，蓋節略而引之。

〔四〕舊注：此魚狀即與江湖小鯽魚相類耳。尋陽有青林湖，鯽魚大二尺餘，〔小者滿尺〕，食之肥美，〔亦〕可以已寒。○陶憲曾曰：《書鈔》引「寒」下有「卻氣」二字。○王國良曰：「辟風寒」，《書鈔》卷五六作「辟風卻寒氣」，《事類賦》卷二九作「避風寒」。《御覽》卷三四「辟風寒」下有雙行小字注云：「尋陽有（青）林湖，鯽魚大二尺餘，食之肥美，可以已寒。」○張國風曰：去，原作「避」。現據孫本改。○寧按：《相感志》卷十七引作「避寒風」。注文據《御覽》、《廣記》引補。「尋陽」，《廣記》作「潯陽」，《廣記會校》訛作「濤陽」。此注文《酉陽雜俎續集》卷八《支動》引作「此魚狀即與江河小鯽魚相類耳。潯陽有青林湖，鯽魚大者二尺餘，小者滿尺，食之肥美，亦可止寒熱也。」據補「小者滿尺」、「亦」五字。

【地戶】東南有石井〔焉〕，〔一〕其方百丈。上有二石闕，俠東南面，〔二〕上有蹲熊，有榜著闕，〔題〕曰「地戶」。〔三〕

〔一〕○陶憲曾曰：《太平御覽》一百七十九引有「焉」字。○王國良曰：「焉」字，據《御覽》卷一八四引文補。○寧按：《御覽》一七九引無「焉」字，卷一八四引有，陶氏蓋誤記。

〔二〕○陶本改「俠」為「夾」。陶憲曾曰：「夾」本作「俠」，從《御覽》引改。○王國良曰：俠，與夾同，即傍也。

〔三〕○陶憲曾曰：「題」字從《藝文類聚》六十二、《御覽》引補。○王國良曰：「題」

字，據《類聚》卷六二、《御覽》卷一七九、卷一八四、《分門集註杜工部詩》卷十一引文補。按《意林》卷三、《御覽》卷三六並引《論衡》佚文云：「地戶在東南。」其說與本則相同。○寧按：以西北為天門，東南為地戶本漢代人之舊說，如《河圖括地象》曰：「天不足西北，地不足東南。西北為天門，東南為地戶。天門無上，地戶無下。」《太平經》卷六十五：「是故東南，極陽也，極陽而生陰，故東南為地戶也。西北者為極陰，陰極生陽，故為天門。」

南荒經第三

○寧按：王謨本《目錄》云：「《南荒經》，十則」，經校理同。

【驩兜】南方〔荒中〕有人〔焉〕，〔一〕人面鳥喙而有翼，〔兩〕手足，〔二〕扶翼而行，〔三〕食海中魚。〔四〕一名鴅兜，〔五〕一名驩兜。〔六〕為人狠惡〔姦疏〕，〔七〕不畏風雨，〔不忌〕禽獸，〔八〕〔有所觸犯〕，〔九〕死乃休耳。〔一〇〕

〔一〕○陶憲曾曰：《史記·五帝紀》正義引有「荒中」二字。「人」本訛作「犬」，從《史記正義》引改。又《史記正義》有「焉」字。○「人」，周本從舊作「犬」。周晉曰：「犬」，別本作「人」。案之後文，「人」字才對。○王國良曰：「荒中」二字，據《史記·五帝本紀》正義、《御覽》卷七九○引文補。「有人」，原作「有犬」，今據《史記·五帝本紀》正義、《御覽》引文校改。「焉」字，據《史記·五帝本紀》正義引文補。

〔二〕○陶憲曾曰：《史記正義》引「手」上有「兩」字。○周晉曰：《御覽》卷七九○引作「人手鳥足」，恐怕是涉下文「手足扶翼而行」而誤，且《山海經·大荒南經》「驩頭」條作「人面鳥喙」可以為證。○王國良曰：「手足」，《史記·五帝本紀》正義作「兩手足」，《御覽》卷七九○作「人手鳥足」。

〔三〕○周晉曰：《御覽》引沒有「手足」兩字，「扶」又作「杖」。今案，沒有「手足」字是，因為《御覽》自注說：「雖有翼，不足以飛，倚為徑行勢也。」又《山海經·大荒南經》也沒有這兩字，且郭璞注說：「翅不可以飛，倚杖之用行而已。」都是證據。同理，也可看出是「杖」字，不是「扶」字。○王國良曰：「扶翼」，《御覽》卷九四○引作「杖翼」。按《山海經·大荒南經》云：「驩

−37−

頭，人面鳥喙，有翼，食海中魚，杖翼而行。」郭璞注云：「翅不可以飛，倚杖之用而已。」再依本則注文觀之，似作「杖翼」為是。○蕭旭曰：《御覽》卷七九〇引作「杖翼」，王氏誤記卷號。《史記·五帝本紀》《正義》引作「扶翼」，《路史》卷二五羅苹注引作「仗翼」。「扶」謂扶持、輔助，與「杖」同義，不必改作。

〔四〕舊注：〔雖〕有翼不足以飛，〔倚為徑行勢也。〕○陶憲曾曰：案《山海經·海外南經》：「讙頭國，其為人人面有翼，鳥喙，方捕魚。」又《大荒南經》：「大荒之中有人，名驩頭，人面鳥喙，有翼，食海中魚，杖翼而行。」郭注云：「翅不可以飛，倚杖之用而已。」說與此合。○周睿曰：「有翼不足以飛」句，從《御覽》注、畢沅注看來，恐怕是注文誤入的，應刪。○王國良曰：「（雖）有翼不足以飛」一句，原混入正文，今據《御覽》卷七九〇引改為注，並補「雖」字。「倚為徑行勢也」一句，據《御覽》七九〇引文補。○寧按：注文「倚為徑行勢也」之「勢」疑「恃」之音誤，《集韻》：「恃，仗也。」依靠之義。

〔五〕舊注：《書》曰：「放驩兜於崇山。」○孫士鑣曰：按：《古文尚書》作「鴅吺」。○陶憲曾曰：郝懿行《山海經箋疏》云：「讙兜，古文作『鴅吺』，見《尚書大傳》，注『鴅』當為『鴠』。《玉篇》呼丸切，人面鳥喙。」又注八字本混作經，今改。○曹鵠雛曰：鴅兜，讀如月斗。○周睿曰：從「一名鴅兜」到「于崇山」，《御覽》刪去「鴅」字，是「鴠」字的誤寫。《尚書大傳》「驩兜」寫作「鴅吺」，「吺」與「朱」音同。「朱」與「頭」、「兜」也同音，所以「鴅吺」就是「驩兜」。鄒漢勛《讀書偶記》說「驩兜、驩頭、驩朱、鴅吺、丹朱，五者一也，古字通用。」○王國良曰：《書》曰：『放驩兜於崇山』一句，原混入正文，今依陶氏《神異經輯校》改。又「崇山」下，原本有「按：《古文尚書》作鴅吺」一句。今按《玉篇》、《廣韻》、《集韻》並收「鴠」字，注云「人面，鳥喙」。則本篇「鴅」字，並應改為「鴠」也。○寧按：「鴅」、「鴠」當為同一字之訛變，蓋「丹朱」之「丹」古文與「曰」形近，隸、楷與「月」形近，故而致訛。「曰」、「月」古音都是牙音月部字，與「驩」、「歡」等字為旁紐雙聲、月元對轉相近，因而又作「驩頭」、「歡兜」等。蓋「丹朱」古或作「鴅鴠」，乃以鳥名為人名者。「鴅」從丹聲為舌音當讀如「丹」；「鴠」則從月聲為牙音當讀如「驩」、「歡」。曹說「鴅兜讀如月斗」非是。

〔六〕○袁珂曰：《山海經·海外南經》：「讙頭國在其南，其為人人面有翼，鳥喙，

方捕魚。一曰在畢方東。或曰讙朱國。」郭璞注：「讙兜，堯臣，有罪，自投南海而死。帝憐之，使其子居南海而祀之。畫亦似仙人也。」讙頭、讙朱或讙兜，乃堯子丹朱之異名，讙頭國或讙朱國，實當作「丹朱國」，乃丹朱後裔相聚而成國者。○欒保群曰：袁珂以為，讙頭或讙朱當即丹朱國，並引童書業《丹朱與驩兜》一文為證。堯子丹朱不肖，堯以天下讓于舜，三苗之君同情丹朱，堯殺三苗之君，並放丹朱于丹水，三苗餘眾亦居于丹水以就丹朱，是為南蠻。丹朱與南蠻旋舉叛旗，堯乃戰之于丹水，人因謂「堯殺長子」，實則丹朱兵敗懷慚，自投南海而死。堯憐之，使其子居南海而祠之，其後子孫繁衍，遂為此讙朱國，實則為丹朱國。《南次二經》所云之鴸鳥，「見則其縣多放士」，即是丹朱神話之異聞。所論甚精，可參見。○寧按：此即《尚書·堯典》中的「驩兜」，或作「讙兜」、「讙頭」、「讙朱」、「驩頭」、「丹朱」等，本一名之分化。說見鄒漢勛《讀書偶識》卷二、童書業《丹朱与驩兜》一文（《童書業著作集》第 3 卷《童書業史籍考證論集》）。

〔七〕○王國良曰：「姦疏」二字，據《御覽》卷七九○補。○許菊芳曰：「狠惡」，《史記·五帝本紀》正義、《御覽》均引作「很惡」。《說郛》本亦作「很惡」。《神異經》中凡表示兇狠的意思一律用了「狠」，而文獻異文都用了「很」，「狠」較後起，是「很」的俗寫字。《廣韻·很韻》：「很，很戾也。俗作狠。」《說文·犬部》「很」段玉裁注：「今俗用狠為很。許書很、狠義別。」經文中「狠」字疑為輯錄時誤改。○寧按：「姦疏」蓋謂奸詐粗野。

〔八〕○王國良曰：「不忌」二字，據《御覽》卷七九○補。

〔九〕○王國良曰：「有所觸」三字，據《御覽》卷七九○補。

〔一○〕○周奇曰：《御覽》引作「為人很惡姦悚，不畏風雨，不忌禽獸；有所觸犯，死乃休耳。」明暢許多，不想本經之脫文難讀。○寧按：《史記·五帝本紀》正義引文最後數句作「為人很惡，不畏風雨禽獸，犯死乃休，名曰驩兜也」，是以「犯死」連讀。又按：《尚書·舜典》中有舜所流「四罪」，為共工、驩兜、三苗、鯀；《左傳·文公十八年》載舜流「四兇族」（簡稱「四兇」），為渾敦、窮奇、檮杌、饕餮，孔穎達《尚書正義》、《春秋左傳正義》、陸德明《經典釋文》並言渾敦即驩兜，窮奇即共工，檮杌即鯀，三苗即饕餮，孔穎達云「先儒盡然，更無異說」，蓋自漢代以來經學家均如是說，而左氏之學興盛於東漢，此說必東漢古文經學所創，諸儒從之皆云然，故「更無異說」。然《神異經》獨與之立異，以「四兇」為四種獸名，而以「四罪」為四個人名，各有經文，

尤知此經非東漢人手筆也。

【魃】南方有人，長二三尺，〔一〕袒身而目在頂上。〔二〕走行如風，〔三〕名曰魃，〔四〕所〔見〕之國大旱，〔五〕〔赤地千里，一名旱母〕，〔六〕一名狢。〔七〕善行市朝眾中，〔八〕遇之者，投著廁中乃死，〔九〕旱災消〔也〕。〔一〇〕或曰：生捕得殺之，禍去福來。

〔一〕○王國良曰：「二三」，《御覽》卷八八三引作「三二」。

〔二〕○陶憲曾曰：袒身，《太平御覽》八百八十三引作「裸形」。○王國良曰：「袒身」，《御覽》卷八八三作「裸形」，《草堂詩箋》卷二九作「裸身」。

〔三〕○周斋曰：「走行如風」，《說郛》本作「行走如風」。今按諸本皆作「走行如風」，《詩·大雅·雲漢》孔穎達《正義》（以下簡稱《正義》）引本經也作「走行如風」，想古本如此。

〔四〕○許慎《說文》曰：魃，旱鬼也。○李時珍曰：《文字指歸》云：「旱魃，山鬼也。所居之處天不雨。女魃入人家，能竊物以出；男魃入人家，能竊物以歸。」○段玉裁曰：魃，旱神也。此言旱鬼，以字從鬼也，神鬼統言之則一也。○陶憲曾曰：「魃」本訛作「𩴺」，從《毛詩正義》、《藝文類聚》一百引改。○周斋曰：「𩴺」，《說郛》本作「魃」。今按《說文》並沒有「𩴺」字，或是手民所誤，應作「魃」。○王國良曰：「魃」，原訛作「𩴺」，今據《毛詩·大雅·雲漢》正義、《類聚》卷一○○、《御覽》卷八八三、《淵海》卷五、《古今合璧事類備要》卷二十引文校正。○劉城淮曰：𩴺，其音不詳。○蕭旭曰：《說郛》卷六六引作「𩴺」。「𩴺」字字書未載，與「魃」形聲俱遠，當不是「魃」誤。古音叚聲、各聲相通，「𩴺」當即「貉」字異體，與「狢」相合。○寧按：「𩴺」當「猳」或「貑」之異體，亦即下文「一曰狢」之「狢」的通假字。出土文獻之楚文字中，犬旁、豸旁之字多作鼠旁，而「各」聲字與「叚」聲字通假，最常見的是「格」、「假」通用，蓋古本之「一曰狢」有作「一曰𩴺」者，此處本作「魃」，乃涉下文之「𩴺（狢）」而訛。「魃」古書或用「妭」字，《廣韻·入聲·末韻》：「妭，鬼婦。《文字指歸》云：『女妭，禿無髮，所居之處天不雨。』」

〔五〕舊注：俗曰旱魃。○陶憲曾曰：「見」字從《詩正義》、《類聚》、《御覽》引補。○曹鵠雛曰：旱魃，主旱之魔也。○周斋曰：「所之國，大旱」，《說郛》本、《正義》引都作「所見之國大旱」，當是古本如此。○王國良曰：「見」字，據《毛詩正義》、《類聚》卷一○○、《御覽》卷八八三、《淵海》卷五、《合璧事

《類》卷二十引文補。

〔六〕○陶憲曾曰：此八字從《詩正義》、《類聚》、《御覽》引補。○周奮曰：《正義》下有「赤地千里」句，為諸本所無，當從。○王國良曰：「赤地千里，一名旱母」八字，據《毛詩正義》、《御覽》卷八八三引文補。《類聚》卷一〇〇、《合璧事類》卷二十引，亦有「赤地千里」四字。

〔七〕○陶憲曾曰：「格」，《類聚》、《御覽》引作「狢」，無「子」字。○周本校訂刪此句。周奮曰：「格子」，我們以為是誤文，《正義》引作「旱母」，很對。○欒保群曰：清‧袁枚《續子不語》卷三云旱魃有三種：一種似獸，一種乃僵尸所變，皆能為旱止風雨。惟山上旱魃名「格」，為害尤甚：似人而長，頭頂有一目，能吃龍，雨師皆畏之；見雲起，仰首吹噓，雲即散而日愈烈。此「格」字或「狢」字之誤。○王國良曰：「狢」，原作「格子」，今據《類聚》卷一〇〇、《御覽》卷八八二、《合璧事類》卷二十校改。○張亞南曰：「格子」在《藝文類聚》卷一百、《太平御覽》卷八八三中引作「狢」，查《漢語大詞典》，得「狢」為一種動物，棲息在山林中，喜歡晝伏夜出。而「格子」並無動物的意思，考察原文，應是流傳過程中產生了錯誤，應據《藝文類聚》、《太平御覽》改正。○寧按：原作「格子」，當即「狢子」之誤，「狢」是「貉」的或體，「狢子」是北方俗語中稱貉之名，猶稱兔為「兔子」、狸為「狸子」、「貔」為「貔子」也。此處稱旱魃為「狢」，疑是「旱」之音轉。

〔八〕○周奮曰：《正義》引沒有「善行市朝眾中」，以底下文理推斷，應該有這一句。又「善」字或是「喜」的誤寫，苦不得證據。○王國良曰：《說郛》卷六五無「眾」字。

〔九〕○陶憲曾曰：「遇之者」，《詩正義》、《類聚》、《御覽》引皆作「遇者得之」，無「著」字，「廁」作「溷」。○周奮曰：「遇之者投著廁中乃死」，《正義》引作「遇者得之，投溷中即死。」文理較順。○王國良曰：「遇之者……」一句，《毛詩正義》、《類聚》卷一〇〇、《御覽》卷八八三、《合璧事類》卷二十引，並作「遇者得之，投溷中」。○欒保群曰：自明以來，有旱魃為僵尸所化之說。明‧于慎行《穀山筆塵》卷一四：「北方風俗，每遇大旱，以火照新葬墳，如有光焰，往掘，死人有白毛遍體，即是旱魃，椎之則雨。」明‧謝肇淛《五雜組》卷一：「燕、齊之地，四五月間，嘗苦不雨，土人謂有魃鬼在地中，必掘出，鞭而焚之，方雨。魃既不可得，而人家有小兒新死者，輒指為魃，率眾發掘。」明‧黃瑋《蓬窗類記》卷二亦云：「河南、山東，

愚民遭亢旱，輒指新葬尸骸為旱魃，必聚眾發掘，礫爛以禱，名曰『打旱骨樁』。沿習已久，奸詐往往藉以報私仇。」相沿至于清末，以僵尸為旱魃之說仍行于北方。李慶辰《醉茶志怪》卷二「旱魃」條：「房山（今北京房山）亢旱，有術人云：『西山冢中，有僵尸變為旱魃。』開壙，乃一空棺，棺旁臥一物如人，遍體綠毛，長寸許，雙目赤如燈火。見人起立欲遁，眾縛而焚之，未幾大雪。土人云：每陰雲四布，輒有白氣自墳中出，即時晴朗。」

〔一〇〕舊注：《詩》曰：「旱魃為虐。」○陶本將「詩曰」至「禍去福來」十七字均校作注。陶憲曾曰：注十七字，本混作經，今改。○周奢曰：「《詩》曰」以下《正義》引無，或許是孔穎達不引，而古本有。○王本僅以「詩曰」六字為注文。王國良曰：「詩曰旱魃為虐」六字，原混入正文，陶氏改為注文，今從之。○寧按：周本校訂刪去此句。本文從王校。

【火鼠】南荒外有火山，〔一〕〔長四十里，〔二〕廣五十里〕，〔三〕其中生不盡之木，〔四〕晝夜火燃，得暴風不猛，〔五〕猛雨不滅。〔六〕〔火中有鼠，重百斤，〔七〕毛長二尺餘，細如絲。〔八〕恆居火中，〔九〕色洞赤〔一〇〕，時時出外而色白，〔一一〕以水逐沃之即死。績其毛織以作布，〔一二〕謂之火浣布，〔一三〕用之若汙，〔一四〕以火燒之，則清潔也。〕〔一五〕

〔一〕○周奢曰：《御覽》卷八二〇引本經，「外」之上、「荒」之下有「之」字。「火山」之下有「長四十里，廣五十里」句為別本所無。○王國良曰：「南荒外」，《後漢書·南蠻西南夷列傳》注、《類聚》卷八五作「南方」。○寧按：火山，程榮本作「大山」，傅增湘校改「大」為「火」。眉批：「《廣記》四百七引」。

〔二〕○陶憲曾曰：《魏志·〔少帝〕紀》注引作「三十里」。

〔三〕○陶憲曾曰：《水經·灅水》注引「廣四五里」，疑誤。○楊守敬曰：《神異經》作「廣五十里」，《魏志·三少帝紀》注及《御覽》八百二十引同。然長四十里，廣不得有五十里也，當是今本《神異經》誤，而校《魏志注》及《御覽》者依改，以此作四五里為合。○王國良曰：「長四十里，廣五十里」八字，據《御覽》卷八二〇引文補。《三國志·魏書三·少帝紀》注作「長三十里，廣五十里」。《水經》卷十三《灅水》注、《後漢書·張衡列傳》注、《南蠻西南夷列傳》注、《文選》卷二八李善注、《御覽》卷八六九引，並作「長四十里，廣四五里。」

〔四〕○方以智曰：東方朔《神異經》言火山有「不燼之木」、「有火鼠」。《水經注》

引《齊地記》曰盧水側有「勝火木」，方俗音曰「梃子」，其木炭不滅，即方朔云「不灰之木」也。又徐無山有不灰之木，色黑似炭而無葉，有赤石，磨之則火發，以然不灰之木，可以終身，即瑛自言得不灰木，須石腦油塗之始然。（《通雅》卷四十三）○朱謀㙔曰：別本作「不盡之木」。○周窞曰：本條朱謀㙔有兩按語，一說「不盡之木」別本作「不晝之木」，今案《廣記》卷四〇七正作「不晝木」。「晝」字應該是衍下「晝夜」字而誤，且本經第八條、十一條正有「不盡木」。《御覽》卷八二〇引本經，「其中」下多一「皆」字。「盡」作「爐」，本字作「㶳」，《說文》說是「火之餘木」，若作「盡」則是「器中空」之意，引申作「完了」。所以加「火」旁，恢復本意，所以作「爐」字較佳。○王國良曰：「其中生」，《三國志注》、《水經注》、《文選注》、《御覽》卷八二〇引，並作「其中皆生」。「不盡」，《三國志注》、《水經注》、《類聚》卷八五、《後漢書注》、《御覽》卷八二〇、《緯略》卷四、《集註分類東坡詩》卷九，並作「不爐」。按：盡、爐通用，火之餘灰也。「之木」下，原本有「朱謀㙔曰：別本作不晝之木」注文。今按《廣記》卷四〇七引，正作「不晝之木」，不確。○袁珂曰：盡一作爐。又《述異記》卷上云：「南方有炎火山，四月生火，十二月火滅。火滅之後，草木皆生枝條。至火生，草木葉落，如中國寒時也。取此木以為薪，燃之不爐。」此即所謂不爐木或不盡木。盡字正當作爐。○寧按：陶本「盡」作「爐」。作「晝」者乃「盡」字之誤。

〔五〕○陶憲曾曰：「猛」，《藝文類聚》八十五引作「熾」。○張國風曰：暴，原作「曝」。現據沈本、陳本改。

〔六〕○周窞曰：《御覽》卷八二〇引本經，「燃」字作「燒」，「猛」下「雨」上還少一「猛」字。○楊守敬曰：朱「得」作「鼠」，《箋》曰：「古本作『得雨猛風不滅』。」考之《神異經》云：「得暴風不猛，猛雨不滅。」吳本改作「鼠雨」，誤矣。趙改「鼠」作「暴」，戴改作「得」。守敬按：《大典》本、明抄本並作「得」。慧琳《大藏經音義》引《神異經》作「猛風不盛，暴雨不滅」。《魏志·三少帝紀》注引原書，與朱《箋》所引古本同。○王國良曰：「暴風不猛，猛雨不滅」，《類聚》卷八五作「暴風不熾，猛雨不滅」，《一切經音義》卷十五作「猛風不盛，暴雨不滅」，《後漢書注》作「烈風不猛，暴雨不滅」，《御覽》卷八二〇作「暴風不猛，雨不滅」，《御覽》卷八六九作「暴風雨，火不滅」。

〔七〕○陶本「百斤」作「千斤」。陶憲曾曰：《魏志注》、《水經注》、《初學記》二

十、《類聚》引皆作「百斤」。○周奢曰：「千斤」，《御覽》作「百斤」。○張
國風曰：千，沈本作「十」。

〔八〕○陶憲曾曰：《魏志注》、《初學記》引「絲」下並有「可以作布」四字。○周
奢曰：《御覽》「絲」下多「可以作布」句，文理較順。

〔九〕○陶本「恆」作「但」。陶憲曾曰：「但」，《魏志注》引作「常」，《初學記》、
《類聚》引作「恆」。○周奢曰：「但」字，《御覽》、《廣記》卷四四○引都作
「恆」，是。○寧按：作「恆」是，與「常」義同互用，漢代為避文帝諱，校
書每以「常」代「恆」。

〔一○〕○陶本作「色赤」。陶憲曾曰：《魏志注》「洞」上有「色」字。○周奢曰：「洞
赤」上，《御覽》多一「色」字。「赤」字不知作何解，若作「鼠之色洞赤」，
則後文又有「毛白」字，《御覽》作「色白」，《廣記》作「毛色白」，顯然矛盾。
今考《十洲記》也談到這種「鼠」的毛色，是「或赤或白」，也許「洞」字是
「或」字的誤寫。○王國良曰：「居火中」下，《三國志注》、《御覽》卷八二○
引，並有「色洞赤」三字，《一切經音義》卷十五則作「洞赤如火」。○寧按：
據《三國志·魏書四·齊王紀》注、《御覽》卷八二○所引增「色洞赤」三字。
「色洞赤」謂火鼠在火中之色洞赤，洞者通也、深也，赤者紅也，「洞赤」猶
今言「通紅」、「深紅」。《通典·禮三十九·大喪初崩及山陵制》：「東園匠、考
工令奏東園祕器，表裏洞赤。」《廣記》卷八十三引《廣古今五行記》：「夜中
有人見北市竈火洞赤。」又卷三三七引《廣異記》：「初女巫見鍔，衣冠甚偉，
鬢髮洞赤。」均此義。

〔一一〕○陶憲曾曰：「時時出外」，《類聚》引作「不出外」。「毛」，《魏志注》、《初學
記》、《類聚》引皆作「色」。○楊守敬曰：朱作「火」，《箋》曰：「《神異經》
作『時時出外』。」守敬按：《魏志·三少帝紀》注及《御覽》八百二十引原書
並作「外」，但原書本謂常居火中，色洞赤，時時出外而色白。酈氏抄變其詞，
移「色白」二字於「時時出外」之上，是謂在火中色白，不合。○寧按：經言
「恆居火中，洞赤，時時出外而色白」，謂火鼠常居於火中，在火中時其色洞
赤，離開火外出其色則白。

〔一二〕○此句陶本作「其毛績以為布」。陶憲曾曰：「績」下本有「紡織」二字，據
《水經注》引刪。《魏志注》、《初學記》引並作「織以為布」。○呂思勉曰：
此皆因火山及火浣布而附會者也。《述異記》云：「南方有炎火山，四月生火，

十二月火滅。火滅之後，草木皆生枝條。至火生，草木葉落，如中國寒時也。取此木以為薪，然之不爐。以其皮績之，為火浣布。」與《神異經》同一附會。○周喬曰：「取其毛績紡織以為布」，《廣記》引「人紡績其毛，織以為布」，則順暢許多。○寧按：此句下當脫「謂之火浣布」一句（見下注）。《十洲記》：「炎洲在南海中，地方二千里，去北岸九萬里。……又有火林山，山中有火光獸，大如鼠，毛長三四寸，或赤或白。山可三百里許，晦夜即見此山林，乃是此獸光照，狀如火光相似。取其獸毛以緝為布，時人號為『火浣布』，此是也。國人衣服垢污，以灰汁浣之終無潔淨，唯火燒此衣服，兩盤飯間，振擺，其垢自落，潔白如雪。」袁珂云「火光獸，即火鼠」，是也。

〔一三〕○寧按：「謂之火浣布」句王本無，據《水經注·瀁水》引文增，無此句則文意不全。

〔一四〕○陶本此句作「用之若有垢浣」。陶憲曾曰：《類聚》引作「垢污」。○許菊芳曰：「垢浣」，污漬。宋始見，宋·洪邁《夷堅志戊·陳甑頭》：「紹興末福州有丐者陳甑頭，不知何許人。衣裳垢浣，不與人接語，形容尤極穢濁。」司馬光《和王介甫烘蝨》詩：「天生萬物名品夥，嗟爾為生至幺麼。依人自活反食人，性喜伏藏便垢浣。」王安石《和王樂道烘蝨》詩：「秋暑汗流如炙輠，敝衣濕蒸塵垢浣。」○蕭旭曰：許菊芳云「垢浣」一詞「宋始見」，這種據現存文獻作的判斷，並不可信。怎知散逸的文獻中唐以前就沒有「垢浣」？「浣」是「汙」異體。蔣斧藏《唐韻殘卷·過韻》：「浣，泥著物。亦作汙。」「垢汙」或「汙垢」，也不是宋代新詞。「垢汙」東漢即有，安知不是後人以異體字改作「垢浣」？○寧按：「汙」即「污」，「浣」是其異體字，《集韻·去聲八·過韻》：「浣、汙：烏臥切。污也。或作汙。」是其證。「垢浣」即「垢汙（污）」，《漢書·萬石衛直周張傳》讚曰：「至石建之澣衣，周仁為垢汙，君子譏之。」則漢時已有此語。

〔一五〕○朱謀㙔曰：《玄中記》：「南方有炎火山，四月生火，其木皮為火浣布。」○陶憲曾曰：舊本此段割裂失次，文句重複。「南荒之外有火山」至「其中皆生不爐之木」下有「火鼠生其中」五字，為一條，在「無損獸」條後。「晝夜火燃」上又有「南荒外有火山，其中生不盡之木」十三字，至「猛雨不滅」為一條，「火中有鼠」上有「不盡木」三字，至「以火燒之則淨」又為一條，在「肝瞵林」條後。今並諸書所引訂正。○周喬曰：朱氏的另一案語，說《玄中記》

有「火浣布」，今查《御覽》卷八二〇「火浣布」條引東方朔《神異經》，是把本條和後面的第八條合在一塊的。查《廣記》卷四〇七和卷四四〇是分成兩條的，前者題「不盡木」，後者題「鼠」。夷考古籍上說到「火浣布」的地方很多，大都是用「不盡木」和「鼠」毛之類的皮葉續成，如《御覽》卷八二〇所引《吳錄》、《南史》、《抱朴子》、《搜神記》、《異物志》，卷八六八所引的《玄中記》、《十洲記》都是，這樣看來，合為一條較是，且文理較暢。〇王國良曰：「火中有鼠……則清潔也」一段，據《後漢書·南蠻西南夷列傳》注引文補入。〇周淑敏曰：「火浣布」即是用石棉纖維紡織而成的布，在後世的文獻記載中也很常見。〇欒保群曰：《海內十洲記》之「火光獸」，以即此物。〇張國風曰：《類聚》卷九五所引《異苑》引有此條。見於今本《異苑》卷三。〇李強曰：（《神異經》《海內十洲記》）兩文中都認為火浣布來源於火鼠毛，但火鼠重量、大小有別，且《神異經》中並沒有說明是火浣布，而《海內十洲記》卻已言明。再則，兩文都言明火浣布來源於南方。雖然火浣布在南宋周密的《齊東野語》中已闡明為石炭（石棉），但《神異經》《海內十洲記》關於火浣布原料的解釋則試圖在當時信息封鎖和認識有限條件下解釋火如何洗布，聽起來自圓其說，這是中國古代探究火浣布秘密的一種嘗試。〔註1〕〇許菊芳曰：究其原因，我們發現，19、24條皆據《廣記》，《廣記》19條「不盡之木」作「不畫之木」，故分置兩處。而《三國志》注、《水經注·灅水》中皆有「長四十里，廣五十里」字樣，而據《廣記》，則此兩句無所依憑，因此只好再出一條。原本屬於一條的內容就此分成三條。〇寧按：「用之若汙，以火燒之，則清潔也」三句疑是舊注文而混入正文中。又：《漢魏叢書》本固非原本，乃是明人輯錄本，從收集古書所引佚文而成，又不及綴合校訂，此條被割裂為三條，正其明證。此據諸家說綴合為一條。此條《水經注·灅水》引作東方朔《神異傳》。《廣記》四四〇引作《神異記》。

【柤梬櫪】南方大荒之中有樹焉，〔一〕名曰柤梬櫪。〔二〕三千歲作華，〔三〕九千歲作實。〔四〕其華藥紫色，〔五〕其實赤色。其高百丈，〔六〕或千丈也。敷張自輔，東西南北方枝，各近五十丈，〔七〕葉長七尺，廣五尺，〔八〕色如綠青，〔九〕木皮如梓樹，〔一〇〕理如甘草，味飴。〔一一〕實長九尺，

〔註1〕 李強：《〈神異經〉〈海內十洲記〉中的紡織服飾資訊整理》，《服飾導刊》2018年第3期。

圍如其長，〔一二〕而無瓤核。〔一三〕以竹刀剖之，〔一四〕如凝蜜。〔一五〕得食
復見實，即滅矣。〔一六〕

〔一〕○周斋曰：《廣記》卷四一○「柤稼暱樹實」條「南方」作「東方」。《齊民要
術》引亦作「南方」，而文稍滅者，不如本條之備。○王國良曰：「南方」，《廣
記》卷四一○作「東方」。

〔二〕舊注：柤者，柤梨也；稼者，株稼也；暱，親暱也。○王謨本、陶本「稼」作
「稼」。陶憲曾曰：《齊民要術》引無「稼暱」二字。注十四字本混作經，今
改。案此句疑有脫誤，今無別本可校，姑仍其舊。○周本此十四字仍作正文。
周斋曰：《廣記》卷四一○「柤」下無「者」字，「暱」上無「親」字。○王國
良曰：「稼」，原作「稼」，今據《相感志》卷十三、《廣記校勘記》卷四一○校
改。下兩「稼」字亦然。按：稼，架字之又體也。「柤者，柤梨也……」一段，
原混入正文，今依陶氏《神異經輯校》改。○張國風曰：暱，原作「樞」。按
上文意思，當係「暱」之誤。黃本、四庫本作「暱」。今據以改。○寧按：《御
覽》卷九六九引作「名曰柤」，無「稼暱」二字，文末有「張茂先曰：柤梨」
之注文；程本亦作「柤」，均當「柤」之形訛。「柤」是「樝」的異體字，《玉
篇・木部》：「樝，側加切。似梨而酸。柤，同上。」《集韻・入聲九・質韻》：
「暱，木名。《神異經》：『南方大荒之中有樹，名暱，其高百丈。』」無「柤稼」
二字。疑「柤」是果名，「稼暱」是指此果樹樹幹的架子或支撐物，「稼」即
「架」，《集韻・去聲八・禡韻》：「椵、稼、架：《博雅》：『杙也。』所以舉物。
或作稼、架。亦書作枷。」此是指支撐樹幹的架子，故注曰「株稼」。「暱」即
「暱」，是指綁在樹幹上防止傾倚斷裂的棍子之類的支撐物，其附著在樹幹上
如親暱之狀，故注曰「親暱」。「稼暱」本當有一句話，如陶說有脫誤。

〔三〕○作華，《廣記會校》作「開花」。張國風曰：開，原作「作」。現據沈本改。
○寧按：「作華」為古語，「開花」為今語，所改非是。

〔四〕○作實，《廣記會校》作「結實」。張國風曰：結，原作「作」。現據沈本改。

〔五〕○許菊芳曰：「華」，即「花」。「蘂」，「蕊」的俗體。「花蕊」，三國始見。三
國・管輅《管氏指蒙》卷上《左右釋名》：「或臂腕之控，或掌心之的，或花
蕊之跌衛。」南朝梁・何思澄《奉和湘東王教班婕妤詩》：「虛殿簾帷靜，閑
階花蕊香。」

〔六〕○周斋曰：《廣記》「其」作「亦」，顯然錯誤。○張國風曰：其，原作「亦」。
現據孫本、沈本、陳本改。百，陳本作「五百」。

〔七〕○許菊芳曰：《神異經》中在數詞前加「近」表示約數的有一例：「敷強自輔，束西南北方枝，各近五十丈。」（神20·5）「近」的用法最早也到東漢始見。東漢·王充《論衡·變虛篇》：「堯、舜、桀、紂皆近百載。」《抱朴子內篇·遐覽》：「乃先以道家訓教戒書不要者近百卷，稍稍示余。」《神仙傳》卷六「淮南王」：「使王服之骨肉近三百餘人同日昇天。」

〔八〕○陶憲曾曰：《要術》引作「廣四五尺」。

〔九〕○程榮本作「如綠青」，傅增湘校改「如」為「實」。○王國良曰：綠青，礦物名，即孔雀石，可以作顏料。

〔一○〕○陶憲曾曰：《要術》引無「木」字，「梓」作「桂」，下有「味如蜜」三字。○王國良曰：「梓樹」，《要術》卷十作「桂」，其下並有「味如蜜」三字。○寧按：「木」程榮本作「禾」，「梓」下無「樹」字。傅增湘校改作「木」，「梓」下添「樹」字。

〔一一〕○寧按：「味飴」當作「味如飴」，即《要術》所引「味如蜜」也。

〔一二〕○王國良曰：「實長九尺，圍如其長」，《要術》卷十作「實長九圍」。

〔一三〕○周睿曰：《廣記》「如」下無「其」字，「無」上無「而」字。○寧按：周氏末句當為「『無』上有『而』字」。

〔一四〕○張國風曰：剖，陳本作「割」。

〔一五〕○孫士鑛曰：一作「如酥」。○陶憲曾曰：「剖」，《要術》引作「割」，「蜜」作「酥」。○傅增湘校改「酥」作「凝蜜」。○王國良曰：「凝蜜」，《要術》卷十作「凝酥」，《相感志》卷十三作「飴蜜」。○寧按：疑正文當作「凝酥」，下有舊注曰「酥，如飴蜜。」後與正文混雜。

〔一六〕舊注：言復見後實熟者，壽一萬二千歲。○朱謀㙔曰：「言復見」以下十三字，乃茂先注。○陶憲曾曰：案孫士鑛曰是，今據改。○周睿曰：「滅」，《四部備要》本作「凝」，誤。○王國良曰：「言復見後實熟者，壽一萬二千歲」，原混入正文。又原本有「朱謀㙔曰：『言復見』以下十三字，乃茂先注」雙行夾注，其說可從，今改為注。○周運中曰：這種植物，果實很大，內無瓤核，如同凝蜜，我認為是麵包樹（Bread Fruit，學名 Artocarpus incisa），原產於南太平洋海島，樹葉深綠，果肉類似麵包，白色無核。1595 年，葡萄牙人佩德羅·費爾南德斯·德·基羅斯（Pedro Fernandez de Quiros）作為領航員，參加西班牙人阿爾瓦羅·德·門達尼亞（Alvaro de Mendana）的探險，從秘魯向西，航行到馬克薩斯（Marquesas）群島，歐洲人在此最早看到麵包樹。麵包樹的馬來

語是 popok sukun 或 pohon sukun，泰語是 sake，顯然源自 sukun，而粗稼匿的
上古音是 tsa-kea-niet，顯然源自 sukun 或 sake。麵包果是太平洋很多海島主
食，薩摩亞（Samoa）諺語說一個薩摩亞人花一小時種十顆樹，就算完成一生
責任。因為麵包樹果實多，十顆樹果實夠一人一年食用，連續結果五十年。還
可以做建材，薩摩亞人用麵包樹做船，用樹皮做繩子。麵包樹也傳到臺灣，阿
美族和蘭嶼的達悟族都食用麵包果。麵包樹屬於菠蘿蜜屬，類似菠蘿蜜。○寧
按：經文「滅」與注文「壽一萬二千歲」意不符，疑「滅」前脫「不」字，「不
滅」謂長壽不死，故注如此。陶曰「案孫士鑙曰是」當作「案朱謀㙔曰是」，
此處孫士鑙無校語。又按：周運中以為粗稼匿是麵包樹，然根據本節經文之描
述，此樹的果實是赤色，即紅色，麵包果乃綠色，似不合。經文所言之特徵頗
似今之火龍果，又稱「紅龍果」、「龍珠果」、「長壽果」等，為柱狀仙人掌亞科
植物，樹根莖深綠色，果實紅色，果肉白色或紅色，無核。植株無主根，側根
大量分佈在淺表土層，同時有很多氣生根，可攀援生長，故栽植時其主幹每需
用架子或綁縛木棍、竿子等支撐物以防止倒伏，即所謂「椽櫨」者。然其原產
地為中美洲，後傳入東南亞，傳入中國目前可知者大約是十九世紀，六朝時期
人是否得見此樹不得而知。

【如何樹】南方大荒有樹焉，〔一〕名曰如何，〔二〕三百歲作華，九百
歲作實。〔三〕華色朱，〔四〕其實正黃。高五十丈，敷張如蓋，〔五〕葉長一丈，
廣二尺餘，似菅芧，〔六〕色青，厚五分，可以絮，〔七〕如厚朴。〔八〕材理如
支。〔九〕九子，味如飴。實有核，形如棗子，〔一〇〕長五尺，圍如長。〔一一〕
金刀剖之則〔苦，竹刀剖之則飴，木刀剖之則〕酸，〔一二〕蘆刀剖之則辛。
〔一三〕食之者〔得〕地仙，〔一四〕不畏水火，不畏白刃。〔一五〕

〔一〕○陶憲曾曰：《太平御覽》九百六十一引作「荒中」。○王國良曰：「南方大
　　荒」，《御覽》卷三四五作「南荒之中」，卷九六一作「南方荒中」，《事類賦》
　　卷二四作「南荒中」。

〔二〕○寧按：此二句，《北戶錄》卷二引作「四味木，一名如之何」。《御覽》卷三
　　四五引作「南荒之中，有如之何樹」，卷九六一引作「南方荒中，如何之樹」。
　　是其名「如何」或作「如之何」。

〔三〕○方以智曰：《神異經》言如何樹核如棗，長尺，金刀割則飴。《外國志》阿丹
　　有萬年棗，占城有海棗。但《神異經》言「三百歲作花，九百歲作實」為誕

耳。（《通雅》卷四十四）○俞樾曰：國朝陸次雲《八紘譯史》云：「哈密物產有四味木，其實如棗，以竹刀取之則甘，鐵刀取之則苦，木刀取之則酸，蘆刀取之則辛。出天山上。」按此即《神異經》所謂「南方大荒有樹名如何」者也，「一百歲作華，九百作實」則誇誕之辭，其樹乃真有之。（《茶香室叢鈔·三鈔》卷二十八）○陶憲曾曰：「九百」，《御覽》引作「三百」。○此二句《廣記會校》作「三百歲作花，九百歲結實。」張國風曰：作，沈本作生。結，原作「作」。現據沈本改。○寧按：《御覽》所引「作實」無作「三百」者。

〔四〕○張國風曰：色，孫本、陳本作「如」。

〔五〕○曹鵠雛曰：蓋，傘。

〔六〕○曹鵠雛曰：菅苧，疑是菅茅之誤。菅茅，多年生草，葉細而尖，有平行脈，秋開白花，殼有長芒，實尖而黑，常黏人衣。根短，硬如細竹，可為刷帚。

〔七〕○周嵍曰：絮，作動詞。棉花去其實，以弓彈之，使之鬆散，叫做「絮」。○王國良曰：絮，假借為挐，謂調羹也。○寧按：「絮」疑「茹食」二字之誤合訛變，《御覽》卷九八○引《南方草物狀》曰：「合浦有菜，名優殿。以豆醬汁茹食，芳好。」言可以作蔬菜食之。

〔八〕○曹鵠雛曰：厚朴，落葉喬木，高四五丈，葉作倒卵形而長，互生。初夏開花甚大，色淡黃，九瓣。樹皮頗厚，與花俱可入藥。○周嵍曰：厚朴，植物名，木蘭科。落葉喬木，高四五丈，葉大，互生，長倒卵形，中肋兩側有數多側脈。花大，通常九瓣，色黃白，香氣頗烈。木材可製印版及種種器具，樹皮供藥用。李時珍：「其木質朴而皮厚，味辛烈而色紫赤，故有厚朴、烈、赤諸名。」○王國良曰：厚朴，木蘭科落葉喬木，高四五丈。葉大，互生，長倒卵形；花大，通常九瓣，色黃白，香氣頗烈。樹皮味苦辛，可入藥，惟須以乾薑為之使。○寧按：此言其葉可以為蔬菜，其味芳香辛烈如厚朴也。

〔九〕○曹鵠雛以「支」與下文「九子」連讀為「支九子」，曰：支九子，植物名。○王國良曰：支，與梔通，木名。生中國南方及西蜀州郡。木高七八尺，葉似李而厚硬，二三月生百花，六瓣，甚芬香。夏秋結實，生青熟黃，中仁深紅，曝乾，圓而小者可入藥，大而長者用作染色。○寧按：曹讀「支九子」非是，王說得之。《說文》：「梔，黃木，可染者。」段注：「今之梔子樹，實可染黃，相如賦謂之『鮮支』，《史記》假『卮』為之。」是「梔」、「卮」、「支」三字通用。

〔一○〕○孫士鑣曰：或作「棘子」。○王國良曰：《廣記校勘記》卷四一○正作「棘子」。

《說文》第七篇：「棘，小棗叢生者。」○張國風曰：棘，原作「棗」。現據孫本、沈本、陳本及《神異經》改。○許菊芳曰：詞尾「子」是中古時期繼發展起來的，先秦時很少用例，而《神異經》中用的很多，除了「童子」中的「子」可能還保留有兒子、孩子的意思，其他3例「子」（寧按：指「棗子」、「獅子」、「格子」）的詞彙意義就已經完全虛化了。○寧按：程榮本作「棘子」，傅增湘校改「棘」為「棗」。程本訛作「棘」。「棗子」之斷句有誤，當以「形如棗」為句，「子」屬下句讀，作「子長五尺，圍如長」，「子」即上文「九子」之「子」。蓋經文言如何樹一次可生九子，謂九顆果實，其味如飴，果實內有核形如棗。復言其子大小，長、圍均為五尺，圓形也。《廣記會校》改「棗」為「棘」，未必是。

〔一一〕○寧按：圍，程本作「圓」，非。

〔一二〕○陶憲曾曰：「剖」，《御覽》引作「割」，「酸」作「飴」。○王國良曰：「則苦，竹刀剖之則飴，木刀剖之」十二字，據《北戶錄》卷二、《相感志》卷十三引文校補。○寧按：傅增湘亦校「剖」作「割」，「酸」作「飴」。《北戶錄》卷二引「剖」均作「割」。《御覽》卷三四五引作「金刀割之則飴，木刀割之則辛」，卷九六一引作「金刀割之則飴，非則辛」，殆均有文字脫誤也。

〔一三〕○龜圖曰：又《御覽》顧凱之《啟蒙記》曰：「如何隨刀而改味」也。○寧按：此唐代龜圖為《北戶錄》所作之注。

〔一四〕○寧按：「得」字據《御覽》卷三四五、九六一引文補。

〔一五〕舊注：刃，刀之屬。言地仙者，不能飛，在地久生而已。○周奮曰：《廣記》卷四一〇「如何樹實」條，「白刃」下有註：「刃，刀之屬。言地仙者，不能飛，在地從之法也。」○王國良曰：「白刃」下，《廣記》卷四一〇有「刃，刀之屬。言地仙者，不能飛，在地久生而已」小字注文。○張國風曰：久生而已，原作「從之法也」。現據沈本改。○周運中曰：我認為這種植物是菠蘿蜜，大而有核。馬來語是 nangka，如何的上古音是 na-hai，音近。菠蘿蜜之名源自印度南部達羅毗荼語系，泰米爾語是 palāppalam，馬拉亞蘭語是 plāv，音譯為菠蘿蜜。古代到南洋的印度移民主要是南印度人，達羅毗荼語對南洋影響很大。馬歡《瀛涯勝覽》占城國：「其波羅蜜如冬瓜之樣，外皮似川荔枝，皮內有雞子大塊黃肉，味如蜜。中有子如雞腰子樣，炒吃味如栗子。」○寧按：注文據《廣記》引補。《廣記》此注「在地從之法也」義不能明，程本作「在地從人去也」，似亦不通，當有缺文。疑其本作「在〔地久生，而已（以）〕地從之法也」。蓋

注文之意，地仙不能和天仙那樣凌空飛翔，只在地上長生，行動則用「地從之法」，「從」當即「縱」字，「地縱之法」當是神人可在地上疾行的一種法術，類似小說家所言的「縮地術」、「縱地金光法」之類，比於天仙的飛翔。又：根據本經文描述，此如何樹可能如周運中所言，是今菠蘿蜜樹的異傳。

【沛竹】南方荒中有沛竹，〔一〕長數百丈，〔二〕圍三丈六尺，〔三〕厚八九寸，可以為〔大〕船。〔四〕〔一名太極〕。〔五〕其子甚美，〔六〕〔煮而〕食之，〔七〕可以止瘡癘。〔八〕

〔一〕○陶本「沛」作「篩」。陶憲曾曰：「篩」本訛作「涕」，從《廣韻‧六脂》引改。《齊民要術》、《太平御覽》九百六十三引作「沛」。又《廣韻》「竹」下有「一名太極」四字。○周睿曰：「涕竹」，《廣記》卷四一二引亦作「涕竹」，但是據《御覽》卷九六三卷引卻作「沛竹」。今按作「沛」字是。因為「長數百丈，圍三丈六尺，厚八九寸，可以為船」的「竹子」一定很龐大，所以《山海經‧大荒北經》說：「衛于山邱方員三百里，邱南俊竹林在，大可為舟。」畢沅注說：「言舜林中竹，一節則可以為船也。」而「沛」字有大意，譬如《管子》：「撥度焚沛澤」，注：「大澤也。」《孟子》「沛然莫之能禦」，段玉裁說是「勃」的假借。《廣雅‧釋詁》說：「沛，大也。」可見作「沛竹」是，作「涕竹」非。《齊民要術》引正作「沛竹」。○王國良曰：「沛」，原作「涕」，今據《要術》卷十、《初學記》卷二、《筍譜》、《御覽》卷九六三引文校改。唯《廣韻》卷一六脂：「篩，篩竹，一名太極，長百丈，南方以為船。出《神異經》。」《集韻》卷一六脂：「篩，竹名。《神異經》曰：『長百丈，南方以為船。』」又卷五六止：「笲，竹名，出南方荒中，長百丈，圍三丈。」《筍譜》葉二三下引亦作「笲竹」。然則北宋初所見本，原有作「篩」或「笲」者矣。○張亞南曰：「涕」，《齊民要術》卷十、《太平御覽》卷九六三、《說郛》卷一百六、《竹譜》卷六引《神異經》作「沛」，《本草乘雅半偈》引《神異經》作「苇」。今查《漢語大詞典》有「沛竹」一詞，其引文即用《神異經》中此段。再查「苇」字，並無「苇竹」之說，此文似可據此改正。○蕭旭曰：《初學記》見卷二八，王氏誤記卷號。王氏改「涕」作「沛」，非是。陶、周說亦非是。《太平廣記》卷四一二、《說郛》卷六六引作「涕竹」，《記纂淵海》卷九六引作「笲竹」。「沛」、「笲」都當從「市」得聲，禪母之部字，俗誤作從「市」得聲的字。「涕」從「弟」得聲，定母脂部字。禪母是定母之變，之部、脂部相通。「篩」從「師」

得聲，書母脂部字，亦是「涕」音轉。禪母、書母亦是旁紐雙聲。所以都是音近之字，不當改作。○周運中曰：西雙版納有世界最大巨龍竹，高達 45 米，西雙版納是傣族居地，我認為涕竹可能是傣竹，涕的上古音是透母脂部 thyei，近 tai。○寧按：其原字當作「沛」，周氏言「沛」有大意是也，「沛竹」猶言「大竹」，謂其沛然大也。其與「涕」形近而訛作「涕」。「籭」字下當從「沛」，「笚」則其省體，均沛竹之「沛」的後起專字；後訛作從竹從師，《廣韻》、《集韻》等作「籭」均沿其誤而收字；《集韻》又以「笚」音士止切，《正字通‧未集‧竹部》音時至切，均不可據。

〔二〕○陶憲曾曰：《要術》、《廣韻》、《御覽》引皆作「長百丈」。○周奢曰：《御覽》沒有「數」字。○寧按：《相感志》卷十四亦作「長百丈」。

〔三〕○周奢曰：《御覽》作「二丈五六尺」。

〔四〕○周奢曰：「船」，《御覽》作「舡」。《要術》「船」上有「大」字。○寧按：「大」字據《要術》、《相感志》補。《記纂淵海》卷九十六引《神異經》此文作「笚竹」，於「船」下還有一段文字云：「湘水有相思營、望帝台，舜南巡不返，後葬於蒼梧之野，堯之二女娥皇、女英追之不及，相思慟哭，淚下沾竹，文悉為之斑斑然。」此乃釋「斑竹」之文，言出《神異經》疑有誤。

〔五〕○方以智曰：嵇含曰：「雲丘竹一節為船，出扶南。」即此。（《通雅》卷四十二）○寧按：「一名太極」四字，據《廣韻》引及文例補。

〔六〕○舊注：張茂先注曰：子，筍也。○陶憲曾曰：「子」本作「笋」，從《要術》、《御覽》引改。○周奢曰：「其笋甚美」，《御覽》引作「其子美」，《要術》同。作「子」字對，因為下有張茂先註，說：「子，筍也」可知不作「笋」字。○王國良曰：「子」，原作「笋」，今據《要術》卷十、《相感志》卷十四、《筍譜》、《御覽》卷九六三引文校改。○寧按：子，《廣記》卷四一二引作「笋」。《筍譜》引此文無「甚」字。程榮本作「甘」，傅增湘校改「甚」。

〔七〕○周奢曰：《廣記》「食」字上多一「煮」字，可從。○王國良曰：「煮」字，據《相感志》卷十四、《筍譜》、《廣記》卷四一二引文補入。○寧按：《相感志》此句作「煮而食之」，故據補「煮而」二字。

〔八〕〔舊注：惡厲創也。〕○陶憲曾曰：「止」，《要術》、《御覽》引皆作「已」。○寧按：「止瘡厲」，《相感志》作「已創厲」，《筍譜》引作「亡創厲」，引張茂先注曰：「子，筍也。惡厲創也。」故此據補注「惡厲創也」。「惡」字不通，疑「愈」字之誤。

【䓗蔗】南方〔荒內〕有䓗蔗之林，〔一〕其高百丈，圍三丈八尺。〔二〕促節多汁，〔三〕甜如蜜。〔四〕咋嚙其汁，令人潤澤，可以節蚘蟲。〔五〕

〔一〕舊注：（䓗蔗），甘、蔗二音。○陶憲曾曰：《藝文類聚》八十七、《太平御覽》九百七十四引「南方」下有「荒內」二字。「蔗」作「睹」。○曹鵠雛曰：䓗蔗，讀如甘蔗。○呂思勉曰：觀此，則中國人早知有蔗，特未能製以為餳耳。邯蔗，舊刻下注「甘蔗」二字，邯為借字，蔗則特造之字也。○周奮曰：《御覽》卷九七四引「䓗蔗」作「䓗睹」。「南方有」作「南方荒內」，《廣記》卷四一二作「南方山有」。○王國良曰：「荒內」兩字，據《類聚》卷八七、《御覽》卷九七四引文補。《相感志》卷十二作「荒外」。「䓗蔗」，《類聚》卷八七、《御覽》卷九七四作「䓗睹」，並即今之甘蔗。故《廣記》卷四一二「䓗蔗」下有小字注云：「甘蔗二音」。○許菊芳曰：《集韻・談韻》：「䓗，南方山有䓗蔗林，東方朔說。通作甘。」明・方以智《物理小識》卷九：「曼倩《神異經》云：『䓗蔗節蚘蟲。』即甘蔗。」《大字典》亦引《神異經》為例。「蔗」，《集韻・禡韻》：「蔗，艸名。《說文》：『藷蔗也。』或作蔗。」《字彙・甘部》「蔗，同蔗。」可見「䓗蔗」的寫法較晚出。○寧按：注文據《廣記》引補。呂說「䓗」字作「邯」，疑誤。

〔二〕○王謨本、陶本、周本作「三尺八寸」。陶憲曾曰：《類聚》引作「三丈八尺」。○周奮曰：《御覽》作「圍三丈」。○王國良曰：「三丈八尺」，原作「三尺八寸」，今據《類聚》卷八七、《相感志》卷十二引文校改。《御覽》卷九七六、《淵海》卷九二並作「三丈」。

〔三〕○許菊芳曰：「促節」，表示「枝節短」的意思始見於晉代，如舊題晉・戴凱之《竹譜》：「篁竹堅而促節，體圓而質堅。」北周・庾信《竹杖賦》：「先生乃歌曰：秋藜促節，白藋同心。終堪荷蓧，自足驅禽。一傳大夏，空成鄧林。」但「促節」一詞，多見的意思是表示急促的節奏，也出現在晉代以後，如晉・陸機《擬東城一何高詩》「長歌赴促節，哀響逐高徵。」南朝梁・劉勰《文心雕龍・哀弔》：「結言摹詩，促節四言，鮮有緩句。」○蕭旭曰：「促節」一詞，《史記》《漢書》中就有了。《史記・司馬相如列傳》：「然後浸潭促節。」《漢書・司馬相如傳上》作「然後侵淫促節。」許菊芳言「出現在晉代以後」，不可信。

〔四〕○許菊芳曰：《東漢——隋常用詞演變研究》：「先秦只說『甘』」，「在『甘甜』這個義位上，『甜』替換『甘』的過程也發生在東漢魏晉南北朝。『甜』的文獻

用例始見於東漢。」○寧按:「甜」本作「甛」,是個晚出字形,然許慎《說文》中已收錄,云:「甛,美也。从甘从舌。舌,知甘者。」段注:「《周禮注》『甛酒』,『甛』即『甛』字。」是本作「甛」,《新語‧輔政》:「絕甛美之味,疎嗌嘔之情。」「甛」即「甜」。蓋以其為甘美義,故以「甘」旁替換了「忄」旁為「甛」字。

〔五〕舊注:人腹中蚘蟲,其狀如蚓,此消穀蟲也,多則傷人,少則穀不消,是甘蔗能減多益少。凡蔗亦然。○孫士鑣曰:《廣記》引作「蟲」。○陶憲曾曰:《說文》:「蛕,腹中長蟲也。」《玉篇》:「蛕,胡恢切,蚘、蜖並同。」又注三十六字本混作經,今改。○曹鶹雛曰:蚘蟲,即蛔蟲,蠕形動物。狀似蚯蚓而無環節,長約一尺左右,全身白色,兩端甚尖,寄生於小兒之小腸,患者腹痛吐瀉。○周本「人腹中蚘蟲」以下仍作正文。周奢曰:蚘蟲,《廣記》引作「蚘蟲」。「蚘」、「蚘」字《說文》並不見,《廣韻》十五《灰韻》有「蚘」字,音「戶恢切」,就是今日的「蛔」字,《廣韻》說是「人腹中長蟲。」這樣看來,《廣記》作「蚘」字是手民誤寫了。「滅」字或本作「減」,因為下有「益」字,所以推斷應是「減」字才對。○王國良曰:「蚘蟲」下,原本有「《廣記》引作蚘蟲」雙行夾注。按:蚘、蛔、蚘、蛕,並同字,指腹中寄生長蟲。又今《廣記》引仍作「蚘蟲」。「人腹中蚘蟲……」一段,原混入正文,今依陶氏《神異經輯校》,改為注文。○寧按:「蚘」古無此字,蓋即「蚘」之訛謬形,今稱「蛔蟲」者是。甘蔗,據《本草綱目》卷三十三又作「竿蔗」、「藷」,而不言其有節蚘蟲之功效,注蓋傳言或誤記。

○寧按:王謨本此下有一節云:「不盡木火中有鼠,重千斤,毛長二尺餘,細如絲。但居火中,洞赤,時時出外,而毛白,以水逐而沃之,即死。取其毛績紡,織以為布,用之若有垢涴,以火燒之則淨。」陶本刪除此節。○王國良曰:此節與本經第三則「南荒外火山」同屬一篇。北宋初年,李昉等編《太平廣記》,割裂此節入卷四四○「鼠類」。後世輯錄者失察,未能還原,分置兩處。今據《三國志‧魏書三‧少帝紀》注、《水經‧灅水》注、《後漢書‧南蠻西南夷傳》注等引文移正。此則應刪。○寧按:茲據陶本刪除此節。

【細蠛】南方蚊翼下有小蜚蟲焉,〔一〕目明者見之,每生九卵,復未嘗有殼,〔二〕復成九子,蜚而復去,〔三〕蚊遂不知。亦食人及百獸,食者知。〔四〕此蟲既細且小,因曰細蠛。〔五〕此蟲常春生,以季夏藏於鹿耳中,〔六〕名嬰蜺。〔七〕

〔一〕○寧按：「蜚」同「飛」。

〔二〕舊注：〔𡙇，徒亂反。〕○陶憲曾曰：「復」字疑衍。○周睿曰：「𡙇」，各本都作「𤔔」，很錯。《說文》沒有「𤔔」字，《呂氏春秋・明理篇》畢沅校「𡙇」說是舊本作「假」，那是不明「𡙇」義。《說文》：「𡙇，卵不孚也。」（十三下《卵部》），即孵不出的卵叫「𡙇」。《說文解字詁林》（以下簡稱《詁林》）引《舒藝室隨筆》說：「案孚者育子，不孚者謂之𡙇。今俗以『蛋』字當之，呼如彈丸。凡卵，統名謂之『蛋』，其孚而不育者謂之『哺退蛋』，實即『𡙇』字也。」○王國良曰：復，通「覆」字，謂孵育也。下句「復成九子」，義同。「𡙇」，原作「𤔔」，今正。《廣記》卷四七九引有注云：「徒亂反」。《說文》卷十三下「卵部」：「𡙇，卵不孚也。」○寧按：王說近是。「復」當即《說文》之「孚」，《周易》中之「孚」，馬王堆漢墓帛書本《周易》多作「復」，是其證。「孵」是卵孚之「孚」的後起專字，故此「復」當讀為「孵」。從卵從𠬝之字不成字，當是「𡙇」之形訛。注文據《廣記》卷四七九引補。

〔三〕○陶憲曾曰：「復去」，《藝文類聚》九十七、《太平御覽》九百四十五引並作「俱出」。○王國良曰：「復去」，《類聚》卷九七、《廣記》四七九引，並作「俱去」，《御覽》卷九四五作「俱出」。○寧按：傅增湘校「去」為「出」。

〔四〕舊注：言蟲小，食人不去也。○陶憲曾曰：句有脫誤。○周睿曰：（此句）恐有脫誤，或是注文屪入，不可解。○王國良曰：「言蟲小，食人不去也」一句，原混入正文，今據上下文意，改為注。○寧按：經文「食者知」當作「〔被〕食者〔不〕知」；注文當作「言蟲小，食人〔人〕不去也」。「去」為逐去、驅趕意。蓋謂其蟲甚小，食人人不知，故不逐去之。

〔五〕舊注：陳章對齊桓公小蟲是也。〔蠛，音蔑〕。○朱謀㙔曰：陳章鷦螟巢於蚊睫事，見《晏子春秋》。○陶憲曾曰：案注十字本混作經，今改。又《晏子春秋》所載，乃晏子對景公事。○王國良曰：「細蠛」下，《廣記》卷四七九有注云：「音蔑」。按：蠛，與蔑通，蚊蟲類，小於蚊，習稱曰蠛蠓。「陳章對齊桓公小蟲是也」一句，原混入正文，依陶氏《神異經輯校》，改為注。今按：《晏子春秋》卷八外篇所載，乃晏嬰對齊景公也。《列子》卷五《湯問篇》，載殷湯問與夏革，亦論及焦螟事。○寧按：「蠛」從「蔑」，言其蟲小，蔑然不可見，故從「蔑」。《說文》曰：「蠛：蠛蠓，細蟲也。」「細」亦小義。注文言「陳章對齊桓公小蟲」當是誤記，「晏嬰對齊景公」則是。《晏子春秋・外篇下》載晏子對齊景公曰：「東海有蟲，巢于蚊睫，再乳再飛，而蚊不為

－56－

驚。臣嬰不知其名，而東海漁者命曰『焦冥』。」「蟁」即「蚊」本字，《御覽》卷九四五引《晏子》、卷九五一引《晏子春秋》並作「蚊」。《列子‧湯問》作「焦螟」，載夏革對湯曰：「江浦之閒生麼蟲，其名曰焦螟，群飛而集於蚊睫，弗相觸也。栖宿去來，蚊弗覺也。離朱、子羽方晝拭眥揚眉而望之，弗見其形；觥俞、師曠方夜擿耳俛首而聽之，弗聞其聲。」「焦」蓋「小」之音轉，「冥（螟）」、「蔑（蠛）」亦一聲之轉。

〔六〕○周睿曰：《廣記》卷四七九引「夏」字下多一「冬」字，於文理不合，恐是手民誤抄。

〔七〕舊注：〔嬰蜺，亦細小也。〕○周睿曰：「嬰婗」，《廣記》作「嫛婗」，又下多「嫛婗，亦細小也」句。○王國良曰：「嬰蜺」，《廣記》卷四七九引作「嫛婗」，並有「嫛婗，亦細小也」一句，疑是注文。○蕭旭曰：小蟲謂之「嬰蜺」、「嫛婗」，小兒謂之「嬰兒」，其義一也，只是增加或改換了形旁作分別字耳。○寧按：據此注，則知「細蠛」下當有「言細小也」之注，故此處言「亦細小也」。「嬰婗」、「嫛婗」本均當作「嬰兒」，蕭說是。嬰兒是人中之最小者，引申出細小義。

【無損獸】南方有獸，似鹿而豕首，〔一〕有牙，〔鹿尾〕。〔二〕善依人求五穀，名〔曰〕无損之獸。〔三〕人割取其肉不病，〔四〕肉復自復。其肉惟可作鮓，〔五〕使穈肥羹。〔六〕而鮓肉不壞，〔七〕吞之不入，〔八〕穈盡更添肉，〔九〕復作鮓如初，〔一○〕愈〔久而乃〕美，〔一一〕名曰不盡鮓是也。〔一二〕

〔一〕○周睿曰：《御覽》卷九一三引作「其狀如鹿豕頭」。○王國良曰：「似鹿而豕首」，《御覽》卷九一三作「其狀如鹿，豕頭」。○寧按：「鹿」疑本當作「麕」，即《說文》之「麐」的俗字，《說文》：「麞也」，又曰：「麛，鹿子也」，蓋謂此獸狀似小鹿也。此字或析離為「鹿而」二字，或殘泐作「鹿」。

〔二〕○周睿曰：「有牙」下《御覽》多「鹿尾」，想是贅文，因為既說「狀如鹿」，當然有「鹿尾」。或者是「鹿尾」在「有牙」上，作「豕頭鹿尾，有牙」。但是還是依本經刪此兩字較安。○王國良曰：「鹿尾」二字，據《御覽》卷九一三引文補。○寧按：周氏說「鹿尾」當在「有牙」上疑是。「有牙」當作「有猪牙」，謂有獠牙也。其經文本當作「南方有獸，似麕，豕首鹿尾，有猪牙」。故刪之不妥。

〔三〕○周睿曰：《御覽》「名」下有「曰」字，又「無損」下少「之獸」兩字。○王國良曰：「曰」字，據《相感志》卷九、《御覽》卷九一三補。「無損之獸」，《書鈔》卷一四四、卷一四六、《御覽》卷九一三並作「無損」，《相感志》卷九作「無損獸」。據全書通例，「之獸」二字應刪。○周運中曰：無損獸是蘇拉威西島的鹿豚。

〔四〕○寧按：不病，謂不以為痛苦也。

〔五〕○陶憲曾曰：「鮓」，《北堂書鈔》一百四十六引作「鮺」，「鮺」與「鮓」同。《說文》作「鱶」。○孔廣陶曰：《御覽》引「鮓」誤「鮮」。本鈔《鮺篇》「鮓」作「鮺」，「鮺」、「鮓」通用字。○周睿曰：「鮓」《御覽》作「鮮」。今考《說文》無「鮓」字，而有「鱶」字，《詁林後編》說是與「鮓」字同，義為「藏魚」，即貯藏以為食品的魚，好像醃魚、糟魚之類。另外《博物志》載有「鮓魚」，據《駢雅》說是「今俗呼為海蜇」。但是據本條文字，明說「無損」是獸，說它的形狀是「似鹿而豕首」，顯然不是「藏魚」，也不是「海蜇」。又考「鮮」字，《尚書·益稷篇》有「奏庶鮮食」，注：「鮮，鳥獸新殺曰鮮」。《儀禮·既夕禮》「魚臘鮮獸」，《左傳·襄公三十年》「惟君用鮮」，注：「鮮，野獸。」《淮南子·泰族》：「以奉宗廟鮮犒之具」，注：「鮮，生肉。」這裏說「新殺」、「野獸」、「生肉」和本條所說的「似鹿豕首」、「肉復自復」在意義上有種存在的暗示，原來「神話」的形成，語音的訛變也是一重要原因，因為「新殺的鳥獸」和「生肉」叫「鮮」，就由此衍成「鮮」的幻想、神話，這可說是一個典型的例子。那麼應該是「鮮」，不是「鮓」。○王國良曰：「鮓」，《書鈔》卷一四六作「鮺」，《御覽》卷九一三則作「鮮」。按：鮓、鮺同，謂藏貯以為食品之魚肉，《說文》十一篇下作「鱶」。「鮮」與「鮺」、「鱶」字形相近而誤。○寧按：「鮓」本指醃製的鹹魚，後凡醃製的魚、肉之類均可稱「鮓」。《御覽》卷九一三作「鮮」當是字形之誤，周氏雖旁徵博引論述，而以為「鮓」當作「鮮」，恐非經文之意。

〔六〕○孔廣陶曰：王謨本《東南荒經》「糝」作「糯」，「羹」誤「美」。陳本亦誤「美」。惟俞本不誤。○陶憲曾曰：「糝」本訛作「糯」，下同。「羹」本作「美」，並從《書鈔》一百四十四引改。案《說文》云：「糂，以米和羹也。糝，古文糂。」○周睿曰：「糯」《御覽》引作「潘」。今考《說文》無「糯」字，而十一上《水部》說「潘，汁也。」陸德明《經典釋文》說：「北土呼汁為潘。」《釋名》也說：「宋魯人皆謂汁為潘。」使潘肥美，就是用淅米汁浸它，更見

肥美，且「鮮肉不壞」。○王國良曰：「糝」，原本作「糒」，《御覽》卷九一三作「潘」，今據《書鈔》卷一四四引文校改。下「糝」字同。按：糝，以米和肉、和菜或和羹也。「羹」，原作「美」，今據《書鈔》卷一四四引文校改。○蕭旭曰：鮓，《初學記》卷二六引同，《書鈔》卷一四四引作「酢」，指腌肉。《御覽》卷九一〇引《異物志》：「南方人以獼猴頭為鮓。」亦其比也。古音心母、書（審）母極近，侵部疊韻，故「糒」字改易聲符作「糒」，「糒」同「糝」，「糒」字不當改作。陶、王二氏餘說皆是。《詩·小雅》有《湛露》，上博楚簡（一）《孔子詩論》簡21作《審零》。《呂氏春秋·仲冬紀》高誘注：「湛讀『潘釜』之潘。」《淮南子·時則篇》高誘注：「湛讀『審釜』之審。」周嘗曰：「『新殺的鳥獸』和『生肉』叫『鮮』……應該是『鮮』，不是『鮓』。」大誤。海蜇稱「鮓」者，本字當作「蛇」，蛇之言宅也，得義於寄居。其異體字又作「鮀」，轉語作「鮓、蚱、蜡」，復音轉作「鰦」，吳語又轉作「蜇」，稱作「海蜇」。周氏不懂語源，只管字形，把海蜇之「鮓」與醃魚之「鮓」牽混在一起。○寧按：周以「淅米汁」釋「潘」恐非，淅米汁即今言淘米水，非所食者也。此當為「糝」之假借字，故其字從米，王說是。又《御覽》卷九一三作「潘」，下有小字注云：「呂畜也」，考《廣韻》、《集韻》均以「潘」為昌枕切，則此三字注文當是「昌審切」之誤。

〔七〕○寧按：「而鮓肉不壞」，《御覽》卷九一三引作「而鮮肉懷」，當有訛誤。

〔八〕○周嘗曰：「吞之不入」不知的解。○寧按：此句蓋謂此鮓肉只含在嘴裏吮咂其味而不下嚥也。

〔九〕○寧按：「添肉」，程榮本作「澡肉」，似於義為長。「澡」是洗滌義。蓋鮓肉本放在糝內，食糝留鮓肉，將它洗乾淨，可重複作鮓也。

〔一〇〕○周嘗曰：「復作鮓如初」，《御覽》作「使復以作鮮如初」，文理較順。○王國良曰：「復」，《御覽》卷九一三作「使復以」。

〔一一〕○周嘗曰：「愈美」，《御覽》作「愈乃美」，並注「愈」字說是「久而」，那麼應該有「乃」語氣才順。○王國良曰：「久而乃」三字，據《御覽》卷九一三引文補。○寧按：《御覽》「久而」二字乃版刻時誤為雙行小字，非注文，周說不確。自「鮓肉不壞」句至此，意思是在食用糝的時候不要毀壞鮓肉，也不要吃掉它，糝食盡後，把鮓肉洗淨，讓肉繼續作鮓，這樣時間越久味道就越鮮美。

〔一二〕○孫士鑣曰：《御覽·獸部》引此糒字作潘，鮓字作鮮。○陶憲曾曰：案《御

覽》所引並誤，今不从。

○寧按：此條下王謨本原有一節云：「南荒之外有火山，長四十里，廣五十里。其中皆生不燼之木，火鼠生其中。」陶本刪除此節。○王國良曰：按：此節與本經第三則「南荒外火山」同屬一篇，應移併。○寧按：茲據陶本刪此條。

【銀山】南方有銀山〔焉〕，〔一〕長五十里，〔二〕〔廣四五里〕，〔三〕高百餘丈，悉是白銀，〔四〕〔不雜土石，不生草木〕。〔五〕

〔一〕○王國良曰：「南方」，《類聚》卷八三、《海錄碎事》卷十五引，並作「西南」。「焉」字，據《類聚》引文補入。

〔二〕○陶憲曾曰：《藝文類聚》八十三、《太平御覽》八百十二引，並作「長五十餘里」。○王國良曰：「五十里」，《類聚》卷八三、《御覽》卷八一二並作「五十餘里」。

〔三〕○陶憲曾曰：《類聚》有「廣四五里」四字。○王國良曰：「廣四五里」四字，據《類聚》卷八三引文補。

〔四〕○陶憲曾曰：《類聚》引作「白金」。○王國良曰：「悉是白銀」，《類聚》卷八三作「皆悉白金」，《御覽》卷八一二作「皆悉白銀」。按《爾雅》卷中《釋器》云：「白金謂之銀。」

〔五〕○陶憲曾曰：此八字以《類聚》、《御覽》引補。○王國良曰：「不雜土石，不生草木」二句，據《類聚》、《御覽》引文補。

西南荒經第四

○寧按：王謨本《目錄》云：「《西南荒經》，三則」，經校理同。

【聖】西南大荒中有人〔焉〕，〔一〕長一丈，〔二〕腹圍九尺。〔三〕踐龜蛇，戴朱鳥，〔四〕左手〔憑青龍，右手〕憑白虎，〔五〕知河海斗斛，〔六〕識山石多少，知天下鳥獸言語，〔七〕〔識〕土地上人民所道，〔八〕知百穀可食，識草木鹹苦，〔九〕名曰聖，〔一〇〕一名哲，〔一一〕一名先，〔一二〕〔一名通〕，〔一三〕一名无不達。凡人見而拜之，令人神智。〔一四〕

〔一〕○陶憲曾曰：「西南」，《太平御覽》九百三十一引作「西方」。○周壽曰：《說郛》本及《御覽》卷七九七「人」下都有「焉」字。○王國良曰：「焉」字，據《初學記》卷十九、《御覽》卷三七七、卷九三一、《說郛》卷六五、《永樂大典》（以下簡稱《大典》）卷二九七八引文補入。

〔二〕○王國良曰：「一丈」，《類聚》卷三十作「十丈」。○寧按：《御覽》卷九三一引作「長丈」。《相感志》卷五作「長大」。

〔三〕○王國良曰：「九尺」，《類聚》卷三十作「九丈」。

〔四〕○劉城淮曰：朱鳥，一種神鳥。○寧按：「鳥」，《相感志》卷五作「禽」。

〔五〕○陶憲曾曰：「青龍右手憑」五字，從《初學記》十九引補。○周壽曰：《說郛》、《御覽》都作「左手憑青龍，右手憑白虎。」○王國良曰：「青龍，右手憑」五字，據《類聚》卷三十、《初學記》卷十九、《御覽》卷三七七、卷四〇一、卷七九七、《說郛》卷六五、《大典》二九七八引文校補。

〔六〕○王謨本、陶本「海」下有「水」字。陶憲曾曰：《初學記》、《御覽》引皆無

「水」字。○王國良曰:「河海」,原作「河海水」,今據《類聚》卷三十、《初學記》卷十九、《御覽》卷三七七、卷四〇一、卷七九七、卷九三一、《大典》卷二九七八引文刪「水」字。○寧按:「斗斛」,《相感志》卷五作「升斗」。

〔七〕○寧按:此句《相感志》作「會鳥獸言語」。

〔八〕○王國良曰:「識」字,據《類聚》卷二十、《御覽》卷四〇一、《說郛》卷六五引文校補。《相感志》卷五則作「知」。「土地上人民」,《類聚》卷二十作「土上人」,《相感志》卷五作「世上人」,《御覽》卷四〇一作「士口人」。當以「世上人」為是。○寧按:《相感志》卷五作「土上人」。當以作「世上人」為是。

〔九〕○寧按:《相感志》此句作「識塩若」,「塩」即「鹽」或體,當由「鹹」轉訛;「若」則「苦」之誤。「鹹苦」乃古語,如《管子·侈靡》:「而聲好下曲,食好鹹苦。」

〔一〇〕舊注:〔俗曰聖人。〕○王國良曰:「俗曰聖人」四字,據《御覽》卷四〇一、《說郛》六五引文補。

〔一一〕舊注:〔俗曰睿哲。〕○王國良曰:「俗曰睿哲」四字,據《御覽》卷四〇一引文補入。《說郛》卷六五作「俗曰先哲」。

〔一二〕舊注:〔俗曰先知。〕○王謨本、陶本作「賢」。陶憲曾曰:「賢」,《初學記》引作「先」。○周薺曰:《說郛》無此字,《御覽》作「仙」字。細按本條所說,應該是「賢」,不是「仙」。因為沒有談到這種人壽多少,按本經條例多不屬「仙」輩。○王國良曰:「先」,原作「賢」,據《初學記》卷十九、《御覽》卷四〇一引文校改。

〔一三〕舊注:〔俗曰通達。〕○周薺曰:「一名先通」,按它文理的排列,不當在此,因為這樣一來,文句似未完整。應該如《御覽》所引,在「無不達」上。○王國良曰:「一名通,俗曰通達」七字,據《御覽》卷四〇一引文補。○寧按:「一名通」為經文,「俗曰通達」為注文。或與前「先」字合為「先通」,非是。

〔一四〕舊注:此人為天下聖人也。○王國良曰:「此人為天下聖人也」一句,原混入正文,今改為注。《御覽》卷四〇一「神智」下,有雙行夾注曰:「此人天下神聖也。」又原本在「聖人也」之後,有「一名先通」四字,今刪。○寧按:《相感志》「拜之」下有「者」字。文末「一名先通」蓋前文「一名先,一名通」之省併,故刪是。

【饕餮】西南方有人焉，身多毛，頭上戴豕，〔一〕性狠惡，〔二〕好息，積財而不用，〔三〕善奪人物。〔四〕彊〔毅〕者奪老弱者，〔五〕畏群而擊單，名曰饕餮。〔六〕一名貪惏，〔七〕一名強奪，一名凌弱。此國之人皆如此也。〔八〕

〔一〕○張宗祥曰：「頭上戴采」，明抄本「采」作「豕」。○周睿曰：《說郛》本「豕」字作「采」，今案諸本都作「豕」字。「戴豕」猶無不達的「戴朱鳥」，若說「戴采」，就茫昧無義，恐怕是手民誤「豕」為「采」，形近的原故。又《左傳》說它「貪于飲食」，所以是「戴豕」沒錯。○劉城淮曰：豕，豬。

〔二〕○陶憲曾曰：本作「貪如狼惡」，從《史記·五帝本紀》正義引改。○周睿曰：「貪如狼惡」顯然不通，《史記·五帝本紀》正義引本經作「性很惡」，不知何所本。今查諸本，除《說郛》外，都作「貪如狼惡」，而《說郛》作「貪惡如狼」，文理很順，且據《左傳》說「饕餮」的德性，則應該是《說郛》對。○王國良曰：「性狠惡」，原作「貪如狼惡」，今據《史記·五帝本紀》正義引文校改。《說郛》卷六五引作「貪如惡狼」，不確。○寧按：何本、王謨本均作「貪如狼惡」。「狠」，《史記正義》作「很」，即「很」之或體。《說文》：「很，不聽從也」，「狠，犬鬥聲也」，段玉裁注：「今俗用『狠』為『很』，許書『很』、『狠』義別。」「很（狠）」當為正字。疑此句與下「好息」當作「性貪如狼，很（狠）惡好息」，是兩個四字句，古書引有省脫。饕餮之性主要就是貪婪，故下文曰「一名貪惏」，而古人認為最貪婪的動物就是狼，《史記·項羽本紀》：「猛如虎，很如羊，貪如狼」是也。

〔三〕○陶憲曾曰：「用」字從《史記正義》引補。○王本「好息積財而不用」讀為一句。王國良曰：「息積」，原作「自積」，今據《史記·五帝本紀》正義校改。息積，猶貯積也。「不用」，原作「不食」，今據《史記正義》校改。○寧按：「好息」當作一句讀，或屬上句「很惡」句讀。「息」疑本當作「憩」，是「愒（愒）」之訛字，詳細辨析可見明·張自烈《正字通·卯集上·心部》「愒」字下。《爾雅·釋言》：「愒，貪也。」郝懿行《箋疏》：「愒者，《說文》以為『憩』字，其引《左氏》作『潱』，云：『欲飲也。』欲飲、欲物其義俱為貪也。」「愒」義與「貪」同，意思與今言「渴求」意思類似，「好愒」即「好貪」。蓋上文既曰「性貪如狼」，此言「很惡好愒」，用字避複也，後訛為「息」，遂不可通解。

〔四〕○陶憲曾曰：「奪」本作「食」，從《史記正義》引改。「善」字、「物」字亦據引補。○周睿曰：《史記正義》引本經，作「好息，積財而不用，善奪人穀物。」

「好息」文理甚不通，諸本作「好自積財」，很對。又既然「善奪人穀物」，又說「積財而不用」，顯然不是《左傳》所寫的「饕餮」，且文理也不通。應該是《說郛》的「好自積財而不食人，彊毅者奪老弱者」。「毅」字誤作「穀」字，遂生出許多穿鑿彌縫來。○王國良曰：「善奪人物」，原作「人穀」，《史記正義》引文作「善奪人穀物」。惟「穀」字，疑係下句「彊毅者」之「毅」字訛倒，今移正。

〔五〕○王國良曰：「彊毅」，原作「彊」，今據《說郛》卷六五引文校補。○寧按：彊，《說郛》本作「強」。

〔六〕舊注：《春秋》言饕餮者，縉雲氏之不才子也。○陶憲曾曰：注十四字本混作經，今改。○曹鵠雛曰：饕餮，讀如滔鐵。《春秋》，五書之一。縉雲氏，古官名。黃帝以雲紀官，夏官為縉雲氏。不才子，猶不肖兒也。○王國良曰：「春秋言」一句，原本混入正文，今依陶氏《神異經輯校》改正。○劉城淮曰：饕餮，《呂氏春秋·先識》：「饕餮，有首無身。」《左傳》文公十八年杜注：「貪財為饕，貪食為餮。」○欒保群曰：此似據怪獸饕餮及《左傳》之文而虛構者。○寧按：「饕餮」實「貪婪」之音轉，二者義同；「貪婪」則「貪」之緩音，疾言之曰「貪」，緩言之曰「貪婪」，其義不殊。

〔七〕○王國良曰：「惏」、「婪」同，貪也。○劉城淮曰：惏，音 lín。○張亞南曰：「貪□」此處《五朝小說大觀》本缺一字，《龍威秘書》本此處作「合惏」，《子書百家》本、《百子全書》本作「貪惏」。「貪惏」一詞意為貪婪，不知足，而「饕餮」一詞意為極為貪婪，可知此處缺字應為「惏」，應據補正。○寧按：「惏」是貪婪之「婪」的本字，《說文》：「惏，河內之北謂貪曰惏。從心林聲。」段注：「『惏』與《女部》『婪』音義同。賈注《左傳》曰：『惏，嗜也。』《方言》曰：『惏，殘也。陳楚曰惏。』」劉說讀 lín 非是。

〔八〕○周睿曰：《史記正義》引，最後作「言三苗性似，故號之。」不知據何本？恐怕是《正義》解釋《史記》「以比三凶」句（《左傳》文亦同），不是本經之文。○寧按：「言三苗性似」云云當為張守節釋語，古人以三苗為饕餮，故釋之。

【訛獸】西南荒中出訛獸，〔一〕其狀若菟，〔二〕人面能言，常欺人，言東而西，〔言可而否〕，〔三〕言惡而善，〔言疏而密，言遠而近，言皆反也。名曰誕，〔四〕一名欺，一名戲〕。〔五〕其肉美，食之言不真矣。〔六〕

〔一〕○王國良曰：「西南荒中」，《說郛》卷六五作「西方大荒中」。○寧按：《說略》

卷二十九引作「西方荒中」。

〔二〕○「莵」王本改作「羌」。王國良曰：「羌」字，原作「莵」，據《說郛》卷六五引文校改。○寧按：「羌」即「羌」之或體，於義無說，當是「莵」字之訛，即「兔」字。今不從王改。

〔三〕○王國良曰：「言可而否」四字，據《說郛》引文補。

〔四〕舊注：俗曰欺誕。○寧按：注文據《說郛》卷六五補。王本「曰」作「言」。

〔五〕舊注：俗曰戲言。○王國良曰：「言疏而密……」一段，據《說郛》引文補。

〔六〕舊注：言食其肉，則其人言不誠。○周春曰：《說郛》本與此有大出入，全抄於後：「西方大荒中有獸焉，其狀如羌，人面能言。嘗欺人：言東而西，言可而否，言惡而善，言疏而密，言遠而近，言皆反也。名曰『誕』，一名『欺』，一名『戲』，其肉美，食之，可以已不直。」○王國良曰：「言不真矣」，《相感志》卷九作「言已不真矣」。《說郛》卷六五乃作「可以已不直」，並有注云：「不直之人，多偽詐也，食此肉，則直情見矣。」蓋一據直者立說，一據不直者而言也。又原本最末，有「一名誕」三字，今刪。○寧按：《說郛》中之「直」，疑均「真」字之誤。又疑《說郛》所據是另外某條佚文或版本，蓋以訛獸言不真，而其肉之作用相反，可以治療人言不真，人食此肉，則現真情也。

西荒經第五

○寧按：王謨本《目錄》云：「《西荒經》，八則」，經校理實有十則。

【渾沌】崑崙西有獸焉，其狀如犬，長毛四足，〔一〕似羆而無爪，〔二〕有〔兩〕目而不見，〔三〕有兩耳而不聞，有人知性，〔四〕有腹〔而〕無五臟，〔五〕有腸直而不旋，〔六〕食物徑過。〔七〕人有德行而往牴觸之，〔八〕有凶德則往依憑之。〔九〕天使其然，名曰渾沌。〔一〇〕〔一名無腹，一名無目，一名無耳，〔一一〕一名無心〕。〔一二〕空居無為，〔一三〕常咋其尾回轉，〔一四〕仰天而笑。〔一五〕

〔一〕○周睿曰：《說郛》本作「尾長四尺」，但諸本及《史記·五帝本紀》正義引都作「長毛四足」。○王國良曰：「長毛四足」，《說郛》卷六五作「尾長四尺」。○寧按：獸無意外者均四足，此言「四足」則無意義。此句疑本作「毛長四尺，口口口足」，蓋引文有節略或殘缺。下文言檮杌「毫長二尺，人面虎足」可資參證；另外當缺脫「尾長」一句。

〔二〕○曹鶊雛曰：羆，獸名，體大於熊，頸長腳高，毛色黃白，多力，能拔樹木，能如人立，俗稱人熊。○周睿曰：「羆」，《說郛》作「熊」，這裏還是從諸本作「羆」。

〔三〕舊注：行不開。○陶憲曾曰：「兩」字從《太平御覽》九百一十三引補。○周睿曰：《說郛》「目」字上有「兩」字，各本都無，但據下文「有兩耳」，則應該是「有兩目」才是。○王國良曰：「兩」字，據《御覽》卷九一三、《緯略》卷十一、《說郛》卷六五引文補。按：《御覽》卷九一三、《緯略》卷十一、《說郛》卷六五引，並無「行不開」三字，當是注文。原本混入正文，今改。○寧

67

按：《史記・五帝本紀》正義引有「行不開」三字，謂行走亦不開目（見下條注周氏說），改作注文是也。

〔四〕○陶憲曾曰：「性」，本訛作「往」，從《史記・五帝紀》正義引改。○周睿曰：「行不開」、「有人知往」句，《說郛》和《御覽》卷九一三引都無，也許不知其義而刪。但《史記正義》引有此兩句，想古本如是。且為解釋「有兩目而不見」、「有兩耳而不聞」，正如以「食物徑過」解釋「有腸直而不旋」一樣。「行不開」是說，走路亦不張眼，所以雖有目而不見，耳雖不聞，但若有人之處則知往抵觸之、依憑之。○王國良曰：「知性」，原作「知往」，今據《史記・五帝本紀》正義引文校改。○寧按：「有人知往」或「有人知性」均不可通。「人」當是「心」之殘沴，此句當作「有心〔而不〕知性」，謂雖有心而不知性情，故下文言其一名「無心」也。

〔五〕○陶憲曾曰：「而」字從《御覽》引補。○曹鵠雛曰：五臟，肝臟、肺臟、心臟、脾臟、腎臟也。○王國良曰：「而」字，據《御覽》卷九一三、《緯略》卷十一、《說郛》卷六五引文補。

〔六〕○周睿曰：《說郛》作「有腸而短」，《史記正義》引作「有頸直短」。今考案下文，有「食物徑過」，則應該是「有腸直而不旋」才對，《御覽》及諸本都如此。○寧按：周睿曰「《史記正義》引作『有頸而短』」，見《史記・五帝本紀》張守節《正義》，《四庫全書》本、世界書局《前四史》本如此，中華書局據同治金陵書局刊本排印本仍作「有腸直而不旋」。疑經文原當作「有腸而短，直而不旋」，故云「食物徑過」。後人節略引之而歧異。

〔七〕○寧按：《說郛》卷六十五此句作「食經遇」，蓋誤。

〔八〕○陶憲曾曰：「觸」，《御覽》引作「皐」，注云：「音觸」。按《說文》無「皐」字，《玉篇》：「皐，古文觸。」《史記正義》引作「角」，蓋「皐」字之譌。○張宗祥曰：「遇人有善行而無抵觸之」，明抄本「無」作「往」。○周睿曰：《說郛》作「遇人有善行而無抵觸之」，「遇」字是涉上文「食物徑過」（《說郛》作「食經」不通）的「過」字誤作「遇」字，只好與下文連讀。「人有善行而無抵觸之」不但和下文「有凶德則往依憑之」不屬，就是《左傳》中描寫的「渾沌」：「頑嚚不友，是與比周」也不類，所以應該是「人有德行而往抵觸之」。「觸」，《正義》引作「角」。○王國良曰：「觸」，《御覽》卷九一三、《緯略》卷十一並作「皐」，注云：「音觸。」按：皐，觸之古字也。

〔九〕寧按：中華書局排印本同。《四庫全書》本《史記正義》「凶德」作「凶惡」，「往」作「行」。「依憑」《緯略》卷十一引作「舐迎」。

〔一〇〕舊注：《春秋》云渾沌，帝鴻氏不才子也。○陶憲曾曰：「曰」本作「為」，從《御覽》引改。注十二字，本混作經，今改。○曹鵠雛曰：帝鴻氏，即黃帝也。○王國良曰：「春秋云……」一句，原本混入正文，今依陶氏《神異經輯校》改正。

〔一一〕舊注：〔俗曰耳聾。〕○寧按：此句注文從王校補。

〔一二〕○陶本增「一名無耳，一名無心」二句。陶憲曾曰：此八字從《御覽》引補。○周奢曰：「名為渾沌」下，《御覽》引有「一名無耳，一名無心」，《說郛》則在「不才子」下，而作「一名無腹，一名無目，一名無耳，一名無心」，當從，因為此是從《莊子》所說的「渾沌」演化而來。○王國良曰：「一名無腹……」一段，據《說郛》卷六五引文校補。《御覽》卷九一三、《緯略》卷十一引，僅有「一名無耳，一名無心」八字。

〔一三〕○寧按：「空居無為」，《緯略》卷十一引作「所居無常」。

〔一四〕○寧按：此句《緯略》卷十一引作「咋人回旋」，「人」蓋「尾」之殘泐，殘去「毛」旁為「尸」，又形訛作「人」。

〔一五〕○孫士鑛曰：以《史記正義》校。○陶憲曾曰：「仰」，《御覽》引作「向」。○蕭旭曰：仰，《御覽》卷九一三、《緯略》卷一一引並作「向」。

【檮杌】西方荒中有獸焉，其狀如虎而大，〔一〕豪長二尺，〔二〕人面虎足，豬口牙，〔三〕尾長一丈八尺，〔能鬥不退〕，〔四〕攪亂荒中，名〔曰〕檮杌，〔五〕一名傲狼，〔六〕一名難訓。〔此獸食人〕。〔七〕

〔一〕○陶憲曾曰：「大」本訛作「犬」，從《史記・五帝紀》正義、《太平御覽》九百十三引改。○周奢曰：《史記・五帝本紀》正義引本經，作「其狀如虎而大」，《御覽》卷九一三引作「狀如虎而身大」。再證以服虔引本經，「有毫長二尺」句，可見「毛」字屬下讀，那麼「狀如虎而犬」就不文了，應該是「大」字之誤。○王國良曰：「大」，原作「犬」，今據《史記・五帝本紀》正義引文改正。《御覽》卷九一三、《緯略》卷十一作「身大」。

〔二〕舊注：〔張華注曰：言此獸毛皆如豪豬毛也。〕○陶本「豪」作「毫」。陶憲曾曰：「毫」本作「毛」，從《左傳正義》服虔引改。又注十字，從《御覽》引補。

○王國良曰:「三尺」,《春秋左傳注疏》、《史記正義》並作「二尺」,《御覽》卷九一三作「尺」,《緯略》卷十一作「尺許」。○寧按:「豪」,原作「毛」,今據《春秋左傳注疏》卷二十引文校改。「二尺」,《御覽》卷九一三作「尺」,且其下有「張華注曰:言此獸毛皆如豪豬毛也」雙行小字。《緯略》卷十一則作「尺許」,亦引張華注同。

〔三〕○陶本刪「口」字。陶憲曾曰:「猪」下本有「口」字,從《左傳正義》引刪。《御覽》引作「口有猪牙」。○周睿曰:「猪口牙」甚不文,證以服虔引作「猪牙」,《御覽》引作「口有猪牙」,則服虔為是,因為上文都是二字成詞,「人面」、「虎足」,這裏似該作「猪牙」。○王國良曰:「猪口牙」,《春秋左傳注疏》卷二十作「猪牙」,《御覽》卷九一三、《緯略》卷十一並作「口有猪牙」。○許菊芳曰:「口牙」,唇口牙齒。隋·巢元方《諸病源候論·風病諸候上·風身體手足不隨候》:「漱醴泉者,以舌舐畧脣口牙曲,然後咽唾,徐徐以口吐氣。」「口牙」一詞自晉始見。《抱朴子內篇·袪惑》:「蝑蛇長百餘里,其中口牙皆如三百斛船。」服虔注《左傳》引作「豬牙」。○寧按:「口牙」當即今俗語所謂「牙口」,實指牙齒,今人謂牙齒咀嚼能力差為「牙口不好」是也。「猪口牙」即「猪牙」,蓋指野猪露於口外之長牙,所謂「獠牙」者也。

〔四〕○陶憲曾曰:此四字從《左傳正義》引補。○王國良曰:「能鬥不退」四字,據《左傳注疏》卷二十引文補。

〔五〕舊注:《春秋》云顓頊氏有不才子名檮杌是也。○杜預曰:檮杌,頑凶無儔匹之貌。(《春秋左傳正義》)○焦竑曰:檮杌,舊注惡獸名,非也。檮,斷木也,一作剛木。注引楚謂之檮杌,惡木也,取其記惡以為戒。趙岐曰:檮杌者,囂凶之類,興于記惡之名。杌,樹無枝也,从木从壽从兀。壽,久也;兀,不動也。不从犭,則非獸明矣。(《焦氏筆乘》卷四)○陶憲曾曰:注十四字,本混作經,今改。○曹鵠雛曰:檮杌,讀如濤兀。顓頊氏,古帝名,黃帝之孫,初國於高陽,故又號高陽氏。○王國良曰:「《春秋》云……」一句,原混入正文,今依陶氏《神異經輯校》改正。又原句在「難訓」之下,今併移正。○寧按:「曰」字據《緯略》卷十一引補。注文「《春秋》」當作「《春秋傳》」,即《春秋左氏傳》。

〔六〕○許菊芳曰:「傲狠」,《史記·五帝本紀》正義作「傲很」。

〔七〕○王國良曰:「此獸食人」四字,依《緯略》卷十一引文補。《御覽》卷九一三作「此獸食」,脫「人」字。○寧按:「此獸食人」四字疑是舊注文。

【檮杌】西荒中有獸，〔狀〕如虎，〔一〕豪長三尺，〔二〕人面虎足，〔豬〕口牙，〔三〕〔尾長〕一丈八尺，〔四〕〔名曰檮杌〕。〔五〕人或食之。〔六〕獸鬥，終不退卻，唯死而已。荒中人張捕之，〔七〕復黠逆知。〔八〕一名倒壽。〔九〕

〔一〕○王國良曰：「狀」字，據《春秋左傳注疏》卷二十、《史記‧五帝本紀》正義、《御覽》卷九一三、《緯略》卷十一引文補。○寧按：《廣博物志》卷四十八引作「西方中獸如虎」，有誤。

〔二〕○王國良曰：「三尺」，《春秋左傳注疏》、《史記正義》並作「二尺」，《御覽》卷九一三作「尺」，《緯略》卷十一作「尺許」。

〔三〕○王國良曰：「豬」字，據《史記正義》引文補。此句，《春秋左傳注疏》引作「豬牙」，《御覽》卷九一三、《緯略》卷十一作「口有豬牙」。按：豬口牙，謂口牙形狀並似豬也。

〔四〕○王國良曰：「尾長」二字，據《春秋左傳注疏》、《史記正義》、《御覽》卷九一三、《緯略》卷十一引文補。

〔五〕○王國良曰：按：《相感志》卷十引本則，標題為「檮杌獸」，今據上下文意，補「名曰檮杌」四字。○周嬰曰：我以為「檮杌」也應該是惡獸之名。《說文》十上《犬部》：「獨，犬相得而鬥也。……一曰北嚻山有獨狢獸，如虎白身豕鬣，尾如馬。」《說文》所引「一曰」文，是《山海經‧北山經》的《北次二經》的文字：「又北三百里曰北嚻之山，無石，其陽多碧，其陰多玉。有獸焉，其狀如虎，而白身犬首，馬尾彘鬣，名曰獨狢。」正好緊接在「狍鴞」之後。狍鴞，郭璞說是《左傳》上所說的「饕餮」，那麼，「獨狢」應該就是「檮杌」。因為《左傳》裏的其他「三凶」都在《山海經》裏有，這「檮杌」也必是經裏的一獸，當時人都傳說有這樣的惡獸，所以拿來形容惡人，形容惡史（楚是蠻夷，中原氏族對他們的歷史，自然要看作「惡史」的）。且「獨」字是「徒谷切」，「檮」字是「徒刀切」，古音都屬第三部。「狢」字是「古卜切，屬十七部」，「杌」字是「五忽切，屬十六部」，正是旁轉的關係。我想，先是有「獨狢」的傳說，而後記在《山海經》裏，後來許慎寫《說文》乃引用其說。而語訛的結果，成了「檮杌」。○寧按：周氏說雖博引又旁通之，然迂曲穿鑿，不足據信。「獨」是定紐屋部字，「狢」是餘紐屋部字，「獨狢」本是個疊韻連綿詞；而「檮」古音是定紐幽部，「杌」是疑紐物部，

既非雙聲又非疊韻，與之不同也。「檮」、「獨」同定紐雙聲，但韻部差遠；「狱」、「杌」聲韻皆異，亦不得相轉也。蓋本經「窮奇」、「檮杌」之名確源出《山海經》，《海內北經》云：「蜪犬如犬，青，食人從首始。窮奇狀如虎，有翼，食人從首始，所食被髮，在蜪犬北。一曰從足。」此窮奇即本經之凶獸窮奇，則「蜪犬」蓋即「檮杌」，「蜪」、「檮」古音皆定紐幽部，讀音相同；「杌」從「兀」聲，段玉裁於《說文》「兀」字下注謂「其平聲讀如涓」，而「涓」、「犬」古音是見溪旁紐雙聲、同元部疊韻，則「蜪犬」、「檮杌」古音正相近似。蜪犬乃食人之凶獸，故檮杌也為凶獸。許慎《說文解字》中「蜪犬」作「蚼犬」，未必是也。

〔六〕○陶憲曾曰：「食」字疑誤。○寧按：「人或食之」於文理不通，疑當作「〔遇〕人賊食之」，「賊」即「賊」之或體，可訓為「傷害」，也可通假為「則」，〔註1〕後訛作「或」，又寫脫「遇」字，遂不可通。「遇人賊（則）食之」，謂檮杌食人也，此正與《山海經》所記「蜪犬」同。

〔七〕○陶憲曾曰：「張」下疑有脫字。○王國良曰：張者，謂設網絡陷阱也。○許菊芳曰：「張捕」，張網捕捉。《後漢書》中始見，《後漢書·法雄傳》：「永初中，多虎狼之暴，前太守賞募張捕，反為所害者甚眾。」

〔八〕○寧按：復點逆知，謂又狡點而能預知危險。

〔九〕○周睿曰：我在校勘「檮杌」條時，於「攪亂荒中」和服虔引的「能鬥不退」頗不解，及讀到這裏，才恍然大悟，原來「獨狱」就有「戰鬥終不退卻、唯死而已」和「人或食之，（故）荒中人張捕之，復點逆知」的傳說，於是服虔約其文詞作「能鬥不退」。又從「一名倒壽」可以看出「獨狱」的獸名，在傳說時訛誤成「檮杌」的線索痕跡來。所以我以為本條應該併入前「檮杌」條而為一。○王國良曰：倒壽，謂逆知危險，逃離其處，得以保全性命也。按：此與本經第二則「檮杌」，原係同篇。後世割裂，分置兩處，故內容多重複。○寧按：「獨狱」之獸唯見《山海經·北次二經》，周說其有「戰鬥終不退卻」云云之傳說，《山海經》均無其文，純屬臆測，言為檮杌猶不可信。又按此條原在「金山」條下，此為「檮杌」之別本，故移於此，以便於與上條並觀。

〔註1〕傳世文獻和出土文獻中均有「賊」、「則」通用之例，見高亨《古字通假會典》，齊魯書社1989年，第425頁；白於藍：《簡帛古書通假字大系》，福建人民出版社2017年，第608頁、第610頁。

　　【苗民】〔西荒中〕有人〔焉〕，〔一〕面目手足皆人形，而胳下有翼，〔二〕不能飛。為人饕餮，〔三〕淫逸無理，〔四〕名曰苗民。〔五〕

〔一〕○陶憲曾曰：舊本與上文連讀，非是，今提行。「西荒中」三字、「焉」字，並從《史記・五帝紀》正義引補。○王國良曰：「西荒中有人焉」一句，原作「有人」，今據《史記・五帝本紀》正義、《廣記》卷四八二引文校補。《御覽》卷七九〇則作「西北荒中有人焉」。○寧按：《尚書・舜典》曰：「竄三苗于三危」，孔傳：「三危，西裔。」則作「西荒中」是。

〔二〕○周睿曰：「胳」，《廣記》卷四八二、《御覽》卷七九〇引都作「腋」。今案《說文》無「腋」字，四下《肉部》：「胳，亦下也。」「亦」就是「腋」，《說文》：「亦，人之臂亦也。」如果是作「腋」，就是在「臂亦之下」；如果是作「胳」，那就是在「臂亦之下的底下」了。而《山海經・南山經》說：「又東三百里柢山，多水，無草木。有魚焉，其狀如牛，陵居，蛇尾，有翼，其羽在魼下。」畢沅說：「魼當為胳。」《詁林》引《叚借義證》說：「魼，蓋胠之叚借。」查《說文》四下《肉部》：「胠，亦下也。」那麼是「胳」不是「腋」了。○王國良曰：「胳」，《御覽》卷七九〇、《廣記》卷四八二作「腋」。按：胳，腋下也。○寧按：周說繁蕪凌雜而不得其要，段玉裁於《說文》「胳」下注云：「『亦』、『腋』古今字。《亦部》曰：『人之臂亦也。』兩厷迫於身者謂之『亦』，亦下謂之『胳』，又謂之『胠』。」最得要旨。《山海經・大荒北經》曰：「西北海外，黑水之北，有人有翼，名曰苗民。」本經即據此為說。

〔三〕○劉城淮曰：饕餮，比喻兇惡貪婪的人。○寧按：「饕餮」猶「貪婪」，言貪慾無厭也。

〔四〕○王國良曰：「無理」，《御覽》卷七九〇作「無禮」。○寧按：《御覽》卷七九〇引「為人饕餮，淫逸無理」二句在「名曰苗民」後。

〔五〕舊注：《春秋》所謂「三苗」。《書》云：「竄三苗於三危。」〔三危，西裔，舜竄之于此〕。○陶憲曾曰：注十四字，本混作經，今改。○周睿曰：《御覽》、《廣記》引都把「苗民」放在「不能飛」之下，又把「為人饕餮，淫逸無理」置於「書云」云云之下。且《廣記》又在「無理」後，接著「舜竄之于此」句，細案文理，似可從。○王國良曰：「春秋所謂……」一段，原混入正文，今依據陶氏《神異經輯校》改為注。○寧按：《廣記》卷四八二引「名曰苗民」句在「不能飛」下，後文云：「《書》曰：『竄三苗于三危』。四裔，為人饕餮，淫佚無理，舜竄之于此。」此亦有訛誤，正文與注文相摻混。蓋宋人所據本此文

作「西荒中有人焉，面目手足皆人形，而胳下有翼，不能飛，名曰苗民。為人饕餮，淫逸無理。」注文「《春秋》所謂三苗」句當在「苗民」之下，文末注文則當作「《書》曰：『竄三苗于三危』。三危，西裔，舜竄之于此。」傳抄中「西」形訛作「四」。故校改如上。

【獏㹻】〔一〕西荒之中有人焉，〔二〕長短如人，〔三〕著百結敗衣，〔四〕手〔足〕虎爪，〔五〕名曰獏㹻。〔六〕伺人獨行，輒〔往就人，欲〕食人腦。〔七〕〔睡，〔八〕先使捕虱，〔九〕人伺其臥而出。〕〔一〇〕不然，〔居此若寢〕，〔一一〕食人腦矣。〔一二〕

〔一〕○寧按：此條原文作「西荒之中有人焉，長短如人，著百結敗衣，手虎爪名曰獏㹻。伺人獨行，輒食人腦。或舌出盤地丈餘，人先聞其聲，燒大石以投其舌，乃氣絕而死，不然食人腦矣。」陶、王兩家均據此校勘文字，但仍不可解。獏㹻長短如人，如何能「盤地丈餘」？考《北堂書鈔》卷一六〇引東方朔《神異經》云：「西荒之中有蛇，輒往就人欲食腦。先使捕虱（音瑟），伺臥而出。盤地丈餘，又聞，常燒大石，伺其臥，得舌出，以石投舌上，於是佚頭絕氣而死。居此若寢，乃輒食人腦。」兩相對照可知，「獏㹻」與「蛇」兩條在原書當中是相連的，在流傳中發生了文字摻混，《書鈔》引書時即將兩條文字摻混在了一起，後世類書如《御覽》等仍之，遂糾結不清。互相校勘可知，「或舌出盤地丈餘，人先聞其聲，燒大石以投其舌，乃氣絕而死」數句是說蛇的，此數句應該併於本篇末條「率然蛇」一節之後。本文此節將說蛇的數句剔除，並據《書鈔》所引校勘。

〔二〕○陶憲曾曰：「人」，《北堂書鈔》一百六十引作「蛇」，《太平御覽》九百八引作「獸」。○寧按：檢《御覽》卷九〇八仍作「人」，陶氏誤記。

〔三〕○陶憲曾曰：《御覽》引作「頭如人」。○周奢曰：《御覽》卷九〇八「獏」字條引作「頭如人」。今案：既說「有人」，當然要先具有人的條件，而後再說到和常人相異或相似處，這是本經的通例，譬如說饕餮、山臊、共工等都是。所以「頭如人」是錯的，應該是「長短如人」。

〔四〕○曹鵾雛曰：百結敗衣，破敝不堪之衣服也。○許菊芳曰：「百結」一詞自晉時始見，用來指破敗的衣服。《藝文頻聚》卷六七引晉·王隱《晉書》：「董威輦每得殘碎繒，輒結以為衣，號曰百結。」北周·庾信《謝趙王賫白羅袍袴啟》「披千金之暫暖，棄百結之長寒。永無黃葛之嗟，方見青綾之重。」《南

史・到溉傳》：「溉答云：『余衣本百結，閩中徒八蠶，假令金如粟，詎使廉夫貪。』」又有形容心中鬱結的「百結」，也出現在晉代。晉・葛洪《肘後備急方》卷一《治卒心痛方》：「若心下百結積來去痛者方。」

〔五〕○陶憲曾曰：「足」字從《御覽》引補。○周睿曰：《御覽》「手」下有「足」字，可從。○王國良曰：「足」字，據《御覽》卷三七五、卷九〇八、卷九五一引文補。○寧按：此句疑當作「手足〔如〕虎爪」。

〔六〕舊注：〔張茂先曰：俗曰貌偽。音撝。〕○陶本補注文「俗曰親獮音偽」六字。陶憲曾曰：注六字，從《御覽》九百五十一引補。○曹鵲雛曰：獏獮，讀如模揮。○王國良曰：「獏獮」下，《御覽》卷九五一有「張茂先曰：俗曰貌偽。音撝。」雙行夾注。《御覽》卷九〇八作「貘獮」。○蕭旭曰：《御覽》卷九〇八「獮」下有注「音偽」，《永樂大典》卷二二一八〇引正文及注同。《集韻》「獮」字條引東方朔說作「獏獮」，《御覽》卷三七五作「摸豹」，《書鈔》卷一六〇引作「蛇」。《御覽》「摸豹」當作「獏豹」，即「貘豹」，豹是熊虎之子，虎、豹一類，故手足虎爪者名為「獏豹」。「豹」形譌為「獮」，復易作「獮」。注「音偽」或「貌偽，音撝」蓋皆據誤字而說。《爾雅》：「貘，白豹。」《列子・天瑞》《釋文》引《尸子》：「程，中國謂之豹，越人謂之貘。」複言則曰「貘豹」，《山海經・西山經》：「南山……獸多猛豹。」郭璞注：「豹或作虎。」《列子・天瑞》《釋文》、《慧琳音義》卷一六引《山海經》並作「貘豹」。「猛豹」即「貘豹」聲轉。○寧按：注文據《御覽》卷九五一引補。《御覽》卷九五一引文如王氏說，陶氏所據本蓋有誤。《御覽》卷九〇八「獮」字下有注曰「音偽」，「偽」蓋即「撝」之形訛。《相感志》卷六於文首有「香為反」三字，當即「獮」之注音。《集韻・平聲一・五支》「獮」注音呼為切，正與「撝」音同。「獮」字唯出《神異經》，它書不見用，實即「為」之後出專字，《說文》：「為，母猴也。」「母猴」或寫作「沐猴」，今寫作「獼猴」，「獏」即「母」、「沐」、「獼」之音轉，「獮」乃母猴義之「為」的後起字。則獏獮者，乃大獼猴之屬的猿類動物。

〔七〕○孫士鑣曰：一本云：伺人眠，輒往就人，欲食人腦。○陶憲曾曰：《書鈔》、《御覽》所引，並與一本同。○周睿曰：從這一句以下，《御覽》所引大不相同，或所據不同本。「伺人獨行」下緊接「輒食人腦」，又接著「或舌出盤地丈餘」似不文。○王國良曰：「往就人欲」四字，據《書鈔》卷一六〇、《御覽》卷九〇八、卷九五一引文補。一本云云，蓋指《御覽》卷九五一引文而言也。

○寧按：「伺人獨行」，《相感志》卷六、《御覽》卷九〇八並作「伺人獨自」，《御覽》卷九五一作「伺人眠」。作「伺人獨行」當是。

〔八〕○寧按：「睡」字據《御覽》卷九〇八引文補。

〔九〕舊注：〔（虱）音瑟。〕○寧按：注文據《書鈔》卷一六〇引補。「虱」字《御覽》卷九五一同，卷九〇八作「蝨」。《說文》：「蝨，齧人蟲。」段玉裁注：「古或叚『幾瑟』作『蟣蝨』。」是「蝨」、「瑟」古為音同的通假字，故注云「音瑟」。「睡，先使捕虱」是說獏㹨抓到人之後，不是馬上就食人腦，而是睡下，先讓人為它捉虱子。

〔一〇〕○王本補「先使捕虱，得臥而」七字，讀作「先使捕虱，得臥而舌出」。王國良曰：「先使捕虱，得臥而」七字，據《御覽》卷九〇八、卷九五一補入。《書鈔》卷一六〇作「先使捕虱，伺臥而」，《御覽》卷三七五則作「先捕虱，人伺其臥」。○寧按：「或舌出」一下數句乃言率然蛇之事，不當在此，王說不可從。「先使捕虱，人伺其臥而出」，據《書鈔》卷一六〇、《御覽》卷三七五引文補。

〔一一〕○寧按：「居此若寤」四字，據《書鈔》卷一六〇引文補。「不然，居此若寤，食人腦矣」，意思是如果不逃走還呆在此地，獏㹨醒過來就要食人腦了。

〔一二〕○孔廣陶曰：今案王謨本《神異經》「蛇」作「獏㹨」，無「捕虱」二句。俞本「食腦」下脫「先使」十字，「聞」作「問」，餘同。○陶憲曾曰：《書鈔》引作「居此若寤，乃輒食人腦」。○寧按：自「伺人獨行」句至此數句，意思是獏㹨趁人獨行，就會去捕捉人，要食人腦。它抓住人不是立刻就食腦，而是先躺臥讓人為它捉虱子，這期間它會睡著，人趁它睡著的時候就可以逃出去。不然仍呆在此地，等它睡醒之後，就要食人腦了。原文因文字摻混錯亂，不可通讀。

【金山】西方白宮之外，〔一〕有〔金〕山焉，〔二〕其長十餘里，廣二三里，高百餘丈，皆大黃之金，其色殊美，不雜土石，不生草木。上有金人，〔三〕高五丈餘，〔四〕皆純金，名曰金犀，〔守之〕。〔五〕入山下一丈有銀，又〔入〕一丈有錫，〔六〕又入一丈有鉛，又入一丈有丹陽銅。〔七〕

〔一〕○孫士鑕曰：《廣記》引作「自官」。○陶憲曾曰：「白」本作「日」，從《太平御覽》八百十一引改。○周睿曰：「日宮」，《廣記》作「日官」，《御覽》卷八一一作「白宮」。「日官」當然是錯的（「日官」是典掌曆數的官吏，《左傳·桓公十七年》：「天子有日官，諸侯有日御。」可見絕不是「日官」）。那麼是「日

宮」還是「白宮」呢？今考《山海經・海外東經》有「湯谷，湯谷上有扶桑，
十日所浴。在黑齒北，居水中有大木，九日居下枝，一日居上枝。」可見湯谷
是日所出入的地方（《大荒東經》也有「山名合虛，日月所出。」），是在「東
方」，不在西方，所以不當作「日宮」，此是一原因。漢人拿「五行」來配「五
色」、配「五音」等等，西方屬金，於色屬白，本條大談金屬，又在西方，當
然要說「白宮」，不是「日宮」，此是第二原因。朱謀㙔氏於本條注說：「《廣
記》引作自官」，其實《廣記》是作「日官」，可見朱氏所見是《廣記》本作「白
官」，後世手民一誤再誤，致成舛互不可讀。○王國良曰：「白宮之外」，原作
「日宮之外」，今據《御覽》卷八一一引文校改。又原本有校語云：「《廣記》
引作自官。」按：《廣記》卷四〇〇引本則，明野竹齋抄本、談愷刻本、許自
昌刻本，並作「日官」。原校不確。○寧按：何本凡朱謀㙔所校者均稱「㙔按」，
凡不言者乃孫士鑑所校，此條校語無「㙔按」，則是孫士鑑校語，周氏以為朱
謀㙔注，誤。此處當以作「白宮」為是。古人以五行配五方、五色，西方屬
金、色白，故其宮為白宮，又有金山也。疑經中原有青、赤、白、黑四方宮之
描述，其文皆佚。

〔二〕○陶憲曾曰：「金」字從《御覽》引補。○寧按：《御覽》卷八一一引有「金」
　　　字。《史記・平準書》：「赤金為下」，《索隱》：「《神異經》云『西方金山有丹陽
　　　銅』也。」是亦有「金」字。

〔三〕○王國良曰：「金人」，《御覽》卷八一一作「人」。

〔四〕○陶憲曾曰：「高」，《御覽》引作「長」。

〔五〕○陶憲曾曰：「守之」二字，從《御覽》引補。○周奢曰：《御覽》「金犀」下
　　　有「守之」兩字，自來奇珍異寶多有守護神者，有「守之」之字，應該是可從
　　　的。○王國良曰：「守之」二字，據《御覽》卷八一一引文補。

〔六〕○周奢曰：「又」下《廣記》有「入」字，當從，因文體一律故。○王國良曰：
　　　「入」字，據《廣記》卷四〇〇引文補。

〔七〕舊注〔張華曰：丹陽銅〕似金，可鍛，以作錯塗之器。《淮南子術》曰「餌丹
　　　陽之為金」是也。○朱謀㙔曰：《漢書・食貨志》注云：「金有三品，丹陽銅為
　　　赤金。」《神異經》云：「丹陽銅似金，可煅以作錯塗之器。」（《水經注箋》）
　　　○趙一清曰：按班固、孟康、東方朔之言丹陽產銅，皆指揚州。酈注丹陽山在
　　　晉河東境內，風馬牛不相及。朱氏據彼証此，大謬。（《水經注箋刊誤》卷二）
　　　○孫士鑑曰：《淮南子》以下乃茂先注，後人誤合為經。梁簡文帝詩云「劍鏤

丹陽銅」，用此。○楊守敬曰：銅出丹陽，古鏡銘中往往有之。《漢書食貨志》但言赤金為下。孟康《注》亦但言赤金，丹陽銅也，何據定為揚州之丹陽？《神異經》，丹陽銅在西方日宮之外，尤不可以揚州之丹陽當之。〔註2〕○陶憲曾曰：《御覽》八百十三引此注云：「此銅與金相似。《典術》曰『陶丹銅以為金』是也。」與此小異，則自「似金」下皆當為注，今改，並據補「此銅」二字。○周睿曰：「似金」上《廣記》再重一「丹陽銅」，文理明順，可從。○王國良曰：《史記·平準書》：「金有三等，黃金為上，白金為中，赤金為下。」裴駰《集解》云：「赤金，丹陽銅也。」「似金……」一句，原混入正文，今依陶氏《神異經輯校》改，並補「此銅」二字。《御覽》卷八一三引文，在「丹楊銅」下，有「張華曰：此銅與金相似。《典術》曰：『陶丹銅以為金』也。」小字注，與本篇注文小異。又原本在「是也」下，有「《淮南子》以下，乃茂先注，後人誤合為經。梁簡文帝詩云：劍鏤丹陽銅，用此。」雙行夾注。○張亞南曰：「是也」後面《增訂漢魏叢書》本、《龍威秘書》本、《子書百家》本、《百子全書》本有「淮南子以下乃茂先注，後人誤合為經，梁簡文帝詩云『劍鏤丹陽銅』用此。」《五朝小說大觀》本應據此補正。○許菊芳曰：「似金」以下，據陶憲曾輯校為注文。「錯塗」，即鍍金。《說文·金部》：「錯，金涂也。」段玉裁注：「涂，俗作塗，又或作搽。謂以金措其上也。」朱駿聲《說文通訓定聲》：「今所謂鍍金。」「錯塗」東漢始見，如東漢·仲長統《昌言》：「宇殿高顯敞，而不加以雕采之巧、錯塗之飾。」《抱朴子外篇·崇教》：「比錯塗之好惡，方雕琢之精麤。」○徐東升曰：中國古代文獻中的「丹陽銅」是指現代地質學上的自然銅。自然銅顏色為銅紅色或淺玫瑰色、含銅量非常高、延展性非常好，文獻中稱丹陽銅為「赤金」、「熟銅」、「似金」、「不出陶冶而生」等，即是根據自然銅的這些特點的不同側面而言的。自然銅在中國分佈於今湖北、雲南、甘肅、長江中下游等地含有銅礦床氧化帶，西漢的丹陽縣、丹陽郡即包括在其中，歷史上所產「好銅」也有被稱為丹陽銅的記載，但丹陽銅之名並非源於丹陽縣、丹陽郡，而是緣於「丹陽」代表的丹赤之色與自然銅的顏色一致。〔註3〕○寧按：《淮南子術》即《淮南萬畢術》，乃方術類著作，《隋書·經籍志三》「五行類」有《淮南萬畢經》一卷，《新唐書·藝文志三》「五

〔註2〕 上引朱、趙、楊三家說並見《水經注疏》卷四。

〔註3〕 徐東升：《「丹陽銅」論略》，《廈門大學學報（哲學社會科學版）》2019 年第 1期。

行類」中有《淮南王萬畢術》一卷，均即此書。《典術》亦方術類著作，《隋書·經籍志三》「醫方類」中有「宋建平王《典術》一百二十卷」，即此書。《御覽》卷八〇八引曰「王建平《典術》」，「王建平」蓋「建平王」之誤。宋建平王即南朝劉宋建平王劉景素。「丹陽銅」當即徐東升所言之「自然銅」，蓋以出丹陽者為佳，故以為名，猶「昆吾金」之類。

【山臊】西方深山中有人焉，身長尺餘，〔一〕〔一足〕，〔二〕袒身，捕蝦蟹。性不畏人，見人止宿，喜依其火以炙蝦蟹。〔三〕伺人不在，而盜人鹽以食蝦蟹，名曰山臊，〔四〕其音自叫。〔五〕人嘗以竹著火中，烞熚〔有聲〕，〔六〕而山臊皆驚憚。〔七〕犯之令人寒熱。〔八〕

〔一〕〇王本改「身」為「其」。王國良曰：「其」字，原作「身」，今據《法苑珠林》（以下簡稱《珠林》）卷四二、《荊楚歲時記》注引文校改。〇寧按：作「身」亦通，不煩改字。

〔二〕〇陶憲曾曰：「一足」二字，從《荊楚歲時記》注引補。〇王國良曰：「尺餘」下，《荊楚歲時記》注有「一足」二字。〇寧按：「一足」二字據陶本補。

〔三〕〇「喜」，王謨本、陶本作「暮」。陶憲曾曰「暮」字，《太平御覽》八百八十三引作「喜」。〇王本改「暮」為「喜」。王國良曰：「喜」，原作「暮」，今據《珠林》卷四二、《御覽》卷八八三引文校改。

〔四〕〇陶憲曾曰：「名曰」，王本訛作「在深」。〇王國良曰：「名曰」，原作「在深」，今據《珠林》卷四二、《御覽》卷八八三校改。「山臊」，《玉燭寶典》卷一、《珠林》卷四二、《御覽》卷八八三、《集韻》卷三六《豪韻》引，並作「山㺑」。〇蕭旭曰：《玉燭寶典》卷一引作「山膝」，王氏失檢。《荊楚歲時記》、《御覽》卷二九引「山臊」同，《國語補音》卷二引作「山繅」，《本草綱目》卷五一引作「山獟」。宋本《法苑珠林》卷四二作「山㺑」，高麗本《法苑珠林》卷三一作「山魈」。《集韻》：「魈，山鬼，或作㺑。」「㺑」是「獟」俗譌字，「膝」是「臊」俗譌字。字亦作「山獟」、「山蕭」。〇寧按：陶憲曾曰「王本」指王謨《增訂漢魏叢書》本。「㺑」字《說文》、《玉篇》並山檻切，訓「犬容頭進也」，無論音、義均與山臊無涉。此蓋「獟」字之誤，「參」字古或作「糸」，與「梟」形近而訛也。《正字通·犬部》引作「獟」，云「別作魈」。《抱朴子·登涉篇》：「山精，形如小兒，獨足向後，夜喜犯人，名曰魈。呼其名，則不能犯也。」亦即此物。「臊」、「獟」、「魈」、「蕭」、

「玃」等字均音近通用，作「獜」者乃誤字耳。

〔五〕○周裔曰：「其音自叫」，《正字通》引本經作「其名自呼」。今考《抱朴子・登
涉篇》談到「山精」，說它「形如小兒，獨步向後，夜喜犯人，名曰魃。」本
經說它「身長尺餘」，這裏說它「形如小兒」。本經說它「見人止宿，暮依其
火……犯之令人寒熱」，這裏說它「夜喜犯人」。又「𤢖」字，《正字通》作「獜」，
說「別本作魃」。那麼《抱朴子》的「山精」就是本經的「山𤢖」不誤了。《抱
朴子》說對付這種「山精」的方法，是「呼其名則不能犯也」，正解釋了「其
名自呼」的意思。這種「其名自呼」的說法，常可見到，譬如《廣記》卷三九
七「山精」條引《異苑》就說：「見之皆可呼其名，不敢為害。」因此可以肯
定「其音自叫」是錯的。○寧按：叫，一百卷本《珠林》卷三十一作「噭」。
「其音自叫」、「其名自呼」這類說法恆見《山海經》，如《西次二經》「鳧徯，
其名自叫也」，《西次四經》「其名自號也」，《北山經》「鴒，其名自呼」，又恆
言動物「其鳴自詨」，「叫」、「詨」、「噭」、「號」等字均音近可通，與「呼」義
同，謂其鳴叫聲如自呼其名，蓋古人為動物命名，常根據其叫聲而擬，反過來
聽其鳴叫又如自呼其名也。周氏曰「其音自叫」是錯的恐未必是。

〔六〕舊注：上音朴，下音畢。○陶憲曾曰：「煇烞」，本作「爆柈」，今改。《說文》：
「煇𤐫，火兒。」又作「烞」。煇、烞疊韻。《荊楚歲時記》引作「柈煇」，《玉
燭寶典》引作「柈煇」，《御覽》引作「柎煇」，皆訛。又「有聲」二字，從《荊
楚歲時記》注補。○袁珂曰：「爆柈」即「煇柈」也。或又作「柈煇」，《集韻》
曰：「竹火聲。」「柈煇」——「煇柈」，蓋無非竹木燃燒時嘈雜作聲也。○王
國良曰：「柈煇」，原作「爆柈」，今據《珠林》卷四二、《荊楚歲時記》注引文
校改。《御覽》卷八八三引作「柎煇」，注云：「音朴，音卑。」按：柈、爆同。
柈煇，爆竹聲也。又「柈煇」下，《荊楚歲時記》注、《歲時廣記》卷五引，有
「有聲」二字。○蕭旭曰：《荊楚歲時記》有注「柈，音朴。煇，音必」。宋本
《珠林》卷四二有注「音朴畢」，高麗本《珠林》卷三一有注「上音朴，下音
畢」。《御覽》卷八八三「柎」當是「柈」形誤，注「卑」當是「畢」形誤。《玉
燭寶典》卷一引作「爇（卦音）煇（必音）」，《御覽》卷二九引作「挂煇（音
必扑也）」，「爇」當是「柈」形誤，「卦」、「挂」當是「朴」形誤。○寧按：「柈
煇有聲」，王謨本作「爆柈而出」，陶本作「煇烞」。「柈」，《玉燭寶典》卷一引
此字左旁從火，右旁從卦，有注云：「卦音」，蓋非。一百卷本《珠林》卷三十
一引作「柈煇」，並有注云：「上音樸，下音畢。」《御覽》卷八八三所引當作

「焫燁」，故注音「朴」、「卑」二音，作從火從付者非其音。「焫燁」乃雙聲詞，作從「朴」聲是，從「卦」從「付」者均非。「有聲」二字據陶本補。

〔七〕〇陶憲曾曰：「山」，本訛作「出」，從《荊楚歲時記》、《玉燭寶典》、《御覽》引改。〇張宗祥曰：「人嘗以竹着火中爆而臊皆驚憚」，明抄本「而」下有「山」字。〇周嗇曰：《中文大辭典．山部》頁四三八「山臊」條引本經，作「焫燁有聲，聞即驚遁」，文理很順，但不知所據何本？〇寧按：王謨本作「出」，王本亦作「山」，沒出校。《御覽》卷八八三引無「憚」字。《中文大辭典》所引蓋據《山堂肆考》卷十四，引作「人每以竹著火中，燁焫有聲，則山鬼驚遁。」《說略》卷四引末句作「則驚遁遠去」。以此，則原本「爆焫而出」的「而出」兩字原非誤字，本當在「驚憚」之後，「出」是「去」字之訛，謂逃走也，「驚憚〔而去〕」，正「驚遁」之意。

〔八〕舊注：此雖人形而變化，然亦鬼魅之類。今所在山中皆有之。〔《玄黃經》曰：臊體捕蝦蟆，雖為鬼，例亦人體貌者也。〕〇陶憲曾曰：注十二字，本混作經，今改。〇張宗祥曰：「臊體捕蝦蟇」，明抄本「臊」上有「深山之中」四字。〇周嗇曰：《說郛》又引「《玄黃經》曰：臊體捕蝦蟇，雖為鬼例，亦人體貌者也」句實其後，但今本都不見此句，恐怕是注語摻入正文中的，可以刪去。〇王國良曰：「此雖人形……」一段，原混入正文，今據《珠林》卷四二、《御覽》卷八八三引文改。「《玄黃經》曰……」一段，據《說郛》卷六五引文補。惟原混入正文。按全書通例，凡引《玄黃經》云云，並是注，今改正。〇李石曰：山蕭，一名山繅，《神異經》作「獠」，《永嘉郡記》作「魅」。一名山駱，一名蛟，一名濯肉，一名熱肉，一名暉，一名飛龍，如鳩，青色，亦曰治鳥。（《續博物志》卷六）〇張自烈曰：獠，先彫切，音宵。山獠，東方朔《神異經》：「西方深山有人，長丈餘，袒身，捕鰕蟹，就人火炙食之，名山獠，其名自呼。」又劉義慶《幽明錄》：「東昌縣山中有物如人，髮長五六寸，能作呼嘯聲，不見其形。」《永嘉記》：「安國縣有山鬼，形如人，一足，長一尺許，犯之能令人病。」韓愈《征蜀聯句》「中矢類妖獠。」即山獠也。別作魈。（《正字通．犬部》）〇徐應秋曰：山臊，一名山蕭，《神異經》作獠，《永嘉記》作山魅，一名山駱，一名蛟，一名濯肉，一名熱肉，一名暉，一名飛龍，如鳩，青色，亦曰治鳥。（《談薈》卷十三）。〇李時珍曰：鄧德明《南康記》云：「山都，形如昆侖人，通身生毛。見人輒閉目，開口如笑。好在深澗中翻石，覓蟹食之。」珍按：鄧氏所說，與《北山經》之「山𤟤」，《述異記》之「山都」，

《永嘉記》之「山鬼」，《神異經》之「山臊」，《玄中記》之「山精」，《海錄碎事》之「山丈」，《文字指歸》之「旱魃」，《搜神記》之「治鳥」，俱相類，乃山怪也。（《本草綱目》卷五十一下）○又曰：東方朔《神異經》云：「西方深山有人，長尺餘，袒身，捕蝦、蟹，就人火炙食之，名曰山臊，其名自呼。人犯之則發寒熱。蓋鬼魅耳，所在亦有之，惟畏爆竹熠煿聲。」劉義慶《幽明錄》云：「東昌縣山巖間有物如人，長四五尺，裸身被髮，髮長五六寸，能作呼嘯聲，不見其形。每從澗中發石取蝦、蟹，就火炙食。」《永嘉記》云：「安國縣有山鬼，形如人而一腳，僅長一尺許。好盜伐木人鹽，炙石蟹食。人不敢犯之，能令人病及焚居也。」《玄中記》云：「山精如人，一足，長三四尺。食山蟹，夜出晝伏。千歲蟾蜍能食之。」《抱朴子》云：「山精形如小兒，獨足向後。夜喜犯人，其名曰，呼其名則不能犯人。」《白澤圖》云：「山之精，狀如鼓，色赤，一足而行，名曰夔，呼之可使取虎豹。」《海錄雜事》云：「嶺南有物，一足反踵，手足皆三指。雄曰山丈，雌曰山姑，能夜叩人門求物也。」（同上）○袁珂曰：按又有山都、冶鳥、山精、梟陽等物，名雖不一，要皆山臊之訛變。山臊即山魈，狒狒類動物，流傳演變，遂成多色。○欒保群曰：山臊，山中之怪獸，人或以為惡鬼。實即現存之動物山魈。其名目不一，《抱樸子》稱為山精，云其名為魈。唐・段成式《酉陽雜俎》前集卷一五稱為「山蕭」，云：山蕭，一名山臊。《神異經》作臊。《永嘉郡記》作山魅，一名山駱，一名暉，一名濯肉，一名熱肉，一名暉，一名飛龍。如鳩青色，亦曰冶鳥。狀如射侯，犯者能役虎害人，燒人廬舍。俗言山魈。又有稱「木客」者：《南唐記》：「山間有木客，形骸皆人也，但鳥爪耳。謂之山魈，亦曰山臊。」唐・戴孚《廣異記》則云其又名山公、山姑。或稱「獨足鬼」。○寧按：注文「然亦鬼魅之類」，《玉燭寶典》卷一作「《玄黃經》謂之為鬼是也」。《御覽》卷八八三引作「亦鬼魅耳」。一百卷本《珠林》卷三十一引此句作「此雖人形，亦鬼魅類耳」，較簡略而明晰。注引《玄黃經》「臊體捕蝦蟆」句，「體」上當脫「裸」或「赤」字，「裸體」或「赤體」即經文所言之「袒身」。李石認為山蕭又即治鳥，《搜神記》所記「治鳥」乃是一種怪鳥，《御覽》卷九二七引《搜神記》曰：「越地深山有鳥，大如鳩，青色，名曰治鳥。穿大樹作巢，如五六升器，口徑數寸，周飾以土堊，赤白相分，狀如射侯。伐木者見此樹，即避之。或夜冥不見鳥，亦知人不見己也。鳴曰：『咄咄上去』，明日便宜急上去；曰：『咄咄下去』，明日便宜急下去。若不便去，但言笑而已，可止伐也。若有穢惡及犯其

所止者，則虎害之。白日見其形，鳥形也；夜聽其鳴，亦鳥也。時作人形，長三尺，入澗中取石蟹，就人間火炙之。越人謂此越祝之祖。」蓋以為食蟹之山臊乃此治鳥所化，甚不可理解者，疑傳說有誤。李時珍又以為即旱魃，非是，本經自有旱魃，非一物也。《太平御覽》卷九四二引《永嘉郡記》曰：「安國縣有山鬼，形體如人而一腳，裁長一尺許。好啖鹽，伐木人鹽輒偷將去。不甚畏人，人亦不敢伐木，犯之即不利也。喜於山澗中取石蟹，伺伐木人眠息，便十十五五出，就火邊跂石炙啖之。常有伐木人見其如此，未眠之前，痛燃石使熱，羅置火畔，便佯眠看之。須臾魃出，悉皆跂石，石熱灼之，跳梁叫呼，罵詈而去。此伐木人家後被火燒委頓。」據此及本經所描述，此所謂「山臊」者，並非狒狒，疑即今東南亞一帶叢林中所有之食蟹獼猴，故特表其喜食蟹，不過將其神異化了而已。蓋古代我國南部和西南亞熱帶地區亦有之，故古人得見也。

【河伯使者】西海水上有人〔焉〕，〔一〕乘白馬朱鬣，白衣玄冠，〔二〕從十二童子，馳馬西海水上，〔三〕如飛如風，〔四〕名曰河伯使者。〔五〕或時上岸，馬迹所及，水至其處。所之之國，〔六〕雨水滂沱，〔七〕暮則還河。〔八〕

〔一〕○周奢曰：《說郛》本引「人」下有「焉」字。○王國良曰：「焉」字，據《御覽》卷十一、《事類賦》卷三、《說郛》卷六五引文補。○寧按：《相感志》卷六此句作「四海水上有」，「四」乃「西」之譌，「有」後當脫「人」字。

〔二〕○陶憲曾曰：《太平御覽》十二引作「赤冠」。○寧按：此引文見《御覽》卷十一，「玄冠」作「素冠」，陶氏蓋誤記；《天中記》卷三引作「赤冠」，《廣博物志》卷三引作「朱冠」。

〔三〕○王國良曰：《御覽》卷十一、《事類賦》卷三引，無「水」字。

〔四〕○王本刪「如風」二字。王國良曰：「如飛」下，原本有「如風」二字，今據《御覽》、《事類賦》刪。○寧按：《相感志》卷六此二句只作「馳走如飛」一句。

〔五〕○周奢曰：然而本經的「河伯使者」是如何想像來的呢？我以為是從「俗傳」來的。崔豹《古今注·魚蟲類》說：「江東呼鼉為河伯使者。」桂馥《說文義證》引陳藏器《本草》，說：「鼉長一丈者，能吐氣成霧致雨，力至猛，能攻陷江岸。性嗜睡，恆閉目，形如龍。大長者自嚙其尾，極難死，聲甚可畏。人於

穴中掘之，百人掘亦須百人牽，一人掘亦須一人牽，不然終不可出。」這樣神奇的動物，怎麼會不引致人們的想像？○寧按：「河伯使者」古書記載有說為鼉者，有說為黿（鼊）者。《蘇氏演義》卷下：「江東人謂童子魚為土父，謂鼉為河伯使者。」注云：「按《古今注》尚有『呼青衣魚為婢』一句。」知其所本即崔豹《古今注》，今《四庫》本崔豹《古今注》亦作「鼉」；而《御覽》卷九三二、《淵海》卷九十九引崔豹《古今注》並曰：「黿為河伯使者。」或曰是鼊，《紺珠集》卷一：「河伯使者，鼊。」《中華古今注》卷下：「鼊，一名河伯使者。」《說文》：「黿，大鼊也。」段注：「今目驗黿與鼊同形，而但分大小之別。」可知「黿」、「鼊」實同物，故或曰「黿」，或曰「鼊」。而鼉即豬婆龍，今曰「中華揚子鱷」，非鼊類也，故作「鼉」疑誤。然此河伯使者乃神人名，恐非黿鼊之類。

〔六〕○陶憲曾曰：上「之」字，《御覽》引作「至」。○王本改上「之」字為「至」。王國良曰：「至」，原作「之」，據《御覽》、《事類賦》引文校改。○寧按：首「之」字《相感志》卷六作「安」。《詩經·鄘風·柏舟》：「之死矢靡它」，《毛傳》：「之，至也。」《玉篇》：「之，至也。」「之」、「至」義同。

〔七〕○張宗祥曰：「水至其所處之國雨水滂沱」，明抄本「所處」作「處所」。○劉城淮曰：滂沱，雨下得很大。

〔八〕舊注：〔府，河伯府也。西海之府，洛水深淵也。此雖人形，固是鬼神也。〕○張宗祥曰：小字注文：「河府北府也」，明抄本「北」字作「河伯」二字。○王本改「河」為「府」。王國良曰：「府」，原作「河」，據舊抄本《說郛》卷六五引本則注文校改。《相感志》卷六引作「河伯府也。」「府，河伯府也……」注文，據舊抄本《說郛》引文補。涵芬樓本首句作「河府，北府也」。○寧按：《相感志》卷六作「暮則還河泊府也」，蓋亦有文字譌誤。疑經文「還河」當作「還河府」。注文「府，河伯府也」當作「河府，河伯府也」，故據校改。此注文末二句《相感志》卷六作「此人形鬼神之屬」。《太平廣記》卷五十九引《獨異志》曰：《東方朔內傳》云：秦并六國，太白星竊織女侍兒梁玉清、衛承莊，逃入衛城少仙洞，四十六日不出。天帝怒，命五嶽搜捕焉。太白歸位，衛承莊逃焉。梁玉清有子名休，玉清謫於北斗下，常春；其子乃配於河伯，驂乘行雨。子休每至少仙洞，恥其母淫奔之所，輒廻馭，故此地常少雨焉。」此故事疑即本此「河伯使者」為說者，則河伯使者即子休。

【鵠國】西海之外有鵠國焉，〔一〕男女皆長七寸。為人自然有禮，好經論拜跪，〔二〕其人皆壽三百歲。〔三〕其行如飛，〔四〕日行千里，百物不敢犯之，〔五〕惟畏海鵠，〔六〕〔鵠〕遇輒吞之，〔七〕亦壽三百歲。此人在鵠腹中不死，〔八〕而鵠一舉千里。〔九〕

〔一〕○陶憲曾曰：「鵠」，《初學記》十九引作「鶴」。鶴、鵠古通用。○王國良曰：「外」，《御覽》卷三七八、卷七九七引，並作「中」。「鵠」，《類聚》卷九十、《初學記》卷十九、《御覽》卷九一六、《淵海》卷九七，並作「鶴」。按：鵠、鶴古通用。○周睿曰：《御覽》卷九一六《羽族部》「鶴」條引本經，時而作「鶴」，時而作「鵠」，甚不可讀，但鶴、鵠古書常混用無別。而卷三七八《人事部》「短絕域人」條又引本經，則只作「鵠」字。又《廣記》卷四八○也引本經，不但「鶴」、「鵠」混用，甚至連注文都摻入。因此比較起來，還是本經較存真。○《廣記》卷四八○引「西海」作「四海」。張國風曰：四，沈本作「西」。○寧按：「西海」《廣記》作「四海」蓋誤。《修文殿御覽》引此句作「西海之外有鶴國」。《白孔六帖》卷二十一引此句作「西海有一鶴國人」。

〔二〕○王國良曰：「論」字，原本作「綸」，據《類聚》卷九十、《御覽》卷三七八、卷七九七、卷九一六引文校改。○張國風曰：論，原作「諭」，現據陳本改。○許菊芳曰：「經綸」，敦煌文獻法 Pel.chin2526《修文殿御覽》引作「經論」。經論，佛教指三藏中的經藏與論藏。那麼，此詞至少也是佛教傳入之後的產物了，例如《梁書‧謝舉傳》：「為晉陵郡時，常與義僧遞講經論。」○寧按：程本作「經編」，非。

〔三〕○寧按：《御覽》卷三七八引此句作「壽三百歲」，卷七九七引作「其人歲壽三百」。《白孔六帖》卷二十一引作「二百」。

〔四〕○寧按：《御覽》卷三七八、卷七九七引此句皆無「其」字。《修文殿御覽》引作「人行如飛」。

〔五〕張國風曰：不，陳本作「皆不」。○寧按：《相感志》卷四此句作「百狩不犯」，「狩」疑「獸」之誤。

〔六〕張國風曰：惟，原作「雖」。現據沈本改。

〔七〕○周睿曰：「過」字，《御覽》、《廣記》都作「遇」，可從。○王國良曰：「鵠」字，據《類聚》卷九十、《御覽》卷三七八、卷七九七、卷九一六、《廣記》卷四八○引文補。《初學記》卷十九則作「海鵠」。「遇」，原作「過」，今據《初學記》十九、《白氏六帖事類集》（以下簡稱《六帖》）卷二九、《相感志》卷

四、《御覽》卷七九七、卷九一六、《廣記》卷四八〇引文校改。

〔八〕此句《廣記會校》本作「此人終不死」。張國風曰：終，原作「鵠中」。現據沈本改。〇寧按：此句當作「此人在鵠中終不死」。

〔九〕舊注：華曰：陳章與齊桓公論小兒也。〇陶憲曾曰：案《史記·大宛傳》正義引《括地志》云：「小人國在大秦南，人纔三尺，其耕稼之時，懼鶴所食，大秦衛助之，即焦僥國，其人穴居也。」與此經說合。〇王國良曰：「小兒」，《說郛》卷六五作「所謂小人」。〇張國風曰：章，孫本作「張」。里，沈本作「里矣」。也，沈本作「是也」。〇寧按：傅增湘校「此人」為「在」字。程榮本「小兒」亦作「小人」。《相感志》卷四引張華注曰：「此陳章對齊桓公之問也。」《廣記》卷四八〇引此文注「出《神異錄》」。又其「鶴民」條引《窮神秘苑》曰：「西北海戌亥之地，有鶴民國。人長三寸，日行千里，而步疾如飛，每為海鶴所吞。其人亦有君子小人。如君子性能機巧，每為鶴患。常刻木為己狀，或數百聚于荒野水際，以為小人，〔鶴〕吞之而有患。凡百千度，後見真者過去，亦不能食。人多在山澗溪岸之旁，穿穴為國，或三十步五十步為一國，如此不啻千萬。春夏則食路草實，秋冬食草根，值暑則裸形，遇寒則編細草為衣。亦解服氣。」「鶴民」即「鵠民」，此說疑即本《神異經》。「陳章與齊桓公論小兒」事，見《御覽》卷三七八引《博物志》曰：「齊桓公獵，得一鳴鵠，宰之，嗉中得一人，長三寸三分，著白圭之袍，帶劍持車，罵詈瞋目。後又得一折齒，方圓三尺，問群臣曰：『天下有此及小兒否？』陳章答曰：『昔秦胡充一舉渡海，與齊魯交戰，傷折版齒。昔李子敖于鳴鵠嗉中游，長三寸三分。』」《獨異志》卷上曰：「《神異經》有李子昂，長七寸，日行千里；一旦被海鵠所吞，居鵠腹中，三年不死。」「李子敖」即「李子昂」，《春秋戰國異辭》卷十七引作「李子昂敖於鳴鵠素中游」，疑非。「三年」，《天中記》卷二十一引《神異經》作「三百年」。此文疑即此節之注文，其中「長七寸，日行千里」以下是經文，據《博物志》，注文疑當作「李子昂，長三寸三分，居鵠腹中，三百年不死。」

【率然蛇】西方山中有蛇，頭尾差大，〔一〕有色五彩。人物觸之者，中頭則尾至，中尾則頭至，中腰則頭尾並至，名曰率然。〔二〕〔或舌出，盤地丈餘。人先聞其聲，燒大石以投其舌，乃低頭氣絕而死。〕〔三〕

〔一〕〇許菊芳曰：「差」，比較，略微。《漢書·食貨志下》：「白金三品：其一曰重

八兩，圜之，其文龍，名『白撰』，直三千；二曰以重差小，方之，其文馬，直五百；三曰復小，橢之，其文龜，直三百。」《青瑣高議》卷五宋・張實《流紅記》：「祐臨流浣手，久之，有一脫葉，差大於他葉。」《神異經》中「差大」，即比較大。又有「差開」、「差可」等。○寧按：頭尾差大，「差大」猶今言「差不多大」，謂大小相似。頭尾大小相似，則如有兩頭，《孫子兵法》曰：「常山之蛇，名曰率然，一身兩頭」者是也。

〔二〕舊注：茂先注云：會稽常山最多此蛇，《孫子兵法》〔曰「將之〕三軍，勢如率然」者是也。○陶憲曾曰：注二十一字，舊本上題「茂先注云」四字，並作正文，今改正。○周奮曰：從「茂先注」到文末，《廣記》卷四五六引本經，沒有「茂先注」三字，而直接本文。今案文意，應是後人注語（未必茂先注也）而摻入的，該刪。○王國良曰：《說文通訓定聲》「履部」第十二云：「率，叚借為猝。」率然，猶猝然，形容其行動迅速也。「曰將之」三字，據《廣記》卷四五六引文補。「茂先註云……」一段，原本與正文不分，今改為小字。又按今本《孫子・九地篇》云：「善用兵者，譬如率然。」○寧按：「頭」或作「首」。《紺珠集》卷九「率然」條曰：「常山有巨蛇，首尾九丈，物觸之，中首則尾至，中尾則首至，中腰則首尾兩至，名曰率然。《孫子兵法》曰：『將之三軍，勢如率然』者，謂此故也。」《野客叢書》卷二十四：「按《雜俎》，常山有巨蛇，首尾尤大，或觸之，中首則尾至，中尾則首至，中腰則首尾俱至，名曰率然。《孫子兵法》所謂『率然』者此也。」均本《神異經》為說而有異，亦不言出《神異經》，錄於此備參。

〔三〕○傅增湘曰：《御覽》九百五十一「氣絕」上有「低頭」二字。○寧按：「或舌出」以下二十四字，原斷脫於「獏㹢」條中，今據《書鈔》卷一六〇引移正，說詳上「獏㹢」條。「乃氣絕而死」句，《書鈔》引作「於是伿頭絕氣而死」，《御覽》卷九五一引作「於是低頭絕氣而死」。《書鈔》「伿」乃「低」字之誤。此蓋言率然蛇因為行動靈活迅速，擊其頭、尾及身皆不可殺，惟趁其舌出盤地之時，燒大石投其舌上，則可殺之也。率然蛇最早見於《孫子兵法・九地》：「故善用兵者，譬如率然。率然者，常山之蛇也，擊其首，則尾至，擊其尾，則首至，擊其中，則首尾俱至。」銀雀山漢簡本《孫子兵法・九地》作「故善用軍者，辟（譬）如衛然。衛然者，恆山之〔蛇也，擊其首則尾至〕，擊其尾則首至，擊其中身則首尾俱至。」整理者注：「辟如衛然，十一家本作『譬如率然』。秦漢人書『率』字多作『衛』（《說文》作『衛』），『衛』、『衛』形近易

混。『辟』、『譬』故通，《通典》卷一五八引此，亦作『辟』。」〔註4〕是「率然」本當作「衛然」，殆謂其能首尾相衛護也。「常山」本作「恆山」，漢代人為避文帝諱改作「常」。

〔註4〕銀雀山漢墓竹簡整理小組編：《銀雀山漢墓竹簡〔壹〕》，文物出版社1985年，第23頁。

西北荒經第六

○寧按：王謨本《目錄》云：「《西北荒經》，六則」，經校理同。

【窮奇】西北有獸焉，〔其〕狀似虎，〔一〕有翼能飛，便剿食人。〔二〕知人言語，聞人鬥，輒食直者；聞人忠信，輒食其鼻；聞人惡逆不善，輒殺獸往饋之，〔三〕名曰窮奇。〔四〕亦食諸禽獸也。〔五〕

【窮奇】窮奇狀如牛而色如貍，尾長曳地，其聲如狗，〔六〕狗頭人形，鉤爪鋸牙。逢忠信之人，齧而食之；逢奸邪之人，則捕禽獸而飼之，亦食禽獸之肉。〔七〕

〔一〕○王國良曰：「其」字，據《史記・五帝本紀》正義引文補。

〔二〕○「剿」王本作「勦」。王國良曰：《廣雅・釋詁》卷一上：「剿，取也。」王念孫《疏證》云：「剿、勦、鈔並通。」○寧按：便，習也。《淮南子・原道訓》「便之也」高誘注：「便，習也。」「剿」通「鈔」，《說文》：「鈔，又取也。」徐鉉注：「今俗別作『抄』。」段注：「《曲禮》曰：『毋剿說。』『剿』即『鈔』字之叚借也。今謂竊取人文字曰『鈔』，俗作『抄』。」此為捕取之義。「便剿食人」謂習慣於捕取人而食。

〔三〕○陶憲曾曰：「殺」王（謨）本作「食」。○王國良曰：「殺」，原作「食」，今據《史記正義》校改。

〔四〕○寧按：《山海經・西次四經》曰：「邽山。其上有獸焉，其狀如牛，蝟毛，名曰窮奇，音如獋狗，是食人。」郭璞注：「或云似虎，蝟毛，有翼。《銘》曰：『窮奇之獸，厥形甚醜。馳逐妖邪，莫不犇走。是以一名，號曰神狗。』」又

《海內北經》：「窮奇狀如虎，有翼，食人從首始，所食被髮，在蜪犬北。一曰從足。」《神異經》即本此為說。後或演化為人名，《左傳·文公十八年》：「少皞氏有不才子，毀信廢忠，崇飾惡言，靖譖庸回，服讒蒐慝，以誣盛德，天下之民，謂之窮奇。」根據本書通例，「窮奇」下當有張華注「《春秋傳》曰：窮奇，少皞氏不才子也」。

〔五〕○朱謀㙔曰：別本云：窮奇似牛而狗尾，尾長曳地，其聲似狗，狗頭人形，鉤爪鋸牙，逢忠信之人，齧而食之；逢奸邪者，則禽禽獸而伺之。○周㝢曰：《御覽》卷九一三、《史記·五帝本紀》正義所引，都無「亦食諸禽獸也」句。○王國良曰：「狸尾」，《相感志》卷十引作「色狸」。「禽」，《相感志》卷十作「擒」，《錦繡萬花谷》卷三七引作「捕」。「而伺之」，《錦繡萬花谷》卷三七作「以飼之」，《相感志》卷十作「而飼之。迅疾，亦食諸禽獸也。」

〔六〕○許菊芳曰：「狗」之於「犬」是後起的說法。經文不見用「狗」，皆用「犬」。據我們考察，朱謀㙔的按語中所說的別本即《東坡先生物類相感志》，其中用「狗」，經文未據其改「犬」為「狗」。○蕭旭曰：《海內北經》：「窮奇狀如虎。」《淮南子·墜形篇》高誘注：「窮奇，天神也……其形如虎。」考《爾雅》：「熊虎醜，其子狗。」郭璞注：「律曰：捕虎一，購錢三千，其狗半之。」《釋文》：「狗，本或作豿。」《左傳·昭公七年》孔疏引李巡曰：「熊虎之類，其子名狗。」是「神狗」即「神豿」，指虎，而非犬也。○欒保群曰：此為凶獸。《續漢書禮儀志》所記大儺逐疫鬼之十二神中，亦有窮奇，能食蠱。此乃為神之窮奇。《淮南子·墜形訓》：「窮奇，廣莫風之所生也。」高誘注：「窮奇，天神也，在北方道，足乘兩龍，其形如虎。」又《左傳》文公十八年：「少皞氏有不才子，毀信廢忠，崇飾惡言，靖譖庸回，服讒搜慝，以誣盛德，天下之民謂之窮奇。」此乃以窮奇喻其人之凶，非其名即窮奇也。○寧按：《山海經·西次四經》郭璞注引《銘》曰：「窮奇之獸，厥形甚醜。馳逐妖邪，莫不犇走。是以一名，號曰神狗。」是古亦言窮奇狀如狗，不云犬也。蕭說「狗」即「豿」指虎，或是。

〔七〕○周㝢曰：（此文）想是從《西山經》衍來，諸本不見，姑備此。○寧按：此條即朱謀㙔所謂「別本」，據《相感志》卷十、《爾雅翼》卷二十一引補。《錦繡萬花谷前集》卷三十七「窮奇」條引《神異經》曰：「獸名，似牛而狗聲，食禽獸。逢忠信之人，囓而食之；逢奸邪之人，則捕禽獸以飼之。」亦是說「窮奇」之文，然文字略有不同。

【共工】西北荒有人焉，〔一〕人面朱髮，〔二〕蛇身，人手足，〔三〕而食五穀禽獸。貪惡頑愚，〔四〕名曰共工。〔五〕

〔一〕○王國良曰：「荒」，《說郛》卷六五引作「荒中」。

〔二〕○陶憲曾曰：「髮」，《史記・五帝紀》正義引作「髯」。○寧按：作「髮」是，「髯」蓋聲誤。

〔三〕○周奮曰：《說郛》本「人手足」作「人手而無足」。今案《山海經・大荒北經》、《海外北經》所寫「共工之臣相柳氏（或作相繇）」的形貌是「蛇身」，印順法師的《中國古代民族神話與文化之研究》又說「共工」與水離不開關係。由此斷定，應該「無足」才是，因為蛇本無足，水中亦不須足。○王國良曰：「人手足」，《說郛》卷六五作「人手而無足」。○寧按：「人手足」，《西溪叢語》卷下引作「人手四足」，「四」疑有衍誤。疑如周說作「無足」是，《山海經・大荒西經》郭璞注引《歸藏・启筮》曰：「共工人面，蛇身，朱髮。」蛇無足，則蛇身亦當無足也。

〔四〕○王國良曰：「頑愚」，原本作「愚頑」，今據《史記正義》、《說郛》六五引文乙改。○寧按：《史記正義》、《西溪叢語》引並無「貪惡」二字。

〔五〕舊注：《書》〔曰〕：「流共工於幽州。」幽州，北裔也，而此言西北，方相近也，皆西裔之族耳。○陶憲曾曰：陶憲曾曰：注二十七字，本混作經，今改。○周奮曰：從「幽州」到「之族耳」，按照本經說到渾敦、檮杌、饕餮的例子來看，似是注語摻入的，應刪。又「西裔」，《說郛》本作「四裔」，是。○王國良曰：「書曰流共工……」一段，原混入正文，今依陶氏《神異經輯校》改為注。「曰」字，據《說郛》卷六五引補。（「西裔」之）「西」，《說郛》卷六五作「四」。○劉城淮曰：《淮南子・地形訓》高注：「共工，天神，人面，蛇身。」《山海經・大荒北經》郭注引《歸藏・啟筮》：「共工，人面，蛇身，朱髮。」○寧按：《書・舜典》：「流共工于幽州」，孔傳：「幽州，北裔。」幽州是四裔之一的北裔。《左傳・文公十八年》：「舜臣堯，賓于四門，流四凶族，渾敦、窮奇、檮杌、饕餮，投諸四裔，以禦螭魅。」故作「四」、作「西」均可通。

【玉饌酒、追復脯】〔一〕西北荒中有玉饌之酒，〔二〕酒泉注焉。〔三〕廣一丈，長深三丈，〔四〕酒美如玉，〔五〕清澄如鏡。〔六〕上有玉尊、玉籩，〔七〕取一尊，一尊復生焉。〔八〕與天〔地〕同休，〔九〕無乾時。飲此酒，

人不生死。〔一○〕一名〔玉〕遺酒。〔一一〕玉籩有脯焉，〔一二〕其味如麞，〔一三〕食一片，一片復生也，〔一四〕名曰追復。〔一五〕

〔一〕○寧按：《廣記》卷四八○題作「西北荒」，不確切，茲據《天中記》卷四十四及內容重擬標題。

〔二〕○陶憲曾曰：「玉饋」，《北堂書鈔》一百四十五引作「王遺」。又一百四十八引作「玉匱」。○孔廣陶曰：《龍威秘書》本《西北荒經》「王遺」作「王饋」。王謨輯本亦然。考本鈔《酒篇》三引此條，一作「玉匱酒」，一作「玉酒」，一作「王遺酒」。○王國良曰：「玉饋」，《書鈔》卷一四五、卷一四八引作「玉遺」，又卷一四八另引作「玉匱」。按：遺、匱並假借作饋，餽贈也。○寧按：「玉饋之酒」義不可通，不徒「玉饋」義不可解，且下文言「酒泉注焉」，酒泉不得注入酒，酒亦不得言「廣一丈，長深三丈」也。先考下文有玉尊、玉籩，均器用，則「玉饋」作「玉匱」是。蓋「饋」是「匱」之形訛，《漢書·司馬遷傳》：「紬史記石室金匱之書」，顏師古注：「匱與匱同。」《說文》：「匱，匣也。」《六書故》卷二十七曰：「通以藏器之大者為匱，次為匣，小為匱。」俗字作「櫃」，亦為器用。次考經文此「酒」字疑本作「洤」，《正字通·巳集上·水部》：「洤，籀文阱。」「阱」通「井」，作「酒」者乃形訛或後人引述時涉下文「玉遺酒」之名而誤改。《廣記》四八○引舊注云「此井間人與天同生」云云，明言此處有井，而今經文不見，蓋即此因。經文當作「有玉匱之洤（井）」，謂有井名「玉匱」，故下文云「酒泉注焉」，謂酒泉注入此井，則為酒井也。此井稱「匱」者，下文言其「廣一丈，長深三丈」，是一長方形，形狀如匱，酒泉注入其中，井中貯酒如匱中貯物，酒美如玉，故曰「玉匱」。此玉匱井中之酒則曰「玉匱酒」，下文言「一名玉遺酒」，「玉遺」亦當為「玉匱」之誤。「酒井」之傳說他書亦有之，《御覽》卷一八九引《羊頭山記》曰：「衛青破月支，月支有井，色如酒，因名曰酒井。」蓋即此類。

〔三〕○寧按：「注」，《廣記》卷四八○引作「在」。

〔四〕○周睿曰：《廣記》卷四八○引「深三丈」上無「長」字。○王國良曰：《廣記》卷四八○引，無「長」字。○《廣記會校》本作「深三丈」。張國風曰：深，沈本、陳本作「長深」。○寧按：「廣一丈，長深三丈」，謂其井寬一丈，長、深各三丈也。

〔五〕○陶憲曾曰：「玉」本作「肉」，從《書鈔》引改。○王國良曰：「玉」，原本作「肉」，今據《書鈔》卷一四八、《相感志》卷三引文校改。○張國風曰：肉，

陳本作「玉」。

〔六〕○陶憲曾曰：《書鈔》、《藝文類聚》七十二引皆無「澄」字。○王國良曰：「清澄」，原作「澄清」，據《廣記》卷四八○引文乙正。《書鈔》卷一四八、《類聚》卷七二、《御覽》卷八四五、《事類賦》卷十七引，並作「清」。○許菊芳曰：「澄清」，清澈。東漢始見，如漢・京房《京氏易傳》卷上：「井道以澄清不竭之象而成於井之德也。」晉・陸雲《南征賦》：「閑夜冽以澄清，中原曠而暖昧，戎士肅而啟行。」○蕭旭曰：許言「澄清」東漢始見不確，京房乃西漢人。

〔七〕○曹鵑雛曰：尊與「樽」同，酒器也。籩，古之食器，編竹為之。○王國良曰：「上」，《類聚》卷七二、《御覽》卷七五九、卷八四五、《事類賦》卷十七引，並作「其上」。○寧按：籩，《說文・竹部》：「竹豆也。」古時祭祀和宴會上用以盛乾食品的竹器，每與豆同用，故《詩經》中多二者並言曰「籩豆」。此謂以玉所製之籩，故曰「玉籩」。○寧按：尊，宋本《書鈔》引作「樽」。下同。

〔八〕○陶憲曾曰：「生」，《類聚》引作「出」。○「一尊復生焉」，王本校改作「復一尊出焉」。王國良曰：「復一尊出」，原本作「一尊復生」，今據《類聚》卷七二校改。《御覽》卷八四五作「取一鐏，復一鐏」，《事類賦》卷十七作「取一樽，復一樽。」按：尊、鐏、樽同字。○寧按：「一尊復生」，《廣記》卷四八○引此句無「一尊」二字。《相感志》卷三作「取一樽復取鐔」，疑本作「取一樽復一樽，取一鐔復一鐔」，文字脫誤如此。

〔九〕○陶憲曾曰：《類聚》、《事類賦注》十七引「天」下並有「地」字。○王國良曰：「地」字，據《類聚》卷十七、《御覽》卷八四五、《事類賦》卷十七補。○寧按：《相感志》作「共天同休」。

〔一○〕舊注：〔此井間人與天同生，雖男女不夫婦，故言不生死。〕○陶憲曾曰：《類聚》引作「人不死，長生」。○周嗇曰：《廣記》卷四八○引「不生死」下多「此井間人與天同生，雖男女，不夫婦，故言不生死。」○王國良曰：王國良曰：「不生死」，《類聚》卷七二引作「不死長生」，《御覽》卷八四五作「不死不生」。又「不生死」下，《廣記》卷四八○有「此井間人，與天同生，雖男女，不夫婦，故言不生死。」當是注文。「飲此酒……」一段，原本在「味如醴（脯）」句下，今據《類聚》卷八二、《御覽》卷八四五引文乙正。○張國風曰：生，孫本作「至」。雖，陳本作「惟」。○寧按：注文據《廣記》引文補。注文中之「井」即指「玉匱之井」，說見上注〔二〕。

〔一一〕○陶憲曾曰：「遺」上疑脫「玉」字。○王國良曰：「玉」字，據《書鈔》卷一

四五、卷一四八補。○寧按:「一名」之「一」當為衍文,或參下文「名曰追復」句,此亦當作「名曰」。「遺」當「匱」之訛字。

〔一二〕○周睿曰:「石邊」或是「玉籩」之誤。因為前文說到「玉籩」,下文反不見,卻突出個「石邊」來,未免不文。且「籩」正是置脯之器,應改為「玉籩」。○王國良曰:「玉籩」,原本作「石邊」,今依上文「玉尊玉籩」句改正。○寧按:「石」改「玉」當是。又疑「石」是「右」之誤,「右籩」謂在玉尊之右的玉籩。

〔一三〕○曹鵠雛曰:麞鹿脯,麞鹿之乾肉也。麞鹿亦名麕,似鹿而小,無角。○周睿曰:《廣記》卷四八○引「麞鹿脯」作「麞脯」。○王國良曰:「其味如麞」,原作「味如麞鹿脯」,今據《書鈔》卷一四五、《初學記》卷十九校改。《廣記》卷四八○作「味如麞脯」。○寧按:疑「其味如麞」下本當有注文曰「小鹿脯」,後脫去「小」字又與正文摻混為「麞鹿脯」。小鹿即指麞,慧琳《一切經音義》卷十五「麞鹿」注:「麞,小鹿」是也。

〔一四〕○孫士鑛曰:或作「一斤」。○陶憲曾曰:《書鈔》引作「食一片,一片復生」。○王國良曰:「一片復生也」,原本作「復一片」,今據《書鈔》卷一四五引文校改。又「食一片……」句,原本在「名曰追復」下,今據《書鈔》卷一四五、《初學記》卷十九、《御覽》卷八六二引文乙正。○寧按:孫曰或作「一斤」,「斤」乃「片」之形誤。

〔一五〕○周睿曰:《御覽》卷八四五引,甚簡略。《廣記》卷四八○「西北荒」條引《神異記》,應是本經之誤。○王國良曰:「名曰追復」上,原本有「其脯」二字,今刪。○寧按:「追復」即「隨復」,《楚辭·離騷》:「背繩墨以追曲兮」,王逸注:「追,猶隨也。」洪興祖補注:「追,古隨字。」「隨復」即隨即恢復如初之意。

　　【天門】西北荒中有二金闕,〔一〕高百丈,〔二〕〔上有金〕銀盤,〔三〕圓五十丈,〔四〕二闕相去百丈。上有明月珠,徑三丈,〔五〕光照千里。〔六〕中有金階,西北入兩闕中,名曰天門。〔七〕

〔一〕○王國良曰:「西北荒」,《御覽》卷八一一、《事類賦》卷九、《類說》卷三七引作「北荒」。按:《東南荒經》有「地戶」篇,與本篇相對稱,此處仍當作「西北荒」也。○寧按:《類聚》卷六二、《萬花谷·前集》卷一引作「東北大荒中」,亦誤。《萬花谷·後集》卷三十一引作「西北荒中」。《白孔六帖》卷十三引此

句作「西北有金樓」。《類說》卷三十七此句引作「北荒異國」。

〔二〕○寧按：「百」，《萬花谷‧前集》卷一引作「千」。

〔三〕○王國良曰：「上有」二字，原本作「金闕」，今據《類聚》卷七三、《六帖》卷四、《御覽》卷七五八引文校改。「銀盤」，《御覽》卷七五八、卷八一一作「金銀盤」。○寧按：《文選》卷五六陸佐公（倕）《石闕銘》「北荒明月」句李善注引作「金闕銀盤」，是此輯本乃本此李善注所引。《御覽》卷七五八引《神異經》曰：「西北荒有金山，上有金銀槃，廣五十丈。」「山」蓋「闕」之誤。卷八一一引作「北荒中有二金闕，高百丈，金銀盤圍五十丈。」李善注引「金闕銀盤」句殆本作「闕上有金銀盤」，殘去「上有」二字，「金」字又誤倒在「闕」前。文作「金銀盤」是，蓋金盤比擬日，銀盤比擬月也。

〔四〕○王謨本、陶本作「圓」。陶憲曾曰：「圓」，《太平御覽》八百十一引作「圍」。○王本改作「圍」。王國良曰：「圍」字，原本作「圓」，今據《御覽》卷八一一引文校改。《類聚》卷七三、《六帖》卷四、《御覽》卷七五八引，並作「廣」。○蕭旭曰：「圓」字不煩改，《文選‧石闕銘》李善注引仍作「圓」。圓，猶言周圍。《晉書‧阮籍傳》：「諸阮皆飲酒，咸至，宗人間共集，不復用杯觴斟酌，以大盆盛酒，圓坐，相向大酌，更飲。」《御覽》卷九○三引「圓坐」作「團坐」，《世說新語‧任誕》作「圍坐」。程榮本、四庫本「圓」作「大」，《紺珠集》卷五引同。《類說》卷三七引「圓」作「長」。都是臆改。○寧按：《文選‧石闕銘》李善注作「圓」，《白孔六帖》卷十三引作「廣」，疑此句本作「廣圓五十丈」。「廣圓」於《山海經》中作「廣員」，習見，如《東次三經》諸鉤之山、無皋之山均「廣員百里」，跂踵之山「廣員二百里」，等等，「圓」、「員」通用。

〔五〕○陶憲曾曰：《藝文類聚》八十四、《御覽》一百七十九引並作「三寸」。○寧按：《類聚》卷八四、《御覽》卷一七九引仍作「三丈」，陶氏所據本蓋誤。《萬花谷‧前集》卷一作「三丈」，《後集》卷三十一引作「二尺」，前後不同。《類說》卷三十七引此二句作「中有明珠，大數丈」。

〔六〕○寧按：《類說》卷三十七引無「光」字。「千里」，《萬花谷後集》卷三十一引作「二千里」。

〔七〕○朱謀㙔曰：陸公佐《新闕銘》云「北荒明月」，即此事。○周㴋曰：李善《文選注》於陸佐公《石闕銘》「北荒明月，西極流精」下引本經，又《御覽》卷

一七九、八〇三卷亦各引本經，三者對勘起來，並無文字出入，知本條可從。
○王國良曰：梁陸倕，字佐公，所撰《石闕銘》一首，今見《文選》卷五六、
《類聚》卷六二。按：《意林》卷三、《御覽》卷二並引《論衡》佚文：「天門
在西北。」《河圖括地象》云：「天不足西北，地不足東南；西北為天門，東南
為地戶。天門無上，地戶無下。」《易乾鑿度》云：「乾為天門，巽為地戶。」
諸說可相發明也。○袁珂曰：西北為天門。《周禮・大司徒》疏引《河圖括地
象》：「天不足西北，……西北為天門。」《文選・謝惠連雪賦》注引《詩緯含
神霧》：「天不足西北，無有陰陽，故有龍銜火精以照天門中也。」《山海經・
大荒西經》云：「大荒之中，有山名日月山，天樞也。吳姖天門，日月所入。」
此或古傳天門在西北之證。○寧按：《類聚》卷六二、《御覽》卷一七九、《編
珠》卷二、《萬花谷・前集》卷一引均無「曰」字。朱謀㙔所言「陸公佐《新
闕銘》」當作「陸佐公《石闕銘》」。

【小人】西北荒中有小人〔焉〕，〔一〕長一寸，〔二〕〔圍如長〕。〔三〕其
君朱衣玄冠，〔四〕乘輅車馬，〔五〕〔導〕引為威儀。〔六〕居人遇其乘車，
〔七〕抓而食之，〔八〕其味辛〔楚〕，〔九〕終年不為蟲豸所咋，〔一〇〕並識萬
物名字，又殺腹中三蟲。〔一一〕

〔一〕○王國良曰：「焉」字，據《御覽》卷三七八、《大典》卷二九七八引文補。

〔二〕○孫士鑛曰：「一分」字恐有誤。○陶憲曾曰：《初學記》十九引作「一寸」。
○王國良曰：「寸」字，原本作「分」，今據《初學記》卷十九、《六帖》卷七
引文、《御覽》卷三七八、《廣記》卷四八二校改。○寧按：《相感志》卷六作
「圍各一分」，疑「圍」前脫「長」字。《續博物志》卷三、《說略》卷五引作
「七寸」。《廣記》卷四八二引《博物志》作「西北荒中有小人，長一寸」，《廣
記會校》作「西北荒小人，中有長一寸」，蓋誤。

〔三〕○王國良曰：「圍如長」三字，據《御覽》卷三七八、《大典》卷二九七八引文
補。

〔四〕○王國良曰：《初學記》卷十九、《六帖》卷七、《御覽》卷三七八、《大典》卷
二九七引，並無「其君」二字。○寧按：無「其君」二字是，蓋輯者以下文有
「輅車」之語，輅車為天子所乘大車，故加「其君」二字。

〔五〕○王國良曰：「輅車」，《御覽》、《大典》引，並作「軺車」。按：輅車，大車，

天子乘車也；軺車，小車，駕一馬之輕車也。○寧按：作「軺車」當是，謂小人乘小車也。

〔六〕○周翰曰：《御覽》卷三七八引作「西北荒中有小人焉，長一寸，圍如長。朱衣玄冠，乘軺車導引，有威儀。」順暢可從。○王本校上句「馬」為「導」屬此句讀。王國良曰：「導」字，原作「馬」，今據《御覽》卷三七八、《大典》卷二九七八引文校改。「為」，《御覽》、《大典》引，並作「有」。按：《經傳釋詞》卷二：「為，猶有也。」○寧按：《廣記》卷四八二、《古微書》卷二十三引仍作「乘軺車馬，引為威儀」，是本有「馬」字。茲據《御覽》卷三七八補「導」字。疑斷句當作「乘軺，車馬導引為威儀」，蓋謂此小人乘如天子之軺車，前又有車馬為之導引為威儀也。

〔七〕○周翰曰：《御覽》引無「居」字。○王國良曰：「人」，原作「居人」，今據《御覽》、《大典》引文刪「居」字。「乘車」，《相感志》卷六引作「車乘」。○寧按：《相感志》卷六亦無「居」字。而《廣記》卷四八二此句作「居處人遇其乘車」，則「居」不當刪，「居人」、「居處人」指居住於其地之人，猶今言「當地人」也。

〔八〕○陶憲曾曰：《廣雅》：「抓，搔也。」○王國良曰：「抓而食之」，《廣記》卷四八二作「抵而食之」，《相感志》卷六作「並而食之」，《御覽》卷三七八、《大典》卷二九七八則作「並食之」。按：《廣雅‧釋詁》：「抓，搔也。」俗謂以爪取物曰抓，其義後起。抵，與抵同，《說文解字》十二篇上：「抵，側擊也。」然本句蓋謂遇人、車，並取而食之，則以作「並食之」或「並而食之」為是。○蕭旭曰：車不得食，所食者惟小人耳，王說非是。陶憲曾曰：「《廣雅》：『抓，搔也。』」訓搔非其誼也。程榮本作「抵而食之」，《古微書》卷二三引作「舐而食之」。「抵」當作「抵」，讀為舓，字亦作舐，俗譌作舐。《說文》：「舓，以舌取食也。」○寧按：「抓」、「抵」均疑「抾」之形訛，《說文》：「抾，并持也。」段注：「謂兼二物而持之也。『抾』與『兼』音略同。」後俗字作「拑」。「抾而食之」亦即「兼而食之」，謂連人帶車馬並持而食之，故他書或引作「並食之」，《相感志》卷六作「並有食之」。

〔九〕○周翰曰：《御覽》引「辛」下多「楚」字，可從。○王國良曰：「楚」字，據《御覽》卷三七八、《大典》卷二九七八引補。○許菊芳曰：經文中表示味苦皆用「辛」，《御覽》此條引作「辛楚」，這是後起的說法。「辛楚」最早見於

《釋名‧釋州國》：「楚，辛也。其地蠻多，而人性急，數有戰爭，相爭相害，辛楚之禍也。」東漢六朝漸多，如《後漢書‧劉瑜傳》戴劉瑜《上桓帝書》：「臣在下土，聽聞歌謠，驕臣虐政之事，遠近呼嗟之音，竊為辛楚，泣血漣如。」晉‧陸機《於承明作與弟士龍詩》：「俯仰悲林薄，慷慨含辛楚。」

〔一○〕○周奢曰：《御覽》無「年」字，是。○王國良曰：「蟲豸」二字，據《御覽》、《大典》引文補。原本空闕。《重編說郛》本、《增訂漢魏叢書》本，並作「物」。○張國風曰：物所咋，原作「□所□」。孫本作「象所□」。現據許本、黃本及《說郛》（陶珽刊本）卷六六所引《神異經》補。○寧按：蟲豸，《廣記》卷四八二引《博物志》作「物」，疑是「蛴」之形訛，同「豸」。張云孫本作「象」，亦當是「豸」之訛。

〔一一〕舊注：三蟲死，便可食仙藥也。○曹鶡雛曰：三蟲，三尸蟲也。道家謂人皆有三尸蟲處腹中，伺人隱微失誤，於庚申日，出讒於天帝。○王國良曰：「三蟲死……」一句，原本混入正文，唯《相感志》卷六、《御覽》卷三七八、《大典》卷二九七八引，並無此句，蓋為注文，今改正。「三蟲」，《相感志》卷六作「三尸蟲」。按：三尸，謂人體中之三尸神也，亦謂之三彭。《雲笈七籤》卷八一《庚申部》引《三尸中經》云：「人之生也，皆寄形于父母胞胎，飽味于五穀精氣，是以人之腹中各有三尸九蟲為人大害。……上尸名彭倨，在人頭中，伐人上分，令人眼暗、髮落、口臭、面皺齒落。中尸名彭質，在人腹中，伐人五臟。少氣多忘，令人好作惡事，啖食物命，或作夢寐倒亂。下尸名彭矯，在人足中，令人下關搔擾，五情勇動，淫邪不能自禁。」又卷八三引《中山玉櫃經‧服氣消三蟲訣》云：「既食百穀，則邪魔生，三蟲聚。」注云：「蟲有三名，伐人三命，亦號三尸。一名青姑，號上尸，伐人眼，空人泥丸。……二名白姑，號中尸，伐人腹，空人藏府。……三名血姑，號下尸，伐人腎，空人精髓。」○袁珂曰：此小人者，可以為藥物而服食。晉葛洪《抱朴子‧仙藥》云：「行山中見小人乘車馬，長七八寸者，肉芝也，捉取服之，即仙矣。」當亦此類。○寧按：「去三尸蟲」乃道家修煉術語，道家認為三尸蟲在人身體中為害，若不去之則不能成仙道。此小人可以殺腹中三蟲，故食之之後乃可服仙藥也。又《廣記》卷四八二引此文注「出《博物志》」。張國風曰：「本條見於《神異經》。」

【無路之人】西北海外有人〔焉〕，〔一〕長二千里，兩腳中間相去千里，腹圍一千六百里。〔二〕但日飲天酒五斗，〔三〕不食五穀魚肉。〔四〕忽有飢時，〔五〕向天仍飽。〔六〕好遊山海間，不犯百姓，不干萬物，與天地同生，名曰無路之人，〔七〕一名仁，〔八〕一名信，〔九〕一名神。〔一〇〕

〔一〕○陶憲曾曰：《初學記》十九引有「焉」字。○王國良曰：「焉」字，據《珠林》卷八、《初學記》十九引文補。○寧按：此文見一百二十卷本《珠林》卷八，《影印宋磧砂版大藏經》一百卷本《珠林》卷五。本節注以下均同。

〔二〕○陶憲曾曰：《初學記》引作「一千五百里」。

〔三〕舊注：張華云：天酒，甘露也。○陶憲曾曰：「日」，《北堂書鈔》一百四十八引作「月」。

〔四〕舊注：唯飲天酒。○王國良曰：「魚肉」下，原本有「唯飲天酒」四字，今據《珠林》卷八、《御覽》卷三七七引文刪之。○寧按：四字當是注文，今移正。

〔五〕○陶憲曾曰：「飢」本作「饑」，從《藝文類聚》七十二引改。○寧按：《說文》：「飢，餓也。」段注：「與『饑』分別，蓋本古訓，諸書通用者多有，轉寫錯亂者亦有之。」《說文》又曰：「饑，穀不孰為饑。」段注：「按《論語》『年饑』、『因之以饑饉』，鄭本皆作『飢』。」是古書「飢」、「饑」每通用。

〔六〕○陶憲曾曰：「仍飲」，《類聚》引作「乃飽」。○王國良曰：「仍飽」，原作「仍飲」，今據《珠林》卷八引文校改。《類聚》卷七二、《御覽》卷三七七，並作「乃飽」。按《爾雅》卷上《釋詁》云：「仍，乃也。」○寧按：《周禮·春官·司几筵》：「凶事仍几」，鄭注：「古書仍為乃。鄭司農云：『乃讀為仍』。」是「乃」、「仍」古字通用。

〔七〕舊注：〔言無路者，高大不可為路也。〕○袁珂曰：唐道世《法苑珠林》卷八引此有注云：「言無路者，高大不可為路。」○王國良曰：「言無路者……」一句，據《珠林》卷八、《御覽》卷三七七引文補。

〔八〕舊注：〔《禮》曰「仁人」。〕○王國良曰：「禮曰仁人」四字，據《珠林》卷八引文補。《御覽》卷三七七引作「禮曰仁也。」○寧按：「仁人」見《禮記》之《哀公問》和《大學》二篇。

〔九〕舊注：〔《禮》曰「信人」。〕○王國良曰：「禮曰信人」四字，據《珠林》卷八引文補。○寧按：《儀禮》《禮記》《大戴禮記》中均無「信人」，見《墨子》《孟子》《文子》等書。《文子·微明》言天地之間上、中、下共有二十五人，其中「中五有公人、忠人、信人、義人、禮人。」

〔一〇〕舊注：〔與天地俱生而不沒，故曰「神」也。〕○王國良曰：「與天地俱生……」
一句，據《珠林》卷八引文補。按：《御覽》卷九八九引《神異經》曰：「西北
荒有人，飲甘露，食茯苓。」疑即本則之節略，唯多「食茯苓」一事耳。○周
審曰：《御覽》卷三七七、八四五本經同。

北荒經第七

○寧按：王謨本《目錄》云：「《北荒經》，三則」，經校理為四則。

【北方棗】北荒中有棗林〔焉〕，〔一〕其高五十丈，〔二〕敷張枝條數里餘，〔三〕疾風不能偃，〔四〕雷電不能摧。〔五〕其子長六七寸，圍過其長。熟赤如朱，〔六〕乾之不縮，氣味潤澤，〔七〕殊於常棗。食之可以安軀，益於氣力。〔八〕

〔一〕○陶憲曾曰：《齊民要術》、《藝文類聚》八十七、《太平御覽》九百六十五引皆有「焉」字。○周睿曰：《御覽》卷九六五、《廣記》卷四一○、《齊民要術》引，「林」下都有「焉」字，據補。○王國良曰：「焉」字，據《要術》卷十、《類聚》卷八七、《御覽》卷九六五、《廣記》卷四一○、《重修政和證類本草》卷二三引文補。

〔二〕○陶憲曾曰：「五十丈」，《要術》、《類聚》引皆作「五丈」。○周睿曰：「五十丈」，《御覽》作「五尺」，當誤。○王本改作「五丈」。王國良曰：「五丈」，原作「五十丈」，今據《要術》卷十、《類聚》卷八七、《政和證類本草》卷二三引文校改。○寧按：《廣記》卷四一○引仍作「五十丈」，今從之不改。

〔三〕○陶憲曾曰：「數里餘」，(《要術》、《類聚》引皆作)作「一里餘」。○王國良曰：「數里」，《類聚》卷八七、《政和證類本草》作「一里」。

〔四〕○張國風曰：偃，孫本、陳本作「憚」。○寧按：作「憚」義不通。《說文》：「偃，僵也。」疑「憚」是「僵」之訛，與「偃」義同。

〔五〕○張國風曰：電，沈本作「霓」。

〔六〕○周睿曰：「赤」，《廣記》作「色」，《要術》亦作「赤」，當是古本，可從。○

張國風曰：色，孫本、陳本作「亦」。○寧按：作「亦」者乃「赤」之訛。全句疑當作「熟，赤色如朱」。

〔七〕○周嬰曰：「潤澤」，《要術》、《御覽》俱作「甘潤」，古本或是如此。○「潤澤」，王本校作「甘潤」。王國良曰：「甘潤」，原作「潤澤」，今據《要術》卷十、《類聚》卷八七、《御覽》卷九六五、《政和證類本草》卷二三引文校改。○許菊芳曰：「潤澤」，《齊民要術》卷十《棗》、《類聚》、《御覽》均作「甘潤」，而《神異經》中兩處均按《廣記》作「潤澤」。「甘潤」一詞晉始見。如晉‧皇甫謐《針灸甲乙經》卷六《五味所宜五藏生病大論》：「甘者，令人柔潤也。胃柔則緩，緩則蟲動，蟲動則令人心悶。其氣通於皮，故曰甘走皮。皮者，肉之餘。蓋皮雖屬肺，與肉連體，故甘潤肌肉並皮也。」故經中採用「潤澤」是妥當的。○寧按：《廣記》引仍作「潤澤」，今不改。然從文意上看，作「甘潤」當是。蓋經文本作「甘潤」，「澤」是為「潤」所作的注文，《廣韻‧去聲‧稕韻》：「潤，澤也。」是其證。此注混入正文，後人以「甘潤澤」不辭，或刪「澤」字作「甘潤」，或刪「甘」字作「潤澤」，遂致歧異。

〔八〕舊注：故《方書》稱之〔云：「此棗條枝盛於常棗，亦益氣安軀。」〕赤松子云：「北方大棗味有殊，既可益氣又安軀。」○王國良曰：「故方書稱之……」一段，語意與上文多重複，諸書皆不引，蓋謂注文，原本混入正文，今改。「方書稱之」，《廣記》卷四一○引作「方書云：此棗條枝，盛於常棗，亦益氣安軀。」○張國風曰：云，沈本作「亦云」。○寧按：注文從《廣記》校補。「云」前有「亦」字疑是。又：《廣記》引此文注「出《神異記》」。

【橫公魚】北方荒外有石湖〔焉〕，〔一〕方千里，〔二〕〔無凸凹，〔三〕平滿無高下〕，〔四〕岸深五丈餘，恆冰，〔五〕唯夏至左右五六十日解耳。〔六〕湖有橫公魚，〔七〕長七八尺，形如鯉而〔目〕赤。〔八〕晝在水中，〔九〕夜化為人。〔一○〕刺之不入，煮之不死，以烏梅二七〔枚〕煮之則熟，〔一一〕食之可止邪病。〔一二〕

〔一〕○陶憲曾曰：舊本與上文連讀，非是，今提行。《太平御覽》九百七十引「湖」下有「焉」字。○王國良曰：「外」字，原作「中」，今據《類聚》卷九、《珠林》卷三七、《御覽》卷六六、卷九四○、卷九七○、《事類賦》卷二六引文校改。○寧按：《書鈔》卷一五五引「外」作「中」，「石湖」作「湖石」。

〔二〕○寧按：《玉芝堂談薈》卷二十二引「方千里」作「其廣千里」。

〔三〕舊注：〔凸凹，上直結切，下於交反。〕○方以智曰：容窔即凹凸、坳垤。終南太乙云「容窔」出《蒼頡篇》。新都曰即「凹凸」。陳懋仁曰：「《經史直音》：容音渴，合也；窔音亦，穴也。」智謂字書臆解。支遁云：「地有坳垤。」周伯溫取「坳垤」，反以「凹凸」古字為俗。《神異經》：「大荒石湖無凹凸。」《畫記》：「一乘寺，名凹凸寺。」（《通雅》卷十七）○寧按：注文據《御覽》卷六六引文補。《御覽》卷二三於「凸」下有雙行小字注「徒結切」，「凹」下有雙行小字注「校交反」，「校」蓋「扲（於）」之形訛。

〔四〕○王國良曰：「無凸凹……」一句，據《御覽》卷二三、卷六六引文校補。○許菊芳曰：此條中「其湖無凸凹，平滿無高下」很可疑。其他徵引文獻，包括《太平廣記》均無，只有《御覽》中引有，且位置、詞句也不同。《御覽》所引為：「北方荒中有石湖，方千里。無凸凹，平滿無高下。岸深五丈，餘恒冰，唯夏至左右，五六十日解耳。」查考其他文獻，「凸」、「凹」最早到晉代始見，如《抱朴子內篇·登涉》：「有凸起者牡銅也，有凹陷者牝銅也。」○蕭旭曰：「凸凹」是俗字。《呂覽·任地》：「子能以窐為突乎？」「窐突」即「凹凸」。也作「容窔」、「窅晊」、「坳垤」、「坤垤」、「顀莖」、「拗胮」等形。安知經文不是原作其他字形，而後人改作俗字「凸凹」？《玄應音義》卷五：「凸，起也。《蒼頡篇》作窔，不平也。」又卷一○：「凹凸：《蒼頡篇》作『容窔』，同。容，墊下也。窔，突也，凸起也。」《玄應音義》卷一八、一九、二三並指出《蒼頡篇》「凹」作「容」，是漢代即有「凹」字，正字《說文》作「窊」。帛書《老子》甲本：「窐則盈，敝則新。」帛書乙本、北大簡「窪」同，傳世本作「窪」，即「窊」。拘於相同字形的漢語史考證並不可信。○寧按：傅增湘亦校增「無凸凹平滿無高下」八字。「凸凹」乃俗字形，目前所知漢代（包括）以前傳世文獻及出土文獻中均不見用及，其出現或當如許說在漢代以後也。

〔五〕○陶憲曾曰：《初學記》七引「恆」上有「其水」二字。○寧按：《相感志》卷十七引作「常水」，「水」蓋「氷（冰）」之誤。《御覽》卷二三引無「恆」字，「冰」上有兩雙行小字注「御名」二字，說明本亦有「恆」字，是宋人刻印此書時為避真宗諱而改。○宋本《書鈔》卷一五五引此句作「至左右五六日內乃解耳」。孔廣陶曰：王謨本《神異經》及陳本皆無「內」字。○寧按：宋本《書鈔》引「至」當作「夏至」。

〔六〕○陶憲曾曰：「五六十日」，《北堂書鈔》一百五十五引作「五六日」。○呂思勉曰：此似今西伯利亞之湖。○周運中曰：北方大荒之外的石湖，方圓千里，無

疑是貝加爾湖，是世界面積第七大湖，是世界儲水最多、最深的淡水湖，最深處達 1637 米，所以古人說岸邊水深就有五丈，又說湖面沒有消長。湖側有 1000 米的懸崖，所以古人稱為石湖。湖面 1 至 5 月結冰，冰厚 70～115 釐米，所以古人說接近夏至才解凍，訛傳為唯獨夏至左右五六十日解凍。○寧按：《書鈔》引「日」下有「內」字，孔廣陶校注：「王謨本《神異經》及陳本皆無『內』字。」

〔七〕○周奢曰：「湖有」，《御覽》卷九四〇作「其中有」，《廣記》卷四六四作「其」，今從《御覽》。○寧按：橫，《北戶錄》卷一引作「黃」。

〔八〕○陶憲曾曰：《藝文類聚》八十六、《御覽》六十六、又九百四十引「形」下有「狀」字，「赤」上有「目」字。○周奢曰：「形如鯉而赤」，《御覽》作「形狀如鱧而目赤」，鯉較常見，設喻之時總是以所知喻所不知，且《廣記》所引與本經同，故從「形如鯉而赤」。○王國良曰：「目」字，據《類聚》卷八六、《珠林》卷三七、《相感志》卷十七、《御覽》卷六六、卷九四〇引文補。○寧按：傅增湘於「形」下校增「狀」字，《北戶錄》卷一引亦有「狀」字。「鯉」，《北戶錄》卷一、《相感志》卷十七、《御覽》卷九四〇引並作「鱧」。疑作「鱧」是，見下注〔一二〕按語。

〔九〕○陶憲曾曰：「水」，《類聚》、《御覽》引皆作「湖」。○《廣記》卷四六四作「水」，《廣記會校》改作「湖」。張國風曰：湖，原作「水」。現據孫本、沈本改。○寧按：《北戶錄》卷一引作「畫在石湖中」。

〔一〇〕○寧按：夜，《北戶錄》卷一引作「各」，蓋誤。

〔一一〕○陶憲曾曰：「二枚」，《類聚》、《御覽》引皆作「二七」。○曹鵠雛曰：烏梅，藥名。以半黃梅實，置煙突薰乾，則成黑色，故曰烏梅。○周奢曰：「二枚」、「則死」，《御覽》作「二七」、「乃熟」，都不從。○王國良曰：「二七」，原作「二枚」，今據《類聚》卷八六、《珠林》卷三七、《御覽》卷六六、卷九四〇、卷九七〇引文校改。《相感志》卷十七作「二七枚」。「熟」，原作「死」，據《類聚》卷八六、《珠林》卷三七、《御覽》卷六六、卷九四〇、卷九七〇、《事類賦》卷二六校改。○張國風曰：熟，原作「死」。現據孫本、沈本改。○許菊芳曰：「二枚」，《類聚》、《法苑珠林》卷二八、《御覽》均作「二七」，經文從《廣記》作「二枚」。「二七」，即十四。《周禮·考工記·匠人》：「夏后氏世室，堂脩二七，廣四脩一。」鄭玄注：「夏度以步，令堂脩十四步。」《呂氏春秋·審時》：「得時之菽，長莖而短足，其莢二七以為族。」高誘注：「二七，十四

實也。」南朝・陳後主《東飛伯勞歌》:「年時二七猶未笄,轉顧流盼鬢髻低。」「枚」,《儀禮・特牲饋食禮》:「俎釋三個」,鄭玄注:「個猶枚也,今俗言物件云若干個者,此讀然。」可見「枚」作量詞用在東漢已很普遍。「二七」與「二枚」是兩種數量表示方法,「二七」更古樸些,是上古的用法。「二枚」則是到兩漢纔廣泛流傳開來的。○寧按:「枚」字據《相感志》引補。《永樂大典》卷二八一一引亦無「枚」字。「熟」字《北戶錄》卷一引同。

〔一二〕舊注:〔《玄黃經》曰:橫公魚不可殺,唯加烏梅,其氣乃滅。〕○曹䎴雛曰:邪病,俗謂為鬼魔所祟,而礙及健康者,曰邪病。○王國良曰:「邪病」下,原本有「其湖無凸凹,平滿無高下」一句,今已移補於「方千里」之下,故刪之。「《玄黃經》曰……」一段,據《御覽》卷九四〇引文補入。○許菊芳曰:「疾」、「病」在古代是有區別的,有輕重之分。「病」字轉而指稱一切疾病有個漫長的過程。「病」字越來越多地成為構詞成份,也推進了這個發過程。「邪病」,指風邪或邪術引起的疾病。如《逸周書・時訓解》:「白露不降,民多邪病。」○周運中曰:「橫」是形聲字,讀音就是「黃」,所以橫公魚就是鰉魚。身長七八尺,完全符合。所謂難以刺穿,是指身上有骨板。貝加爾湖有鰉魚,就是西伯利亞鰉,證明《神異經》是一部珍奇古書。○《廣記》四六四引此文注出《神異錄》。《廣記會校》改作《神異經》。張國風曰:神異經,原作「神異錄」。沈本作「神異經」。見於《神異經》。亦見於《述異記》卷上。《類聚》卷八六所引《神異經》,《御覽》卷九四〇、卷九七〇所引《神異經》,《說郛》(陶珽刊本)卷六六所引《神異經》,《玉芝堂談薈》卷三二、卷三四所引《神異經》,《說略》卷二九所引《神異經》,《廣博物志》卷四九所引《神異經》,《天中記》卷五二所引《神異經》,《山堂肆考》卷二〇四所引《神異經》,《格致鏡原》卷九三所引《神異錄》,《月令輯要》卷二二所引《神異經》,《異魚圖贊箋》卷二所引《神異錄》引有此條。○寧按:「止」,《北戶錄》卷一引作「治」,《御覽》卷六六引作「愈」,卷九七〇引作「已」。傅增湘校改「止」為「以愈」二字。《相感志》卷十七此句作「煮食之者,可以治邪病焉。」《玄黃經》曰」數句當為注文,今移正。又按:根據本經描述,所謂「橫公魚」者當即後世所言之鱒魚,《說文》:「鱒,赤目魚。」段注:「見《豳風》。《釋魚》曰:『鮅,鱒。』毛傳曰:『鱒,大魚也。』陸璣、郭璞皆云:『鱒似鯶,赤眼。』」「鯶」即「鯇」字,《說文》:「鯇,魚名。」段注:「《釋魚》:『鱧,鯇也。』毛傳同。許於『鱧』下云:『鱯也』,不云『鯇也』,故『鯇』篆割分異處,蓋其所傳不

同。鯤、鮠古今字。」古人云鱒似鮠而赤眼，故俗曰「赤眼魚」，而《釋魚》云鯤（鮠）即鱧，故前文云「狀如鱧」當是矣。

【冰鼠】〔一〕北方層冰萬里，〔二〕厚百丈，〔三〕有磎鼠在冰下土中焉。〔四〕〔其〕形如鼠，〔五〕食〔冰下〕草木〔根〕，〔六〕肉重萬斤，〔七〕可以作脯，食之已熱。〔八〕其毛〔長〕八尺，〔九〕可以為褥，〔一〇〕臥之卻〔風〕寒。〔一一〕其皮可以蒙鼓，〔一二〕〔其聲〕聞千里。〔一三〕有美尾，〔一四〕可以來鼠。〔一五〕

〔一〕○寧按：《紺珠集》卷十三「冰鼠」條下引《神異經》：「北方有层冰厚百丈，有鼠在土中，食冰下草木，重万斤。」《山堂考索》卷二二二云：「《神異經》：『北方冰厚百丈，有小鼠在下，毛可為褥』，即冰鼠也。」均引此段經文，而並曰「冰鼠」，今據擬題。

〔二〕○孔廣陶曰：《御覽》一百四十五引「層」作「增」。○王國良曰：「層」，《類聚》卷五、卷九五、《初學記》卷三、《御覽》卷七六六並作「曾」，《御覽》卷三四、卷八六二則作「增」。按：曾、增，並假借作層。凡物之重疊者，皆曰層。○寧按：程榮本作「北方層冰萬里」，傅增湘校改「層」為「有增」二字。

〔三〕○宋本《書鈔》引此二句作「北方有冰厚百丈。」孔廣陶曰：陳本「厚」上有「萬里」二字。餘同。○張國風曰：丈，沈本作「尺」。○寧按：「百丈」，《事類備要・前集》卷四兩引此文，先引作「百尺」，後又引作「百丈」，自相牴牾，疑「尺」字誤。

〔四〕○朱謀㙔曰：《御覽》引作「㺟鼠」。○宋本《書鈔》作「㺟鼠」。孔廣陶曰：《漢魏叢書》本《神異經》之《北荒經》「㺟」作「磎」。《龍威》本謂《御覽》引作「㺟」。本鈔百五十六《寒篇》再引亦作「磎」。○陶憲曾曰：案《初學記》二十九、《藝文類聚》五、又九十五引，並作「磎」。○王國良曰：王國良曰：「磎鼠」，《書鈔》卷一三四、卷一四五、《初學記》卷七、卷二六、《御覽》卷三四、卷六八、卷九一一引，並作「㺟鼠」，《六帖》卷一則作「蹊鼠」。○周睾曰：《御覽》卷九一一引「磎」作「㺟」，今案《說文》無「磎」字，《廣韻》說：「磎，仝谿，水注川曰谿。」所以應從《御覽》作「㺟」。又「土中焉」，《御覽》作「出焉」，錯，可能「土中」寫得太近，手民形誤。○張國風曰：焉，原無此字。現據孫本、陳本補。○蕭旭曰：《六帖》卷一「熱」條引作「有蹊鼠」，又「冰」條引作「有鼠」。《書鈔》卷一五六、《類聚》卷五、九五、《初

學記》卷二九、《太平廣記》卷四四〇引「磎鼠」同,《歲華紀麗》卷四引亦作
「鼮鼠」,《御覽》卷七〇八引作「奚鼠」,《御覽》卷七六六引脫作「鼠」。「鼮」
是鼠名專字。《御覽》卷八六二引誤作「鼲鼠」。下文云「肉重千斤,可以作
脯,食之已熱;其毛八尺,可以為褥,臥之卻寒」云云,則此鼠甚大,與《說
文》「鼮,小鼠也」不是一物。大鼠而稱作「鼮鼠」,蓋取反義為名,《類聚》
卷六九引《漢武故事》東方朔稱長五寸的「短人」為「巨靈」,是其比也。《初
學記》卷二六「冰鼠」條引此文「鼮鼠」,則「冰鼠」是其別名。〇寧按:《說
文》:「鼮,小鼠也。」段注:「何休《公羊傳》注云:『鼮鼠,鼠中之微者。』
《玉篇》云:『有螫毒,食人及鳥獸皆不痛。今之甘口鼠也。』是一種形體很
小的鼠類,與本文「肉重萬斤」之描述不符,當如蕭說,取反義為名。而《山
堂考索》卷二二二作「小鼠」,是用「鼮」之本訓為解。

〔五〕〇王國良曰:「其」字,據《書鈔》卷一五六、《類聚》卷五、卷九五、《御覽》
　　　卷三四、卷九一一引文補。

〔六〕〇陶憲曾曰:《類聚》引作「食冰草木根」。〇宋本《書鈔》卷一五六引此句作
　　　「食水草」。孔廣陶曰:王謨本、《龍威秘書》本《神異經》及陳本「水草」作
　　　「草木」。〇王國良曰:「冰下」二字,據《初學記》卷二六、《御覽》卷七六
　　　六、卷八六二引文補。〇張亞南曰:「草木」,《藝文類聚》卷五引《神異經》
　　　作「冰草木根」,《太平御覽》卷三十四引《神異經》作「冰草」,根據文義,
　　　這種蹊鼠生活在冰下,因此其所食之物應是水中之物,《藝文類聚》卷五與《太
　　　平御覽》卷三十四所引,句意更為通順,因此此處作「冰草木根」或「冰草」
　　　文義更為通順。〇寧按:《類聚》卷五引此句「冰」下當脫「下」字,作「食
　　　冰〔下〕草木根」是也。《事類備要》卷四引此句作「但食其光」,「光」當是
　　　「耒(根)」字之殘誤。據補「根」字。《類說》卷二十三引《物類相感志》此
　　　句作「食冰不食草木」。

〔七〕〇孔廣陶曰:王謨本《神異・北荒經》「萬」作「千」,無「注曰」以下。〇陶
　　　憲曾曰:《初學記》、《類聚》引皆作「萬斤」。〇王國良曰:「萬」字,原本作
　　　「千」,今據《書鈔》卷一四五、《類聚》卷五、卷九五、《初學記》卷二六、
　　　卷二九、《六帖》卷一、《相感志》卷十、《御覽》卷三四、卷七六六、卷八六
　　　二引文校改。〇張國風曰:千,沈本作「十」。〇寧按:程本作「千」,傅增湘
　　　校改「萬」。

〔八〕舊注:〔除熱病也。〕〇陶憲曾曰:注四字,從《御覽》引補。下同。〇王國

良曰：「已熱」下，《書鈔》卷一四五、《御覽》卷七六六、卷九一一引，並有注云：「除熱病也。」○寧按：注文據《書鈔》、《御覽》及陶本補。

〔九〕○孔廣陶曰：《漢魏叢書》本《神異經》之《北荒經》「毛長」作「其毛」。○陶憲曾曰：《初學記》、《御覽》引「毛」下有「長」字。○張國風曰：尺，沈本作「寸」。○寧按：傅增湘於「毛」下亦校增「長」字。《事類備要》引此句作「毛長百尺」。

〔一○〕○陶憲曾曰：「褥」，《類聚》引作「蓐」。○宋本《書鈔》一五六引作「蓐」。孔廣陶曰：王謨本、《龍威秘書》本《神異經》及陳本「蓐」作「褥」。本鈔《褥篇》引作「褥」。○寧按：褥，《事類備要》卷四引作「布」。

〔一一〕舊注：治風病也。○孔廣陶曰：《漢魏叢書》本《神異經》之《北荒經》脫「風」字。○寧按：經文「風」字據《書鈔》卷一三四引補。宋本《書鈔》卷一五六引經文此句作「臥之卻寒也」。

〔一二〕○周睿曰：「蒙鼓」，《御覽》作「柔致」，顯然因「蒙鼓」而形誤。

〔一三〕○陶憲曾曰：「其聲」二字，以《類聚》、《御覽》引補。

〔一四〕○陶憲曾曰：「有美尾」，舊本作「其毛」，從《類聚》、《御覽》引改，注同。○王國良曰：「有美尾」，原本作「其毛」，今據《類聚》卷九五、《御覽》卷七六六、《廣記》卷四四○引文校改。《御覽》卷九一一引作「尾毛」。○張國風曰：尾，沈本作「毛」。○寧按：傅增湘校「其毛」為「有美尾」。

〔一五〕舊注：此尾所在，鼠輒聚焉。○陶憲曾曰：注九字本混作經，今改。○周睿曰：「其毛可以來鼠」，《御覽》作「有美尾可來鼠」，「美尾」不知何意。但其下小注說：「此所尾毛所在，鼠漸轉入此聚。」又《廣記》卷四四○引作「其毛可以來鼠，此尾所在鼠聚」。這樣參校起來，或者是「有尾毛可以來鼠，此尾毛所在，鼠輒聚焉。」《廣記》接著又有「今江南鼠食草木為災，此類也」句。○王國良曰：「此尾⋯⋯」一句，原本混入正文，今據《類聚》卷九五、《御覽》卷七六六、卷九一一改作注。○張國風曰：聚，沈本作「必聚」。○寧按：從本文的描述看，此所謂「冰鼠」實即「鼮鼱鼠」，今言「土撥鼠」，俗稱「旱獺」，此鼠形體較大，《本草綱目》卷五十一下：「鼮鼱，言其肥也。」穴土而居，以植物為食，皮可為裘。經文將其誇誕神化了而已。

【鷫】〔一〕北海有大鳥，其高千里。〔二〕頭文曰「天」，胸文曰「雞」，〔三〕左翼文曰「鷫」，右翼文曰「勤」。〔四〕左足在海北涯，右足在海南涯。〔五〕其毛蒼，其喙赤，其腳黑，名曰天雞，一名鷫。勒頭河東，止

海〔中〕央，〔六〕唯捕鯨魚，〔七〕〔鯨魚〕死則北海水流利。〔八〕不犯觸人，不干〔于〕物。〔九〕或時舉翼飛，其兩羽〔相〕切，〔一〇〕如雷如風，〔一一〕驚動天地。〔一二〕

〔一〕〇王國良曰：《物類相感志》卷七「鯨鷄」一則云：「此鷄去北海中捕食鯨，鯨魚死，則北海水流利。不犯觸人，乃不裕萬物。言北海多鯨魚，而產子多，滿塞北海。故天養此鳥，嘗吞之，使海通利。」未注出處，當係本篇，唯文字小異耳。〇寧按：此條程榮本、王謨本當是據《廣記》卷四六三「北海大鳥」條引《神異錄》曰：「北海有大鳥，其高千尺，頭紋曰天，胸紋曰候。左翼文曰鷲，右翼紋曰勒。頭向東正海中央捕魚。或時舉翼而飛，其羽相切如風雷也。」多所節略，本非原文；《御覽》卷九二七「鷲」（注：「一名天鷄」）條引其全文，陶本、王本據之校訂、補綴，餖飣瑣屑，不勝其繁雜。今不從，徑用《御覽》所引為正文，並參諸書引文校訂。《廣記》此節題為「北海大鳥」，《物類相感志》卷七標題為「鯨鷄」。今從《御覽》所擬標題。若依通例，題當為「天鷄」。

〔二〕〇寧按：王謨本原作「高千尺」。〇周睿曰：「高千尺」，《御覽》卷九二七、《廣記》卷四六四引都作「千里」，是。

〔三〕〇寧按：「鷄」，《廣記》卷四六三引作「候」。王謨本作「胸又曰候」，誤。〇陶憲曾曰：「文」，本訛作「又」，以《太平御覽》九百二十七引改。〇周睿曰：「胸又」的「又」字，以上下文例推論，應該是「文」字，查《御覽》、《廣記》所引，正是。「候」，《御覽》作「鷄」，今案《御覽》所引下文「名曰天鷄，一名鷲勒」，剛好約上文頭、胸、左右翼言，所以應是「鷄」字，也許原本作「雞」，而「奚」字脫落，「隹」字遂誤作「候」。〇寧按：斷讀作「鷲勒」非，「勒」當屬下句讀。

〔四〕〇陶憲曾曰：「勤」，本作「勒」，從《御覽》引改。〇蕭旭曰：勒，《太平廣記》卷四六三引同，《御覽》卷九二七引作「勤」。陶憲曾改「勒」作「勤」，恐非。《御覽》下文有「名曰天鷄，一名鷲勒」，則「勤」是「勒」形誤。〇寧按：「勤」，王本補作「勒」。

〔五〕〇寧按：二「涯」字，《廣博物志》卷四十八、《天中記》卷五十六引並作「崖」。

〔六〕〇周睿曰：「向」，《御覽》引作「河」，沒有意義，大錯。〇寧按：疑作「向東」是，《御覽》「河」蓋形訛。「中」字據《廣記》卷四六三引文補。《廣博

物志》、《天中記》引作「勒頭河東，身止海北」，蓋為求語言對仗而有所更易，「北」當作「中」。

〔七〕○陶憲曾曰：陶憲曾曰：「唯」字、「鯨」字從《御覽》引補。

〔八〕舊注：張茂先曰：北海多鯨魚，而產子多，北海溢塞。故〔天養此〕鳥，食此魚，海水通流。○寧按：「鯨魚」二字，據《相感志》卷七補。《天中記》引「魚」後復有「魚」字，蓋其所據本也作「惟捕鯨魚，鯨魚死則海水流利」，唯省略一「鯨」字。《廣博物志》引無「利」字。注文「天養此」三字據《相感志》卷七補。「北海溢塞」，《相感志》卷七作「塞滿北海」。「海水流通」，《相感志》作「海水通利」。

〔九〕○陶憲曾曰：此十四字據從《御覽》引補。○寧按：「于」字，據《廣博物志》引補。《相感志》卷七此句作「乃干裕萬物」，疑本當作「不干預萬物」，「裕」是「預」之音訛。

〔一○〕○張國風曰：切，沈本作「軋」。○寧按：「相」字據《廣記》卷四六三引文補。

〔一一〕○寧按：《廣記》引及王謨本並作「如雷風也」。

〔一二〕○陶憲曾曰：《御覽》引作「如雷如風，驚動天地」。注二十二字，從《御覽》引補。○王國良曰：「驚動天地……」一段，據《御覽》卷九二七引文補入。○寧按：本節經文所言之鷙（天鷄），當是根據鶴、鸛、鸖、鴇、鷺等涉禽神化演繹出的大鳥，涉禽都是站立在水中捕食水中的魚蝦等水生動物，此鷙立在海中捕鯨魚之情形同也。

東北荒經第八

○寧按：王謨本《目錄》云：「《東北荒經》，一則」，經校理為一則。

【栗】東北荒中有木，〔一〕〔高四十丈，〔二〕葉長五尺，廣三寸〕，〔三〕名曰栗，〔四〕其殼徑三尺三寸，〔五〕殼刺長丈餘，〔六〕實徑三尺。殼〔赤而肉〕黃〔白〕，〔七〕其味甜，食之多，〔八〕令人短氣而渴。〔九〕

〔一〕○周奢曰：《御覽》卷九六四引本經作「東北荒有栗樹，高三十丈，栗徑三尺。」《齊民要術》引作「東北荒中有木，高四十丈，葉長五尺，廣三寸，名栗。其實徑三赤。」很對。○「北」原作「方」。王國良曰：「東方」，《要術》卷十、《相感志》卷十三、《御覽》卷九六四、《說略》卷二七引並作「東北」。○寧按：周雖曰「東北」很對，然其本仍作「東方」。今徑改為「東北」。周氏在本經此條下云：「本條重出，見《東荒經》第十條校語。」此條開首既曰「東北荒」，則當入本經為是。

〔二〕○陶憲曾曰：《太平御覽》九百六十四引作「三十丈」。

〔三〕○王謨本、陶本作「三尺」。陶憲曾曰：《齊民要術》引作「三寸」。○王國良曰：「高四十丈，葉長五尺，廣三寸」一句，今據《要術》卷十引文校補；《御覽》卷九六四作「高三十丈」。○寧按：《要術》引《神異經》曰：「東北荒中有木，高四十丈，葉長五尺，廣三寸，名栗。其實徑三尺，其殼赤而肉黃白，味甜。食之多，令人短氣而渴。」《御覽》引《神異經》曰：「東北荒中有栗樹，高三十丈，栗徑三尺，其殼赤，肉黃白，味甜，食之令短氣而渴。」「四」古或作「三」，與「三」形近易訛。

〔四〕○寧按：程本無「曰」字。

〔五〕○王謨本、陶本作「二寸」。陶憲曾曰：《要術》、《御覽》引皆無「二寸」二字。
　　　○寧按：三寸，《相感志》卷十三引作「二寸」。

〔六〕○寧按：「殼刺長丈餘」，「丈」當是「寸」之形訛。

〔七〕○王本校改作「殼〔赤而肉黃白〕」。王國良曰：「赤而肉黃白」，原作「亦白」，
　　　今據《要術》卷十引文校補；《御覽》卷九六四作「赤肉黃白」。○寧按：此句
　　　原文作「殼亦黃」，「亦」是「赤」之訛，又寫脫「而肉」、「白」三字，故據校
　　　補如上。

〔八〕○王謨本、陶本無「多」字。陶憲曾曰：《要術》引「之」下有「多」字。

〔九〕○朱謀㙔曰：《太平御覽》引此云：「東荒北有栗樹，高三十丈，栗徑三尺，
　　　其殼赤，其肉黃白，味甘，食之令人短氣而渴。」《廣記》所引出《酉陽記》。
　　　○陶憲曾曰：《御覽》所引乃今《東北荒經》文，舊校引以證此，非。○周
　　　奮曰：《廣記》卷四一一「東荒栗」條，文與本經近似，而說是「出《酉陽
　　　雜俎》」，恐誤，因為《廣記》開頭大書「東方荒中」，《酉陽》是實錄的書，
　　　沒有虛構的處所，所以一看就知道《廣記》的出處是誤寫。○張國風曰：令，
　　　沈本、陳本作「多令」。本條原出《神異經》。《齊民要術》卷一〇所引《神
　　　異經》、《御覽》卷九六四所引《華山記》、《說郛》（陶珽刊本）卷六六所引
　　　《神異經》、《說略》卷二七、《格致鏡原》卷七四所引《物類相感志》引有
　　　此條。○周運中曰：我認為這種植物是榴蓮，榴蓮是馬來語 durian 音譯，
　　　據英國人說源自馬來語尖刺 dure。榴蓮外有尖刺，體型碩大，外殼黃色，
　　　果肉甜味，吃多上火口渴。這是中國最早榴蓮記載，以前一般認為最早榴蓮
　　　記載是明代馬歡《瀛涯勝覽》蘇門答剌國：「有一等臭果，番名賭爾焉，如
　　　中國水雞頭樣，長八九寸，皮生尖刺，熟則五六瓣裂開，若爛牛肉之臭。內
　　　有栗子大酥白肉十四五塊，甚甜美，可食；其中更皆有子，炒而食之，其味
　　　如栗。」賭爾焉即 durian，馬歡說炒榴蓮子的味道像栗子，《神異經》說榴
　　　蓮叫栗，栗可能因此得名，也可能是 durian 音譯，栗子外殼也有刺。○寧
　　　按：朱謀㙔校語引《御覽》「東荒北」當作「東北荒」。段成式《酉陽雜俎》
　　　中也多抄撮古書之文而不注明出處，此條當是抄《神異經》，而《廣記》又
　　　引其文，故注出《酉陽雜俎》。今見《酉陽雜俎續集》卷十《支植下》。張國
　　　風云「令」別本作「多令」，「多」字當屬上句讀作「食之多」。又按：周運

中言此栗即榴蓮，然榴蓮為南方水果，不生於東北荒野。疑此栗即今言之
「板栗」，又稱魁栗、毛栗、風栗、錐栗等，是北半球溫帶地區的原生樹種，
其果實殼斗有刺，內堅果外殼暗紅色，肉黃白色，味香甜。《本草綱目》卷
二十九引銑曰：「（栗）生食則發氣，煮蒸炒熱食則壅氣，凡患風水人不宜
食。」經文言「食之多，令人短氣而渴」者當謂此也。

中荒經第九

○寧按：王謨本《目錄》云：「《中荒經》，十則」，經校理為八則。

【銅柱，稀有鳥】昆侖之山有銅柱焉，其高入天，〔一〕所謂天柱也。〔二〕圍三千里，〔三〕圓周如削。〔四〕下有回屋〔焉，辟〕方百丈，〔五〕仙人九府治所，〔六〕〔與天地同休息，男女名曰玉人。〔七〕无為配疋，〔八〕而仙道自成也。〕〔九〕上有大鳥，〔一○〕名曰希有，南向，張左翼覆東王公，右翼覆西王母。〔一一〕背上小處無羽，一萬九千里。西王母〔一〕歲〔再〕登翼上，〔一二〕會東王公也。〔一三〕〔其喙赤，目黃如金。其肉苦鹹，〔一四〕仙人甘之。〔一五〕追复，与天消息。〔一六〕不仙者食之，其肉苦如醯。〕〔一七〕故其《柱銘》曰：「昆侖銅柱，其高入天。員周如削，膚體美焉。」其《鳥銘》曰：「有鳥稀有，喙赤煌煌。〔一八〕不鳴不食，東覆東王公，西覆西王母。〔一九〕王母欲東，登之自通。陰陽相須，唯會益工。」〔二○〕

〔一〕○方以智曰：《神異經》云崑崙有銅柱，因《河圖》「天柱」說也。（《通雅》卷十四）○陶憲曾曰：《太平御覽》六百七十四引作「凌雲」。

〔二〕○楊守敬曰：《類聚》七引《龍魚河圖》曰：「崑崙山，天中柱也。」（《水經注疏》卷一）○寧按：「所謂天柱也」五字疑是張華注文。

〔三〕○王國良曰：「圍三千里」下，《說郛》卷六五有「側徑千里」四字。○寧按：「側徑千里」四字疑是注文，「側」是「則」之誤。殆謂其周長三千里，則直徑有千里也。

〔四〕○王國良曰：「圓周」，原作「周圓」，今據《水經》卷一《河水》注、《類聚》卷七、《御覽》卷三八引文乙正。○許菊芳曰：「周圓」，即周圍。六朝時始見，

—115—

如：《後漢書‧西域傳‧大秦國》：「所居城邑，周圓百餘里。」北魏‧酈道元《水經注‧河水》：「山頂周圓五六里，少草木。」《水經注‧河水》、《藝文頻聚》卷七作「圓周」。先秦兩漢「圓」作「員」，如《詩‧商頌‧玄鳥》「景員維河。」朱熹注：「景，山名。員，與下篇『幅隕』義同，蓋言周也。河，大河也。言景山四周，皆大河也。」○寧按：古書多言「周員」，如《淮南子‧俶真訓》：「冰水移易於前後，若周員而趨，孰暇知其所苦樂乎！」此「周員」為循環義；又《泛論訓》：「是猶持方柄而周員鑿也。」此「周員」為圓義，蓋本為圓義，引申為循環義。後用為周圍、方圓義，表示地域或物體的面積或範圍，《類聚》卷九十四引竺法真《登羅山疏》曰：「北岸有石，周員三丈。」「周圓」乃後出的寫法，亦作「周圜」，《後漢書‧西域傳》：「所居城邑，周圜百餘里。」此處疑本作「周圓」，「圓周」則後世倒語耳，而義不殊。「周圓如削」言其柱體渾圓如削成者。

〔五〕○陶憲曾曰：「壁」字從《藝文類聚》七、《御覽》九百二十七引補。○曹鶹雛曰：回屋，回環之屋宇也。○周睿曰：「回屋」，《御覽》卷○三八、九二七引作「屋壁」，卷一八七作「仙人府」，《說郛》作「神仙府治」，《漢魏叢書》本作「石屋」，很對，今從之。○王國良曰：「焉壁」二字，據《初學記》卷二六、《御覽》卷八六二引文補。又「壁」字，《類聚》卷七、《御覽》卷九二七，並作「辟」。按：壁，垣也。辟，假借為壁。○許菊芳曰：「方」，《御覽》卷九二七、《類聚》卷七作「辟方」。《御覽》卷三八作「壁方」。《說郛》本、《水經注‧河水》引文皆無「方百丈」此句。「辟方」，猶開方，見方。用於計量空間大小。「辟」，有開義。《儀禮‧士喪禮》：「主人即位，辟門。」鄭玄注：「辟，開也。」《詩‧大雅‧召旻》：「日辟國百里，今也日蹙國百里。」毛傳：「辟，開也。」《正字通‧辛部》：「辟，猶開也。」「開方」，可以用於計量空間大小，如《南史‧劉凝傳》：「（凝）遭母憂，居喪盡禮。所處廬開方四尺，毀瘠過人。」「辟方」與其同。《幽明錄》：「前行見七八十梁瓦屋，中有閣十餘梁，上有窗向。有人面辟方三尺，著皂袍，四縱掖，憑向坐，唯衣襟以上見。」此例中的「辟方」看似描狀面積大小，實則也是說的空間體積，試比較它在《冥祥記》中的異文：「前至，見瓦屋采樓千閒，有屋甚高，上有一人，形面壯大，著皂袍四縫，臨牕而坐。」可知，「辟方三尺」指的是壯大，不僅大而且壯實。《靈樞經‧腸胃》：「廣腸傅脊，以受回腸，左環葉脊，上下辟大八寸，徑二寸寸之大半，長二尺八寸。」試比較其上文：「胃紆曲屈，伸之，長二尺六寸，大一

尺五寸，徑五寸，大容三斗五升。」可以看出，「辟大」與「大」同。因此「辟
方」亦可作「方」。雖然「辟方」和「方」意思上完全相同，但「辟方」產生
於東漢時期，東漢·支讖譯《道行般若經》卷十《摩訶般若波羅蜜曇無竭菩薩
品》：「是時曇無竭菩薩，都大會壁方四十里，滿其中人。」我們注意到《神異
經》其他條目均作「方」，故此條輯錄時改「辟方」為「方」。○蕭旭曰：《御
覽》卷三八引亦作「壁方」，《初學記》卷二六、《御覽》卷八六三引《十洲記》
同。王氏以「壁」為正字，訓作牆垣，非是。當以「辟」為正字，「壁」為借
字。「辟方」指周圍，猶言周長。辟之言邊，指四邊。方之言旁，亦指四邊。
複言之則曰「辟方」。晉陸翽《鄴中記》：「石虎御牀，辟方三丈。」又「石虎
作雲母五明金薄莫難扇，此一扇之名也……其五明方中，辟方三寸或五寸，
隨扇大小。」《御覽》卷三七○、七二七引王隱《晉書》：「（淳于智）乃以朱書
其手腕橫文後二寸為『田』字，辟方一寸二分。」又卷九八六引《嵩高山記》：
「嵩高山上有神芝，人芝者，狀似小兒；地芝者，辟方一尺，如黃金色，覆以
五色雲，有神龍守之。」又卷九六三引《永嘉郡記》：「山頂上有平石，辟方十
餘丈，名為仙壇。」《雲笈七籤》卷二：「（老君）從虛空而下，為太初之師口
吐《開天經》一部，四十八萬卷，一卷有四十八萬字，一字辟方一百里，以教
太初。」都是其例也。單言「辟」亦指周長，《靈樞經》卷六：「迴腸當臍，左
環迴周葉積而下……廣腸傳脊以受迴腸，左環，葉脊上下，辟大八寸，徑二
寸。」單言「方」指周長，則古書常例，不煩舉證。○寧按：《相感志》卷八
作「壁方一丈」。「辟方」、「壁方」、「開方」為同一詞，是用來計量物體面積的
大小，與今言「面積」的意思略同。《幽明錄》言「有人面辟方三尺」是指人
臉的大小有三尺，臉面三尺很大，故《冥祥記》或言「壯大」，《說文》：「壯，
大也」，「壯」、「大」乃同意連語成詞，許曰「不僅大而且壯實」乃望文生義，
誤。

〔六〕○周睿曰：「仙人九府」似不文，應是「九府仙人」，因為神仙之說，好以「九」
為數，如「九天玄女」、「九宮真人」、「九轉金丹」等是，下文又說「九府玉
童」更可為證，所以應改。○王國良曰：「所」，原作「之」，今據《御覽》卷
六七四引文校改。又《水經注》卷一、《類聚》卷七八引，並作「九府治」，無
「所」字。按：治所，猶今言辦公廳也，省稱曰治。《御覽》卷六七四引《南
真說》云：「崑崙山上有九府，是為九宮，太極為大宮。諸仙皆是九宮之官僚
耳。」○寧按：「仙人」，《御覽》卷六七四作「仙曹」，疑是。「仙曹」是指仙

人的官吏,「九府」當是仙曹們的辦事機構,故稱「仙曹九府」,「治所」指辦公地點。周說非是,王說得之。

〔七〕舊注:男即玉童,女即玉女。○王國良曰:「男即玉童,女即玉女」八字,原混入正文,今依文意改為注。

〔八〕○許菊芳曰:「匹配」,婚配,它是東漢時期的新詞。如《後漢書·趙諮傅》載趙諮《勒子遺書》:「昔舜葬蒼梧,二妃不從。豈有匹配之會,守常之所乎?」《易·姤》:「(象曰):剛遇中正」唐·孔穎達疏:「一女而遇五男,既不可取;天地匹配,則能成品物。」又作「配匹」,也見於東漢,如王充《論衡·問孔篇》:「孔子謂忠非仁,是謂父母非二親,配疋非夫婦也。」《搜神記》卷五「蔣山廟戲婚」條:「廟有數婦人像,甚端正。某等醉,各指像以戲,自相配匹。」《晉書·孝武帝紀》:「詔淮南所獲俘虜付諸作部者,一皆散遣,男女自相配匹。」○甯按:「疋」同「匹」。「匹配」古作「匹妃」,如《列女傳·仁智·魏曲沃負》:「自古聖王必正妃匹妃,匹正則興,不正則亂。」恐難言「是東漢時期的新詞」。

〔九〕舊注:張茂先曰:言不為夫妻也。○王國良曰:「與天地同休息……」一段,據《御覽》卷一八七引文補。《說郛》卷六五引作「玉童玉女也,與天地同体(休)息。男女名玉人,男即玉童,女即玉女。無為匹配,而仙道自成也。」末有注云:「言不為夫妻也。」

〔一○〕○陶憲曾曰:「大」,《御覽》引作「一」。

〔一一〕○曹鵾雛曰:西王母,古仙名,女仙之領袖也。○袁珂曰:西王母,神名。《山海經·西次三經》:「玉山,是西王母所居也。西王母其狀如人,豹尾虎齒而善嘯,蓬髮戴勝,是司天之厲及五殘。」又《大荒西經》:「西海之南,流沙之濱,赤水之後,黑水之前,有大山,名曰昆侖之丘。有神,人面虎身,文尾,皆白處之(郝懿行云:神人即陸吾也)。其下有弱水之淵環之,其外有炎火之山,投物輒然。有人戴勝,虎齒,豹尾,穴處,名曰西王母。此山萬物盡有。」又《海內北經》:「西王母梯几而戴勝,其南有三青鳥,為西王母取食。在昆侖虛北。」郭璞注:「又有三足鳥,主給使。」《山海經》中言西王母之狀畢於此矣。《淮南子·覽冥》有「羿請不死之藥於西王母,姮娥竊以奔月」之說,《穆天子傳》有「天子賓於西王母,西王母為天子謠」之敘,西王母逐漸由樸野演化而至於文明。後《神異經》寫西王母歲登大鳥希有翼上會東王公,則當由穆天子賓於西王母之說而生。又有《漢武故事》、《漢武帝內傳》,敘漢武帝見西王

母事，亦緣《穆天子傳》而附會，神話又演為仙話，西王母事自此益繁衍矣。
〇寧按：西王母本是虞夏時期傳說中的遠古神靈，記載於《山海經》中時尚保持半人半獸的原始樣貌，性別不能知；到了戰國時開始演化為人王，性別亦不能確知；漢代才演變為女性老婦形象，附會為女仙首領，又造一東王公（東王父）配之。自此以後，西王母為女性神之說方得定型，東漢時期墓葬中的畫像石上猶多西王母與東王公之題材，知其說東漢大興。

〔一二〕〇陶憲曾曰：《御覽》引「歲」上有「一」字，「登」上有「再」字。〇王國良曰：「歲登」，《御覽》卷九二七作「一歲再登」。〇寧按：疑作「一歲再登」是，謂西王母一年兩次登大鳥希有之翼與東王公相會也。故據《御覽》引補「一」、「再」二字。

〔一三〕〇陶憲曾曰：「會」，《水經·河水》注、《御覽》引皆作「之」。〇王國良曰：「之」，《增訂漢魏叢書》本、《百子全書》本並作「會」。按：之，適也，往也，義可通。惟據下文《鳥銘》之「陰陽相須，唯會益工」句，似作「會」字較佳。

〔一四〕〇王國良曰：「其肉苦鹹」，《初學記》卷二六引《十洲記》（？）作「其肉若（醢）醓」，《相感志》卷八、《御覽》卷八六三則作「其肉若醢」。按：醢，肉醬。醓，醋也。古代醓醢常連用，蓋醓所以和醢醬也。

〔一五〕〇陶憲曾曰：此十五字從《御覽》引補。《初學記》二十六亦引此文，誤題《十洲記》。又與上「追復脯」條相混。惟「苦鹹」二字作「若醢」較善。〇周奢曰：《御覽》卷九二七引作「西王母一歲再登翼上，之東王公也」，當然有脫誤處，不如本經的順暢。但其下有「其喙赤，目黃如金。其肉苦，仙人甘之」句，為今本所無，似是古本，茲據補。〇王國良曰：「其喙赤……」一段，據《御覽》卷九二七引文補。〇寧按：「苦鹹」似當如陶說作「若醢」，「苦」是「若」之形訛，「鹹」是「醢」之訛，而「醢」當作「醓」，《說文》作「肬」，云：「血醓也。」段注：「《醢人》：『韭菹醓醢』，注云：『醓，肉汁也。』《公食大夫禮》注曰：『醓醢，醢有醓。』《釋名》曰：『醢多汁者曰醓。醓，潘也。宋、魯人皆謂汁為潘。』按合此三條，可見《禮經》『醓醢』正字當作『肬』，謂多肉汁之醢也。」《釋名·釋飲食》「醢多汁者曰醓」之「醓」，今本或訛作「醢」。「醓（肬）」是「醢」之一種，古書多二者連言曰「醓醢」，如《詩·大雅·行葦》：「醓醢以薦」，鄭箋：「醓醢，肉醬也。」故類書引此經文或曰「若醢」，又或曰「若醓」，實一物。「醓醢」言其肉美味也。

〔一六〕○寧按：「追复，与天消息」六字，《初學記》卷二六引有。陶氏以「追復」二字是與「追復脯」條相混，王本亦刪「追復」二字，疑非是。《相感志》卷八引此句作「仙人食其肉，腹，與天地消息。」「腹」蓋「追復」之殘誤，是其所據本亦有「追復」二字。「追復」即「隨復」，見上《西北荒經》「追復脯」條注。此言神仙們食希有之肉，其肉隨食隨恢復如初，而仙人們則與天同長久也，故不當刪。或可能是注文。

〔一七〕○王國良曰：「與天消息……」一段，據《初學記》卷二六引文補。按：醷，梅漿也。○寧按：「醷」為梅漿，言其酸苦也。《相感志》卷八作「其肉若如意也」，「若」當「苦」之訛，「意」即「醷」之省。此蓋謂希有鳥之肉，仙人食之則味美，不仙者（凡人）食之則酸苦也。

〔一八〕○陶憲曾曰：「綠」，本作「磔」，從《水經注》引改。○周寀曰：「磔赤」，據前引《御覽》，則應該是「喙赤」才是。「煌煌」，指「目黃如金」說。○王國良曰：「喙赤」，原本作「磔赤」，《水經》卷一《河水》注作「綠赤」，今據上文「其喙赤」校改。煌煌，光明貌。此形容希有鳥金黃之眼睛也。○寧按：「喙」，王謨本作「磔」，陶本校作「綠」。「磔」或「綠」周、王校作「喙」是。

〔一九〕○寧按：「不鳴不食，東覆東王公，西覆西王母」三句疑有缺脫倒誤。由韻求之，或本當作「不鳴不食，□□□□。西覆西王母，東覆東王公」。蓋此銘主用東部韻，「公」、「東」、「通」、「工」均東部字為韻；前第二句「煌煌」以陽、東旁轉為韻。「不鳴不食」句下當脫一句，句末當是陽部字或東部字。

〔二○〕○陶憲曾曰：案銅柱、希有鳥二銘當係注中之銘，如郭璞注《山海經》中亦有銘也。○寧按：陶說疑是，從「故其《銘》曰」以下，本都是酈注引述之文，所引即《銅柱銘》和《希有鳥銘》。是作《神異經》者又模仿《山海經銘》為其中的事物作了《銘》，本當附於每條經文之下，故酈道元得連引之。可惜他書所引均不及銘，故今多不傳。酈道元引此節文字，稱「張華敘東方朔《神異經》曰」，《水經注疏》卷一楊守敬曰：「《隋志》：『《神異經》一卷，東方朔撰，張華注。』此『敘』疑當作『注』，然酈氏所引皆經文。」實際上裡面當有張華的注文混入。

　　○此條下原有一條曰：「九府玉童玉女，與天地同休息。男女無為匹配，而仙道自成。（張茂先曰：言不為夫妻也。）」陶憲曾曰：按此與上文當即一條，誤竄於此。又注十二字，舊本上題「張茂先曰」四字，並作正文，今改正。○王國良曰：本則與上文原為一篇，輯錄者誤分為二，今既移正，此處宜刪。又

「張茂先曰……」一句，原混入正文，今改為小字，以免淆亂。○寧按：陶、王說是，今刪此條。

【天地八宮】東方有宮，青石為墻，高三仞，左右闕，〔一〕高百尺，〔二〕畫以五色，門有銀榜，以青石碧鏤，題曰：天地長男之宮。西方有宮，白石為墻，五色玄黃，〔三〕門有金榜而銀鏤，題曰天地少女之宮。中央有宮，〔四〕以金為墻，門有金榜，〔五〕以銀鏤，〔六〕題曰：天皇之宮。南方有宮，以赤石為墻，赤銅為門闕，〔七〕有銀榜，〔題〕曰：〔八〕天地中女之宮。〔九〕北方有宮，以黑石為墻，題曰：天地中男之宮。東南有宮，〔一○〕〔以〕黃石為墻，〔一一〕黃榜碧鏤，〔一二〕題曰：天地少男之宮。西北有宮，〔一三〕黃銅為墻，〔一四〕題曰：地皇之宮。

〔一〕○王國良曰：「東方有宮……」一句，《草堂詩箋》卷七引作「東方有青明山，有宮焉，青石為壇，高三仞，方四里，面一門，上三層皆為左右闕。」

〔二〕○陶憲曾曰：「百尺」，《藝文類聚》六十二引作「百丈」。

〔三〕○陶憲曾曰：《類聚》引無「玄」字。

〔四〕○陶憲曾曰：「中央」，《類聚》引作「西南方」。○周奢曰：《御覽》卷一七三引，「中央」作「西南」，錯。因為本條是按「五行」排列，中央屬土，其色黃，所以用金為墻。○王國良曰：王國良曰：「中央」，《類聚》卷六二、《御覽》卷一七三引，並作「西南」。按：《初學記》卷二四、《淵海》卷八並云：「西北裔外大夏山有宮，以黃金為墻。」疑作「西北」為是。○寧按：此節經文所言只有八方八宮，無中央，當是根據八卦方位立論而非五行，周說不可從。然文字混亂非其理。此處「中央」當作「西北」，西北為乾位，乾象為天，故曰「天皇之宮」。

〔五〕○王國良曰：「門」，《御覽》卷一七三作「闕」。

〔六〕○寧按：「以金為墻，門有金榜，以銀鏤」三句文字當有脫誤。由文例觀之，八宮之墻均以五色石為之，不用金也。八宮均以八卦配五行之色，西方兌、西北乾均屬金，色白，故西北宮亦當曰「以白石為墻」，其「金」字當作「黃金」，應在「以銀鏤」之前，此三句本應作「以〔白石〕為墻，門有金榜，〔黃金〕以銀鏤」。

〔七〕○陶憲曾曰：《類聚》引無「闕」字。

〔八〕○陶憲曾曰：陶憲曾曰：「題」字從《類聚》引補。○王國良曰：「題」字，據

《類聚》卷六二引文補。

〔九〕○陶憲曾曰：「地」本作「皇」，亦據引改。○王國良曰：「地」，原作「皇」，今據《類聚》卷六二、《御覽》卷一七三引文校改。

〔一〇〕○寧按：「東南」當作東北，八卦方位東北為艮，艮為少男，故下文言為「少男之宮」。

〔一一〕○王國良曰：「以」字，據《類聚》卷六二、《御覽》卷一七三引文補。

〔一二〕○寧按：「黃榜碧鏤」，此句有脫誤，依文例當作「黃〔金（或銅）為門，有口〕榜，碧鏤」。

〔一三〕○王國良曰：「西北」，《類聚》卷六二、《御覽》卷一七三引，並作「西南」。按：《初學記》卷二四、《淵海》卷八並云：「西南裔外老壽山有宮，以黃銅為墙。」當以「西南」為是。○寧按：作「西南」是，西南於八卦為坤，坤象為地，故曰「地皇之宮」。

〔一四〕○寧按：「黃銅為墙」，此句亦有脫誤，根據文例，西南為坤，屬土，色黃，為黃石。此經文依例當曰「以〔黃石〕為墙，黃銅〔為門，有口榜〕」。因脫誤已久，諸書輾轉相引，遂失其體例。

　　附：【天地八宮】東方有宮，青石為牆，高三仞，左右闕，高百丈，畫以五色，門有銀榜，以青石鏤，題曰：天地長男之宮。西方有宮，白石為牆，五色黃，門有金榜而銀鏤，題曰：天地少女之宮。西北方有宮，以金為牆，門有金榜以銀鏤，題曰：天皇之宮。南方有宮，以赤石為牆，赤銅為門，有銀榜，題曰：天地中女之宮。北方有宮，以黑石為牆，題曰：天地中男之宮。東北有宮，以黃石為牆，以黃碧鏤，題曰：天地少男之宮。西南有宮，以黃銅為牆，題曰：地皇之宮。東南有宮，題曰：天地長女之宮。〔一〕（《格致鏡原》卷十九引《神異經》）

〔一〕○寧按：此節見清·陳元龍《格致鏡原》卷十九，與前節文字差異很大，亦不見其他典籍引用。疑此是陳氏據八卦八方八宮理論重新作了校訂整理，故文字訛誤較少，附錄於此以備參。

　　東方裔外有東明山，〔有宮〕，〔一〕以青石為墙。〔二〕西北裔外有大夏山，〔三〕〔有宮〕，〔四〕以金為墙。〔五〕南方裔外有岡明山，〔六〕〔有宮〕，以赤石為墙。〔七〕西南裔外老壽山，〔有宮〕，以黃銅為墙。東南裔外闓清山，以青石為墙。西北裔外西明山，〔八〕〔有宮〕，以白石為墙。〔九〕

〔一〕○王國良曰：「有宮」二字，據《初學記》卷十引文補。○寧按：《類說》卷三十七引作「有宮闕」。

〔二〕○王國良曰：《初學記》卷十引本句作「東方東明山有宮，青石為牆，面一門，門有銀榜，以青石碧鏤，題云天地長男之宮。」《初學記》卷二七、《御覽》卷八一二引東方朔《十洲記》，並作「東方外有東明山，有宮焉，左右闕而立，其高百尺，建以五色，門有銀牓。以青碧鏤，題曰天地長男之宮。」

〔三〕○「西北」，王謨本、陶本作「西方」。陶憲曾曰：《初學記》二十四引作「西北」。○王國良曰：「西北」，原作「西方」，今據《初學記》卷二四、《淵海》卷八引文校改。○寧按：作「西北」是。

〔四〕○王國良曰：「有宮」二字，據《初學記》卷二四、《淵海》卷八引文補。以下「南方……」句、「西南……」句、「東南……」句、「西方……」句，並同。

〔五〕○陶憲曾曰：《初學記》引「金」上有「黃」字。

〔六〕○陶憲曾曰：「岡」，《初學記》引作「罔」。○王國良曰：「罔」字，原作「岡」，今據《初學記》卷二四、《淵海》卷八引文校改。《御覽》卷八一二作「闇」，疑係「闇」之訛。闇、暗通用。闇明，暗而不明也，與罔明之義相近。○寧按：「岡（或罔）明山」與「闇明山」非是一山，是因為文字摻混造成的訛誤。「岡」、「罔」均當為「冏」字之訛，通「炯」，光明、明亮之意，乃南方裔外之山名。「闇」當如王氏說作「闇」，幽暗、暗昧之意，乃北方裔外之山名。蓋本條經文中東、西、南、北四方之山均曰「明」，古人以南方為明亮之地，故其山曰「冏明山」；以北方為幽暗之地，故其山名「闇明山」。因為南、北兩條經文原書相鄰，故發生了文字淆亂，此當明辨之也。

〔七〕○王國良曰：本句，《御覽》卷八一二引東方朔《十洲記》作：「南方有闇明山，有宮焉，有銀榜，題曰天地中女之宮。」《十洲記》，亦《神異經》之誤。

〔八〕○陶憲曾曰：《初學記》引作「西方」。○王國良曰：「西方」，原作「西北」，今據《書鈔》卷一六○、《初學記》卷二四、《淵海》卷八、《草堂詩箋》卷十二引文校改。

〔九〕舊注：蓋神仙之宅也。○王國良曰：「牆」下，原本有「皆有宮」三字，今刪。又本句，《書鈔》卷一六○引作「西方裔外有西明山，其上無草木，有宮焉，白石為牆，其高三仞四尺，有一門，上三層架，皆石為左右闕。」按：今據《書鈔》、《初學記》、《御覽》、《淵海》、《草堂詩箋》諸書引文觀之，本則與前則，原係同一篇，唐宋學者，割裂刪節以入類書中，後世輯錄者不察，遂分置

兩處。惜諸書引文，節略不全，無從恢復原貌矣。

　　〇寧按：王氏謂此二節本為一節是也，後世類書引用分割為二，且脫漏、錯訛、摻混、淆亂甚夥，然其事大略可知。此蓋用《周易》後天八卦乾、坎、艮、震、巽、離、坤、兌八卦配八方、八山，八山上有父（乾）母（坤）與六子（震坎艮巽離兌）之宮，沒有「中央」之說。八宮之墻均當以五色石為之，是以八卦配五行為五色：乾、兌為金，白色，其宮當曰「以白石為墻」。坎為水，黑色，其宮曰「以黑石為墻」。震、巽為木，青色，其宮曰「以青石為墻」。離為火，赤色，其宮曰「以赤石為墻」。坤、艮為土，黃色，其宮曰「以黃石為墻」。今經中言「以金為墻」、「以黃銅為墻」者均有文字舛誤。清代陳元龍據此校訂八宮之文字，甚得其條理。今可表示如下：

卦　名	方　位	卦　象	山　名	五　色	石色墻	宮　名
乾	西北	天（父）	大夏山	白	以白石為墻	天皇之宮
坎	北	中男	闇明山	黑	以黑石為墻	天地中男之宮
艮	東北	少男	□□山	黃	以黃石為墻	天地少男之宮
震	東	長男	東明山	青	以青石為墻	天地長男之宮
巽	東南	長女	闡清山	青	以青石為墻	天地長女之宮
離	南	中女	岡明山	赤	以赤石為墻	天地中女之宮
坤	西南	地（母）	老壽山	黃	以黃石為墻	地皇之宮
兌	西	少女	西明山	白	以白石為墻	天地少女之宮

　　其中唯缺失了東北裔外的山名。其敘述的八方順序可能是東、西、南、北、東南、西北、西南、東北，並不涉及中央。根據這個推演和順序，再參考諸書所引，可以正確恢復大部分文字：

　　　　東方裔外有東明山，有宮焉，以青石為墻，高三仞，左右闕高百尺。畫以五色，門有銀榜，以青石碧鏤，題曰：天地長男之宮。

　　　　西方裔外有西明山，其上無草木，有宮焉，以白石為墻，其高三仞四尺，五色玄黃，有一門，上三層架，皆石為左右闕。門有金榜，而銀鏤，題曰：天地少女之宮。

　　　　南方裔外有岡明山，有宮焉，以赤石為墻，赤銅為門闕，有銀榜，□鏤，題曰：天地中女之宮。

　　　　北方裔外有闇明山，有宮焉，以黑石為墻，題曰：天地中男之宮。

東南裔外有闡清山，有宮焉，以青石為墻，題曰：天地長女之
宮。

西北裔外有大夏山，有宮焉，以白石為墻，以黃金為門，有金
榜，銀鏤，題曰：天皇之宮。

西南裔外有老壽山，有宮焉，以黃石為墻，黃銅為門，有□榜，
□鏤，題曰：地皇之宮。

東北裔外有□□山，有宮，以黃石為墻，黃□為門，有□榜，
碧鏤，題曰：天地少男之宮。

然此以皆有節略之文，其中缺失較多，比如原書每座山名後當有描述此山
狀貌之文，如西方西明山「其上無草木」之類，其門、闕、榜、鏤亦當有描述
高低形制及材質、顏色之文，然諸書多節略不引，亦無從補苴矣。

【鬼門】東北〔方〕有鬼星石室，〔一〕三百戶〔而〕共一門，〔二〕石
榜，題曰：鬼門，〔晝日不開，至暮即有人語，有火青色。〕〔三〕西南銅
關，〔四〕夾榜題曰：〔五〕人往門。東北銅闕，夾門榜題曰：〔六〕人來門。
〔七〕

〔一〕○陶憲曾曰：舊本與上文連讀，今提行。「方」字從《太平御覽》八百八十三
引補。○周睿曰：今案《百子全書》將「東北有鬼星石室」條接在「皆有宮」
下，很突兀，因為前面正談及「神仙住宅」（朱氏按語），忽然轉入「鬼門」，
甚不文。應該從《漢魏叢書》等別為一條才是。《御覽》卷一八三引作「東北
有鬼石室三百里戶共一門」，《中華大辭典·鬼部》「鬼門」條引作「東北方又
鬼星，石室屋三百戶」。今案陰陽家語，以為「東北間」屬「艮」，是陰惡之氣
聚，是百鬼出入的門戶，所以在天上二十八宿中，東北方屬「鬼星」，那麼本
句應該是「東北方有鬼星，（有）石室，三百戶共一門。」○寧按：「鬼星石室」
甚不可解，「星」疑「屋」之形訛，「鬼屋石室」謂鬼屋之內室為石製也。

〔二〕○陶憲曾曰：「而」字從《太平御覽》八百八十三引補。「戶」《御覽》一百八
十三引作「里」。○王國良曰：「共一門」，《珠林》卷十作「共所」。

〔三〕○陶憲曾曰：「晝日」一下十四字上本有「鬼門」二字，別為一條，在「齧鐵
獸」條後。又「火青」本作「青火」，並從《御覽》引改正。○王國良曰：「晝
日……」一句，據《御覽》卷八八三引文補。《珠林》卷十作「門晝日不閉，

至暮則有人語，有火青色。」按：鬼，大抵晝隱夜出，當以「晝日不開」為是。○寧按：作「有火青色」當是，「火」即俗語所謂「鬼火」者。

〔四〕○王本改「關」為「闕」。王國良曰：「銅闕」，原作「銅關」，今改。○寧按：《御覽》卷一八三引作「関」，即「關」字。由文意求之，當以作「闕」為是。

〔五〕○陶本於「牓」上補「門」字。陶憲曾曰：上「門」字據《御覽》引補。○寧按：《御覽》卷一八三引「夾」作「頰」，其後無「門」字。下文有「夾門牓題曰」句，周奮以為「門」為衍文（見注〔六〕）。

〔六〕○周奮曰：「夾牓」，又作「夾榜」，是門關兩旁的榜，所以「夾門榜」的「門」字是多出來的，應刪去。○「闕」，原本作「關」，王本校作「闕」。王國良曰：「銅闕」，原作「銅關」，今據《御覽》卷一八三引文校改。

〔七〕○周奮曰：本經「南方有獸」條之後，有「鬼門」條，我以為是散錯抄誤，應移於此，文意才完整。○寧按：周說是，然此與文意無關。又按此條當入《東北荒經》。

【齧鐵獸】南方有獸焉，角足大小形狀如水牛。皮毛黑如漆，食鐵飲水，其糞可為兵器，其利如剛，〔一〕名曰齧鐵。〔二〕

〔一〕○寧按：剛，《本草綱目》卷五十一上引作「鋼」，四庫本作「綱」，蓋誤。

〔二〕舊注：〔俗云「咋鐵」。〕《玄黃經》云：「南方齧鐵，糞利為剛。食鐵飲水，腸中不傷。」○方以智曰：《神異經》有「齧鐵獸」，《禽書》所言「豻」、《拾遺記》言「昆吾兔」皆能食銅鐵。《唐書》吐火羅獻大獸，食銅鐵，日行三百里，其矢可鑄刀。其言西域蒼鵝飼鐵，取糞作刀，即馳鳥之類也。吳王武庫兔腹中腎膽皆鐵，取鑄劍，切玉如泥。（《通雅》卷四十八）○李時珍曰：《唐史》云：「吐火羅獻大獸，高七尺，食銅鐵，日行三百里。」○朱謀㙔曰：今蜀中深山，亦有齧鐵獸。○陶憲曾曰：「俗云咋鐵」四字，從《太平御覽》八百一十三引補。○周奮曰：《御覽》卷九一三引本經同。桂馥《說文義證》「獏」字條引本經作：「南方有獸，名曰『齧鐵』，大如水牛，色如漆，食鐵飲水，其糞可作兵器，其利如鋼也。」（《廣韻·入聲十六屑》「鐵」字下引本經全同）又引《山海經·西山經》說：「又西百七十里曰南山，上多丹粟，丹水出焉，北流注於渭，多猛豹。」郭氏注：「猛豹似熊而小，毛淺，有光澤，能食蛇，食銅鐵，出蜀中。豹或作虎。」可見「猛豹」就是「獏」，李善注司馬長卿《上

林賦》「其獸則猵旄貘犛」說「毛貘」就是「白豹」，也是一個證明。左太沖《蜀都賦》不說「齧鐵」，只說「戟食鐵之獸」，李善注：「貊獸，毛黑白，臆似熊而小，以舌舐鐵，須臾便數十斤。出建寧郡。」貘、貊同聲，指的原是一物。由此也可看出本經寫定的時間，絕不在左太沖之前。○周淑敏曰：根據郭璞的描寫，這種「食銅鐵及竹骨」的動物即是今天的大熊貓，而且「食鐵獸」的名字在四川有的縣志中也有記載。這種大熊貓食鐵行為的記載曾令許多人頗為不解，不過近些年在大熊貓自然保護區確實出現大熊貓把鐵盆咬碎吞下肚子的情況，之後鐵片會隨糞便排出。可見，《神異經》中的記載確是古人對大熊貓的早期記載，而且內容還頗為紀實，難怪會一直被大熊貓研究者所重視。○寧按：周奢言「李善注司馬長卿《上林賦》『其獸則猵旄貘犛』說『毛貘』就是『白豹』」有誤，李善注原作「郭璞曰：猵似牛，領有肉堆也。張揖曰：旄，旄牛也，其狀如牛而四節毛。貘，白豹。」「貘，白豹」乃《爾雅·釋獸》語，周氏將「毛貘」連讀為名詞，非是。古傳能食銅鐵之獸為貘。《爾雅·釋獸》「貘，白豹」郭璞注：「似熊，小頭庳腳，黑白駁，能舐食銅鐵及竹骨。骨節強直，中實少髓，皮辟濕。或曰豹白色者別名貘。」羅願《爾雅翼》卷十八論之云：「貘今出建寧郡，毛黑白臆，似熊而小，能食蛇，以舌舐鐵，可頓進數十斤，溺能消鐵為水，有誤食針鐵在腹者，服其溺則化。取其糞為刀，可以切玉。……《神異經》曰：『南有獸曰齧鐵，大如水牛，色如漆，食鐵飲水，其糞可作兵器，其利如鋼。』……郭氏又云：『或曰豹白色者別名貘。』《說文》曰：『貘似熊而黃黑色，出蜀中。』今蜀人云峨眉山多有之，其上浮屠所居，往往有懸釜而炊者，懼鐵器為所食。皮略如虎，其色深黑，能折醒，唐世多畫貘作屏，白居易有讚序之。今黔蜀中時有之，象鼻犀目，牛尾虎足，土人鼎釜多為所食，頗為山居之患。亦捕以為藥，其齒骨極堅，以刀斧椎鍛，鐵皆碎，落火不能燒，人得之詐為佛牙、佛骨，以誑俚俗。」《本草綱目》卷五十一上《獸之二》「貘」下曰：「又有齧鐵、豻、昆吾兔，皆能食銅鐵，亦貘類也。」據羅願所述，齧鐵獸實即貘之神異化，如周淑敏所言，此獸即今之大熊貓。又按：左思《蜀都賦》言「戟食鐵之獸」，當是已用「齧鐵」的典故，而周氏卻據此得出「本經寫定的時間絕不在左太沖之前」的結論，甚不可思議。言《神異經》出於左思之後當是，而食鐵獸或齧鐵獸之傳說蓋由來已久，難分左思與《神異經》孰先孰後。又按此條當入《南荒經》。

　　【汗血馬】西南大荒〔宛丘〕有〔良〕馬，〔一〕其大二丈，鬣至膝，〔二〕尾委地，〔三〕蹄如升，〔四〕跪可握。〔五〕日行千里，至日中而汗血。〔六〕乘者當以〔絲〕絮纏頭、〔腰、小腹〕，〔七〕以辟風病，〔八〕彼國人不纏〔也〕。〔九〕

〔一〕○陶憲曾曰：「宛」本作「荒」，從《藝文類聚》九十三、《太平御覽》八百九十七引改。又《類聚》引「宛」下有「宛丘」二字，「馬」上有「良」字。○周奢曰：「大荒」《御覽》卷八九七引作「大宛」，是，因為「汗血馬」是大宛名馬。○王本校此句作「西南大宛有馬」。王國良曰：「宛」字，原作「荒」，今據《類聚》卷九三、《御覽》卷八九七、《分門集註杜工部詩》卷十六、卷二三引文校改。又「大宛」下，《類聚》卷九二、《分門集註杜工部詩》卷十六引，有「宛丘」二字。○寧按：《萬花谷・前集》卷三十七引作「大宛有良馬」，然改為「大宛」恐不確。《神異經》多詼詭影射之舉，不言實地，此雖言大宛汗血馬，恐亦不當徑言「大宛」，《史記・大宛列傳》云：「大宛在匈奴西南，在漢正西，去漢可萬里。」是大宛在中國之正西，不當言在西南也。疑其經文本作「西南大荒有宛丘，有良馬」，宋代董逌《廣川畫跋》卷六引此句唯作「夫宛丘有良馬」可證。蓋「大宛馬」古亦簡稱「宛馬」（見《史記・大宛列傳》），《神異經》作者誤以「宛馬」為「宛丘之馬」，故云然；後人用以說汗血馬事，而汗血馬出大宛，遂改「荒」為「宛」，又脫「有」字，而成《類聚》所引「西南大宛宛丘」之文，恐非作者本意。實者作者正以「大荒宛丘」影射「大宛」也。故不改字，唯據《類聚》補「宛丘」、「良」三字。

〔二〕○「鬣」，王謨本作「髩」，陶本改作「䰞」，王本改作「鬣」。陶憲曾曰：「䰞」本作「髩」，從《類聚》引改。○王國良曰：「鬣」，原作「髩」，今據《類聚》卷九三引文校改。按：鬣，與䰞同，謂馬毛也。《分門集註杜工部詩》卷十六引，正作「䰞」。○寧按：《類聚》卷九三作「鬣」，陶氏所據本作「髩」，誤。王氏曰「鬣與䰞同」是也，即「䰞」之或體字，見《集韻・入聲十・葉韻》。《御覽》卷八九七、《廣川畫跋》卷六引並作「䰞」，乃通行正字也。

〔三〕○陶憲曾曰：《類聚》引「委」下有「於」字。

〔四〕○陶憲曾曰：「升」，本訛作「丹」，從《御覽》引改。《類聚》引作「汗」，亦訛。○王國良曰：「升」，原作「丹」，今據《御覽》卷八九七引文校改。《類聚》卷九三、《分門集註杜工部詩》卷十六、卷二三引，並作「汗」。○寧按：作「升」是，謂其馬蹄大如升斗也。

〔五〕○「跧」王本改作「腕」。王國良曰：「腕」，原作「跧」，今據《類聚》卷九三、《分門集注杜工部詩》卷十六、卷二三引文校改。按：指掌以上為腕。《玉篇》卷七：「跧，生曲腳。」然二字形、音相近，俗多通用。《要術》卷六云：「蹄欲得厚而大，跧欲得細而促。」大宛馬，足以當之矣。○寧按：「跧」、「腕」通用，不必改字。「可握」猶「盈握」，言其細也。

〔六〕○寧按：《東觀漢記‧東平憲王蒼傳》曰：「致宛馬一匹。聞武帝歌天馬，霑赤汗，今親見其然，血從前髆上小孔中出。」古人言其馬「汗血」者，據今人研究，乃此馬皮膚生寄生蟲，蛀破皮膚而寄生於皮下，隆起如小邱，每奔跑汗出，血亦隨蛀孔流出，故古人以為「汗血」也。

〔七〕○陶憲曾曰：「絲」字從《類聚》引補。又《類聚》「頭」下有「腰小腹」三字。○王國良曰：「絮」，《類聚》卷九三作「綿絮」。「腰小腹」三字，據《類聚》卷九三引文補。

〔八〕○許菊芳曰：「風病」，中醫學泛指由外感風邪而引起的各種疾病。如《素問‧三部九候論篇》：「所言不死者，風氣之病及經月之病，似七診之病而非也，故言不死。」唐‧王冰注：「風病之脈，診大而數。月經之病，脈小以微。」《風俗通義‧過譽》：「太守興被風病，恍忽誤亂。」

〔九〕舊注：〔《玄黃經》云：大宛馬肉可以為脯，注血凝於器，煮可食，殊美，食之使人健行又善升。〕○王國良曰：「也」字，據《類聚》卷九三、《御覽》卷八九七補。○寧按：「《玄黃經》云」一節文字，見《相感志》卷九「大宛馬」條，《神異經》注每引《玄黃經》，則此條實本經之注文，故據補入。又按此條當入《西南荒經》。

【猲】北方〔大荒中〕有獸焉，〔一〕其狀如師子，〔二〕〔食虎〕食人，〔三〕吹人則病，〔四〕名曰猲。〔五〕恒近人村里，〔六〕入人居室〔中〕，〔七〕百姓患苦，天帝徙之北方荒中。〔八〕

〔一〕○王國良曰：「北方」，《緯略》卷一、《草堂詩箋》卷十、《事物紀原》卷十引，並作「北方大荒中」。○寧按：作「北方大荒中」當是，據補「大荒中」三字。

〔二〕○劉城淮曰：師子，即獅子。又，《集韻》：「（猲）如猰㺄，食熊羆。」○寧按：原作「獅」，《御覽》卷九一三引作「師」，是也。獸名古書多作「師子」，「獅」乃後起專字。

〔三〕○陶憲曾曰：《廣韻》云：「食虎豹及人。」○周窨曰：「食人」上《御覽》卷九一三引，多一「食虎」，當是古本，今據補。○王國良曰：「食虎」二字，據《御覽》卷九一三引文補。按《廣韻》卷四《漾韻》云：「獟獸，如獅子，食虎豹及人。」疑即取材於此則也。○寧按：《御覽》所引疑脫「豹」字。古言奇異猛獸多言「食虎豹」，《香祖筆記》卷五：「虎為西方猛獸，毛族皆畏之，然觀傳記所載，能制虎者，不一而足。如師子銅頭鐵色，能食虎豹；駮如馬一角，食虎豹；茲白出義渠國，食虎豹；酋耳似虎，遇虎則殺之；斸犬能飛，食虎豹；黃腰形似鼠狼，取虎豹心肝而食。」《廣韻》所引「食虎豹及人」疑是。

〔四〕舊注：〔口中吹人。〕○王國良曰：「吹人」下，《御覽》卷九一三引，有注云：「口中吹人。」又《緯略》卷一、《草堂詩箋》卷十、《事物紀原》卷十引，並作「咋人」。○張亞南曰：「吹」字，《能改齋漫錄》卷四引《神異經》作「咋」，「咋」即咬的意思，《太平御覽》九百十三引《神異經》，此處作「吹」，下有注文曰「口中吹人」，「咋」與「吹」在此處似乎都可通，但「咋」字似乎更好一些，《漢語大詞典》中「獟」字引文即是引用《神異經》此段，文中選用了「咋」。○許菊芳曰：其中的「吹」字，頗不合文意。通過異文比較，我們發現，此條據《御覽》輯出，「吹」字在其他徵引文獻中，如《楚辭補注》作「吩」，《事物紀原》、《緯略》、《能改齋漫綠》等皆引作「咋」。只有《御覽》作「吹」，當是形近之誤。從文意來看，作「咋」較為合理。由此可知，此條必是只依據了《御覽》輯錄。○蕭旭曰：「吹人則病」四字，《御覽》卷九一三引作「吹人則病（注：『口中吹人。』）」，《輟耕錄》卷四引作「咋人則疾」，《野客叢書》卷一○、《鼠璞》卷下引作「咋人則病」，《緯略》卷一、《能改齋漫錄》卷四引作「咋人則病，罹人則疾」。《楚辭·九辯》洪興祖《補注》引《蘇鶚演義》引《神異經》作「吩人則病，羅人則疾」，「吩」同「噴」，與「吹」義近，則作「咋」者誤字。○寧按：注文四字據《御覽》卷九一三引補。

〔五〕舊注：音差。〔獟者，差也。〕○周窨曰：「獟」，《御覽》題作「獟羞」，恐是手民誤抄「獟，音羞」而來，本經小注正若是。○王國良曰：「音差」，《緯略》卷一、《事物紀原》卷十引，並作「獟，差也」；《草堂詩箋》卷十作「獟者，差也。」○寧按：「音差」乃注音，「獟者，差也」乃釋義，當並有，故據補。《御覽》卷九一三此節標題字作從犬從羞，下小字注「音羞」，周氏誤讀為一字，以從犬羞聲，謬不足據。蓋《御覽》本是誤刻，原文正文當作「獟」，下注文當作「音差」。

〔六〕○許菊芳曰：「村里」，鄉村閭里。晉始見。《抱朴子內篇·道意》：「於是村里
開之，因共為起屋立廟，號為鮑君。」《宋書·隱逸傳·劉凝之》：「為村里所
誣，一年三輸公調，求輒與之。」

〔七〕○寧按：「中」字與下句「百」字，《御覽》卷九一三並作雙行小字，蓋版刻之
誤，今據補「中」字。

〔八〕舊注：〔北方人得無恙疾，謂之無恙。〕○欒保群曰：恙，宋·高承《事物紀
原》卷一○「無恙」條：《神異經》云：北方大荒中有獸食人，咋人則病，罹
人則疾，名曰猲，猲，恙也。常近人村落，入人屋室，皆患之。黃帝殺之，由
是北方人得無憂疾，謂之無恙。東漢·應劭《風俗通義》（佚文）曰：上古之
時，草居露宿，恙，噬人蟲也，善食人心，人患苦之，必相問云「無恙」。○
王國良曰：「天帝徙之⋯⋯」一句，《緯略》卷一、《事物紀原》卷十引，並作
「黃帝殺之，由是北方得無憂疾，謂之無恙。《草堂詩箋》卷十作「黃帝上
奏章，天從之，於是北方人得無憂疾，謂之無恙。」按：黃帝，五天帝之一，
主宰中央。《禮記·月令》云：「中央土，其日戊己，其帝黃帝。」是黃帝即天
帝也。又「由是北方人得無憂疾，謂之無恙」一句，疑係注文。○寧按：《御
覽》卷九一三引句末有「也」字。《鼠璞》卷上引此句亦作「黃帝殺之，北人
無憂病謂無恙。」《草堂詩箋》引「天從之」當作「天帝徙之」，「從」當「徙」
之誤，又脫「帝」字。故疑經原文當作「黃帝奏之〔天〕，天〔帝〕徙之」，古
文「奏」作「敊」（見《說文解字》），因形訛為「殺」，文又奪一「天」字。《草
堂詩箋》引「上奏章」乃化用其意。注文當作「北方荒中人得無憂疾，謂之無
恙。」因文字竄亂，致不可究詰。黃帝在先秦神話中固為天帝，然自戰國以後
逐漸演變為人王，已失去了天帝的身份，故此黃帝、天帝非一，王說不可據。
宋·戴埴《鼠璞》卷上論「無恙」云：「《風俗通》云：『恙，毒蟲也，喜傷人，
古人草居露宿，相勞問曰無恙。』《神異經》：『北大荒中有獸，咋人則病，名
曰猲。猲，恙也，常入人室屋，黃帝殺之，北人無憂病謂無恙。』蘇氏《演
義》亦以無憂病為恙。恙之字同，或以為蟲，或以為獸，或謂無憂病。《廣干
祿書》兼取憂及蟲，《事物紀原》兼取憂及獸。予看《廣韻》，其義極明，於
『恙』字下云：『憂也，病也，又噬蟲，善食人心也。』於『猲』字下云：『猲，
獸，如獅子，食虎豹及人。』是『猲』與『恙』為二字，合而一之，《神異經》
誕矣。」戴氏此說迂而泥。《說文》云「恙，憂也」，「無恙」即「無憂」，古人
為解釋「無恙」之義，或言「恙」為毒蟲，而《神異經》據之創作出一種妖獸

名曰「羌」，後以之為獸名而加犬旁為「猺」，其實「羌」、「猺」乃一事耳。又按此條當入《北荒經》。

【猳】〔一〕西方深山有獸焉，面目手足毛色如〔獼〕猴，〔二〕體大如驢，善緣高木，〔三〕皆雌無雄，名〔曰〕猳，〔四〕須人三合而有子。〔五〕〔群猳相隨〕要路，〔六〕強牽男人，〔七〕將上絕冢之上，〔八〕取果並竊五穀食，更合三畢而定，〔九〕十月乃生〔子〕。〔一〇〕

〔一〕〇寧按：標題從《相感志》卷十。王謨本、《御覽》卷九一三並作「綢」。古字書有「猳」字，《玉篇・豸部》、《廣韻・上聲・四十四有》、《龍龕手鑑・豸部》並訓「猛獸」，《集韻・上聲六・四十四有》訓「獸名」，明・張自烈《正字通・酉集中・豸部》辨之云：「猳，止酉切，音帚。玃屬。《神異經》：『西方獸名猳，大如驢，狀似猴，善緣木，純牝無牡，群居要路，執男子合之而孕，十月生獂。』李時珍曰：『玃無牝，與婦合。猳無牡，與男合，此牝牡相反者。』舊注汎言『猛獸』，非。」可知《神異經》本作「猳」，音「帚」，非「綢」字明矣，《御覽》所引蓋形誤。《史記・司馬相如列傳》索隱引作「蜩」，本義是蟬，亦非本字。由聲求之，疑「猳」是「夒（猱）」之方俗音轉。今從《相感志》、《爾雅翼》所引改。

〔二〕〇寧按：「獼」字據《相感志》卷十、《爾雅翼》卷二十引補。

〔三〕〇寧按：「善」，《史記索隱》引作「能」。

〔四〕舊注：〔俗云大猳。〕〇陶憲曾曰：「曰」字從《太平御覽》九百一十三引補。〇王國良曰：「綢」，《史記・司馬相如列傳》索隱作「蜩」，《相感志》卷十作「猳」，「猳」下並有「俗云大猳」四字。〇寧按：《史記索隱》引作「其名曰蜩」。注文據《相感志》卷十、《爾雅翼》卷二十引補。《御覽》卷九一三引作「綢」，標題同。

〔五〕〇陶憲曾曰：「須」本作「順」，從《御覽》引改。〇周斅曰：「順人」，《御覽》卷九一三引作「須人」，很對。「順人」不文。〇王國良曰：「須」字，原作「順」，據《相感志》卷十、《御覽》卷九一三引文校改。按：須，俟也，待也。

〔六〕〇王國良曰：「要路」，《相感志》卷十作「群獸相遮要路」。〇寧按：「群猳相隨」四字據《爾雅翼》卷二十補。《爾雅翼》「路」後有「上」字。《相感志》卷十「隨」作「遮」，遮迣阻攔也，義較勝。「要路」謂攔截於路，猶後言「剪徑」、「劫道」。

〔七〕○寧按：「人」，《爾雅翼》引作「子」，《相感志》作「女」，誤。

〔八〕○寧按：將，《資治通鑑・漢紀二十四》「御史遂將云去」，胡注：「將，挾也，攜也。」挾持之意。冢，謂山頂。《爾雅・釋山》：「山頂，冢。」絕冢謂絕高之山頂。

〔九〕○陶本校「合三」為「三合」。陶憲曾曰：「三合」，本作「合三」，從《御覽》引改。○王國良曰：「更合三畢而定」，《相感志》卷十作「三合陰陽而定」。○寧按：畢，止也，已也。「三畢」猶今言「三次」，故不當改。《相感志》曰「三合陰陽」者，疑是對「合三畢」之注文，此逕作正文矣。

〔一○〕○王國良曰：「子」字，據《相感志》引文補。按：「要路彊牽男人……」一段，與上文語意重複，疑係注也。○寧按：《正字通》引作「生玃」，是誤抄《爾雅翼》，《爾雅翼》於「而生」後曰「據此則亦玃之類」，張自烈誤合「據」字為經文又改為「玃」，非是。又按此條當入《西荒經》。

【不孝鳥】不孝鳥，〔一〕狀如人身，犬毛有齒，豬牙，額上有文曰「不孝」，口下有文曰「不慈」，鼻上有文曰「不道」〔二〕，左脇有文曰「愛夫」，〔三〕右脇有文曰「憐婦」。故天立此異鳥，〔四〕以顯忠孝也。〔五〕

〔一〕○寧按：不孝鳥，即古人稱梟，《說文》：「梟，不孝鳥也。日至，捕梟磔之。」段注：「《漢儀》：『夏至賜百官梟羹。』《漢書音義》：『孟康曰：梟，鳥名，食母。破鏡，獸名，食父。黃帝欲絕其類，使百吏祠皆用之。如淳曰：漢使東郡送梟，五月五日作梟羹以賜百官，以其惡鳥故食之也。』《山堂肆考》卷二一五：「梟，《說文》：『梟，不孝鳥也，故日至捕梟磔之。』舊說梟性食母始飛，與破獍食父之獸同惡，當盛午不見，夜則飛入人家捕鼠。一名鵩鵄，一名鵩離。」此「不孝鳥」蓋即以梟為原型虛構之異鳥也。

〔二〕○陶憲曾曰：「鼻」，本訛作「鳥」，從《太平御覽》九百二十七引改。○周睿曰：「鳥上」顯然不通，《漢魏叢書》本作「背上」，《御覽》卷九二七引作「鼻上」。我想《御覽》的對，因為下文「畀以顯忠孝」，意義很晦澀，「畀」或是「鼻」字的脫落，手民不知，強移置後文，而「自」字無義，又臆改為「鳥」，便錯得不可收拾了。○王國良曰：「鼻」字，原作「鳥」，今據《一切經音義》卷四二、《御覽》卷九二七引文校改。

〔三〕○王國良曰：「脇」，《一切經音義》卷四二作「輔」，下「脇」字亦然。按：輔，假借作酺，謂臉頰也。本篇所敘不孝鳥身上文字，集中在面部之額上、口下、

鼻上等明顯部位，則此處作「輔」為是。

〔四〕陶本校此句作「天故生此異鳥」。陶憲曾曰：「天故」本作「故天」，「生」本訛作「立」，「鳥」本作「畀」，蓋與上「鼻」字互訛，又訛為「畀」，並從《御覽》引改。〇周睿曰：「故天」，我以為應是「天故」，因為作者寫此是有寓意的。「畀」字《御覽》作「鳥」，很對。〇王國良曰：「鳥」原作「畀」，今據《一切經音義》卷四二、《御覽》卷九二七引文校改。〇寧按：《一切經音義》、《御覽》引此句並作「故天立此異鳥」，陶校不可據。

〔五〕〇張黎明、馬敬宇、朱琳曰：孝道是基於血緣的倫理道德之一，它是人心所向，同時也會是政治統治的一種載體，兩漢時期推行「以孝治天下」，士人起家多從「舉孝廉」，對不孝行為自然要口誅筆伐，這大約就是「不孝鳥」產生的最直接動因。上文所描繪不孝鳥最大的特徵就是全身紋滿了「標語」：不孝、不慈、不道、憐婦、愛夫，「不孝、不慈、不道」三詞是直接討伐和斥責，而「憐婦、愛夫」則暗含著對不孝原因的見解，是因為溺於男女情愛而導致不敬父母。〔註1〕〇寧按：「故天立此異鳥，以顯忠孝也」二句疑是舊注文。

〔註1〕張黎明、馬敬宇、朱琳：《〈神異經〉名物特點辨析》，《語文月刊》2015年第3期。

佚文第十

○寧按：此佚文原為陶本所輯，王本據之校訂增補，茲據王本輯補增訂。

【鯀】東方有人焉，人形而身多毛，自解水土，〔一〕知通塞，〔二〕為人自用，欲為欲息，皆曰是鯀也。〔三〕（《史記·五帝紀》正義）

〔一〕○王國良曰：自，自然，天性也。

〔二〕○寧按：「知」，《西溪叢語》卷下引作「志加」，蓋「志知」之誤，「志」猶「意」也。

〔三〕○王國良曰：「曰」下，原有「云」字，據《史記會注考證校補》卷一下冊。
○寧按：《西溪叢語》卷下引此句作「名曰鯀」。又按此條當輯入《東荒經》。鯀是大禹的父親，在《尚書·舜典》中被認為「四罪」之一，漢代經師將「四罪」與《左傳·文公十八年》的「四凶」相比附，以共工為窮奇，驩兜為渾敦，三苗為饕餮，鯀為檮杌，《神異經》中則記錄「四罪」為四人，「四凶」為四獸，非一事，與漢晉之經說不同。

【西荒人】西荒有人，〔一〕不讀五經而意合，不觀天文而心通，不誦禮律而精當。〔二〕天賜其衣，男朱衣、縞帶、委貌冠，〔三〕女碧衣、戴勝，〔四〕皆無縫。（《太平御覽》卷六八五）〔五〕

〔一〕○寧按：《御覽》卷六九○引「人」上有「一」字，當衍。

〔二〕○寧按：「不誦禮律」，《淵鑒類函》卷三七一引作「不能禮拜」。

〔三〕○宋本《書鈔》「貌」作「皂」。孔廣陶曰：《御覽》六十九引「皂」作「兒」。

陳俞本「皂」亦作「貌」，所引更詳○陶憲曾曰：「貌」，《書鈔》作「皂」。○
王國良曰：「委貌」，《御覽》卷六九〇作「委兒」。按：貌、兒同。《白虎通德
論》卷十云：「委貌者，何謂也？周朝廷理政事，行道德之冠，名士冠。……
委貌者，委曲有貌也。」○寧按：宋本《書鈔》「皂」蓋「兒」之形訛，孔校
引《御覽》之「兒」亦當作「兒」。

〔四〕○王國良曰：「戴勝」，《御覽》卷六九〇作「戴金勝」。按《說文通訓定聲‧升
部第二》：「勝，假借為縢。《漢書‧司馬相如傳》：戴勝而穴處兮。注：婦人首
飾也，漢代謂之華勝。」○寧按：「勝」為女子髮飾，多以金玉製成，呈「H」
形，橫貫於頭頂髮上。

〔五〕○孔廣陶曰：《漢魏叢書》本、《龍威秘書》本《神異經》及陳俞本均脫此條，
惟《御覽》六百八十五引同。○陶憲曾曰：原本《北堂書鈔》一百二十八，又
一百三十五，《太平御覽》六百八十五。○王國良曰：本則並見《書鈔》卷一
二八、卷一三五、《御覽》卷六九〇。《書鈔》引文甚簡略。○寧按：此條當輯
入《西荒經》。

【狂】西方有人，不飲不食，〔一〕被髮東走，已往覆來。其婦恆追掔
錄之，〔二〕不肯聽止。〔怒〕，〔三〕婦頭亦被髮，名曰狂，一名顛，〔四〕一
名狷，〔五〕一名風。〔六〕此人夫妻與天俱生，狂走東西，沒晝夜。〔七〕（《太
平御覽》卷三七三）

〔一〕○寧按：《御覽》卷七三九引無二「不」字，唯作「飲食」。

〔二〕○王國良曰：掔，與「牽」通，持也。錄，取也。○寧按：《資治通鑒‧晉紀
十六》：「詔有司錄奪舟船」，胡注：「錄，拘也，收也。」「掔錄」謂牽拉制止。

〔三〕○寧按：「怒」字據《御覽》卷七三九引補。

〔四〕○寧按：「顛」，《御覽》卷七三九同，《御覽》卷三七三作「顚」，即「顛」之
異體。此為「癲」之通假字，本作「瘨」，《說文》：「瘨，病也。」段注：「按
今之顛狂字也。《廣雅》：『瘨，狂也。』《急就篇》作『顚疾』。」《廣雅‧釋詁
四》：「瘨，狂也」，王念孫《疏證》：「瘨之言顛也。」古書多作「顛」，「癲」
是後起的俗字。

〔五〕○寧按：「狷」，陶本同，王本據《御覽》三七三作「覆」。《御覽》卷七三九作
「狷」，是也。「覆」字蓋本前「顛」字下之注文，《莊子‧人間世》：「且為顛

為滅」，成玄英疏：「顛，覆也」是其義。此混入正文又奪「狷」字，非是。「狷」古作「獧」，《說文》：「獧，疾跳也。一曰急也。」段注：「獧、狷古今字。今《論語》作『狷』，《孟子》作『獧』是也。《論語》曰：『狂者進取，狷者有所不為也。』」「狂」、「狷」義近，故每「狂狷」連言。

〔六〕○王國良曰：「一名風」三字，據《御覽》卷七三九引文補。按：狂疾曰風，今俗作瘋子。○寧按：「風」，陶本作「思」，訛。古書多作「風」，「瘋」是後起俗字。「狂」、「顛（癲）」、「狷」、「風（瘋）」意思相類。

〔七〕○王國良曰：「沒晝夜」，原作「以投晝夜」，今據《御覽》卷七三九校改。又「此人夫妻……」一段，語意與上文重複，疑係注耳。○蕭旭曰：《御覽》卷七三九引作「西方有人〔不〕飲食，被髮東走，其婦追之不止，怒亦被髮，名曰狂，一名顛，一名狷，一名風。此人夫妻與天〔地〕俱生，狂走東西，〔以〕沒晝夜」。卷七三九脫「不」、「地」、「以」三字。卷三七三「一名覆」當作「一名狷」，狷亦狂也；「投」為「沒」形誤。○寧按：「此人夫妻」以下三句疑當如王說，是舊注文。又按：此條當輯入《西荒經》。

【惡物】〔一〕西荒中有獸焉，其狀如鹿，人面，〔口〕有〔猪〕牙，〔二〕猴手熊足，縱目橫鼻，反踵饒力，佷惡，〔三〕名曰惡物。〔四〕（《一切經音義》卷十二）

〔一〕○寧按：《相感志》卷十題作「黃鼻獸」，「黃」蓋「橫」之誤。陶本無此條。

〔二〕○王國良曰：「有牙」，《相感志》卷十引作「口有猪牙」。○寧按：「有牙」非異狀也，作「口有猪牙」當是，謂其口有獠牙也。

〔三〕○寧按：「佷」，王本作「很」，俗作「狠」。

〔四〕舊注：此即鬼類也。〔食之可已積聚腹痛也。〕○王國良曰：《相感志》卷十引文，末有「食之，可已積聚腹痛也」一句，疑亦注語也。○周運中曰：這種動物應該是賽加羚羊，原分佈於新疆北部到蒙古、俄羅斯，被誤認為鹿。特點是鼻子很高，又名「高鼻羚羊」，所以說「橫鼻」。哈薩克語稱為 aqbnken，我認為就是「惡物」的語源，因為上古音的惡是影母鐸部 ak，物是明母物部 muot，讀音接近。○寧按：據經文描述，形狀如鹿而口有豬牙的動物，當是獐、麔之類，是否如周說為高鼻羚羊難以定論。注文「食之……」一句據《相感志》補。「積聚腹痛」指飲食不消化積聚腹內引起的腹痛。又按此條當輯入《西荒經》。

【礰砕】西方有獸〔焉〕，〔一〕長短如人，羊頭，猴尾，名〔曰〕礰砕，〔二〕健行。〔三〕（《集韻》卷十）

〔一〕○王國良曰：「焉」字，據全書通例補。○寧按：獸，《篇海》卷四《石部》「礰」字下引作「人」。

〔二〕○張自烈曰：砕，舊註五伯切，音額。礰砕，獸名。按奇獸莫詳於《山海經》《本草綱目》，未見名「礰砕」者。舊本犬、豸、魚、鳥諸部鈔襲《篇海》，不加考正，若此類者，皆竄語也，宜刪。礰，舊註音擇。《神異經》：「西方有人，長短如人，羊頭猴尾，名礰蹄，健行。」一作礰砕。按六畫「砕」註：「礰砕，西方獸名。」此云人，獸譌為人也。前云「礰砕」，此又云「礰蹄」，「砕」譌為「蹄」也。礰音擇，砕音額，此又云一作砕，不知者以礰、砕為一字，或讀礰如額，或讀砕如擇，聲音淆雜，名實交亂，二文皆可刪。（並見《正字通‧午集‧石部》）○王國良曰：「曰」字，據全書通例補。《集韻》卷十《陌韻》：「礰，直格切。」又：「碰，鄂格切。或省作砕。」○寧按：礰砕，《篇海》卷四《石部》「礰」字下引作「礰蹄」，注云：「一本作礰砕。」則此獸名有「礰砕」、「礰蹄」二作，蓋如張自烈說有訛字。

〔三〕○寧按：王仁俊《經籍佚文》收此條。此條當入《西荒經》。

【石室】西北荒有石室，有百二十人同居，〔一〕齊壽千二百歲。〔二〕（《太平御覽》卷一七四）

〔一〕○王國良曰：「百二十人」，《類聚》卷六四作「二十人」。

〔二〕○王國良曰：本則與《西北荒經》第四則「金闕天門」，疑是同一篇，後世割裂零落，已無從復原矣。○寧按：此條當入《西北荒經》。

【百屋】西北金闕北荒有百屋，〔一〕齊長四十丈，〔二〕畫以五色。〔三〕（《太平御覽》卷一八一）

〔一〕○王國良曰：「荒」，疑係「方」字之訛。○寧按：「百屋」疑為「石屋」或「石室」之訛。「金闕」二字乃《西北荒經》「天門」條之文誤兌於此。

〔二〕○寧按：「齊長」不辭，參考上條，「齊」當「齊壽」之「齊」誤兌於此。

〔三〕○王國良曰：本則與《西北荒經》第四則「金闕天門」，亦是同一篇，惜乏相關資料，無從校補。

【西北人】西北方有人，飲甘露，食茯苓。〔一〕（《太平御覽》九百八十九）

〔一〕○寧按：此條陶本有，王本無。以上 6、7、8 三條疑出同一條文字。疑本作「〔其〕北〔方〕有石室，長四十丈，畫以五色。有百二十人同居，飲甘露，食茯苓，齊壽千二百歲。」此條當接在《西北荒經》「天門」條「名曰天門」句後，原屬同一篇文字。《御覽》所引有「西北荒」或「西北金闕北荒」云云，是為使文字完整截取全篇開始一句。又按此三條當輯入《西北荒經》。

【毛人】〔一〕八荒之中有毛人焉，〔二〕長七八尺，皆如人形，〔三〕身及頭上皆有毛，〔四〕如獼猴。〔五〕毛長尺餘，短牦氍。〔六〕見人則䀪目，〔七〕開口吐舌，上唇覆面，下唇覆胸。〔八〕憙食人舌鼻，〔九〕牽引共戲，不與即去。名曰髯公，〔一〇〕一名髯狔。〔一一〕（《太平廣記》卷四八〇引出《酉陽雜俎》）〔一二〕

〔一〕○寧按：此條程榮本輯入。陶本此條僅據《集韻》（《集韻·平聲二·虞韻》「氍」字下）輯得「八荒中有毛人如猴毛長牦氍」十二字。

〔二〕○張國風曰：荒，陳本作「方」。○寧按：「八荒」文意不通，亦非本書描述體例。「八」疑「北」字之通假或形訛，趙撝謙《六書本義》卷一《八部第十》：「八，蒲妹切，分異也，象分開相八形。今但用『北』，轉『背』、『倍』，作『偝』、『匐』，非。」是「八」古亦讀蒲妹切如「北」。下「石鼓」條之「八荒」同。

〔三〕○張國風曰：如，原作「於」。現據沈本、陳本改。○寧按：明抄本及《永樂大典》卷三〇〇七引亦作「如」。

〔四〕○寧按：「及」，《御覽》卷七九〇引作「鷗」，疑「軀」之訛。《御覽》卷三七三引此句作「身形頭上皆毛」。

〔五〕○寧按：據《御覽》卷三七三、卷七九〇引「如」上有「毛」字。

〔六〕舊注：上音生，下音管。○孫士鑣曰：牦氍字未詳。○王國良曰：「牦氍」，《廣記》原注云：「上音生，下音管。」按《集韻》卷二《虞韻》：「氍，雙雛切，毛磔起皃。」則音「管」，不確，當云音「蔬」也。○蕭旭曰：程榮本、四庫本有此條，無「短」字，有注「『牦氍』字未詳」，又「䀪目」作「瞑目」。明刊本《太平廣記》卷四八〇「䀪目」作「䀪目」，《永樂大典》卷三〇〇七引《廣記》同。《廣記》「短」字衍文，「毛長尺餘牦氍」作一句讀。《御覽》卷七九〇

引脫作「毛長尺」，又「瞷目」作「臭（狊）目」，有注「若（苦）鵙切」，王氏徑正，是也。《御覽》卷三七三引脫作「長尺餘」。《集韻・庚韻》「毰，師庚切，毰毸，毛起皃。」又《虞韻》：「毸，雙雛切，毛磔起皃。八荒中有毛人如猴，毛長毰毸。東方朔說。」朝鮮本《龍龕手鑑》：「毸，山芻切，毛起皃。八荒中有毛人如猴，毛長毰毸。東方朔說也。」《集韻》亦無「短」字。疑「毸」從灑省聲，「毰毸」是「森灑」、「鬖髿」、「鬖髿」、「毵毸」音轉，雙聲連語，都是「參差」音轉分別字，倒言則作「沙森」、「髿鬖」、「髿鬖」，形容頭髮長短不齊散亂貌。《文選・江賦》李善注引《通俗文》：「髮亂曰鬖髿。」S.4571《維摩詰經講經文》：「頭髮比沙森，身毛摘色狂。」韓愈《月蝕詩效玉川子作》：「於菟蹲於西，旗旄衛毵毸。」宋王伯大注：「毵毸，參沙二音，長毛皃。」○寧按：「短毰毸」句當有缺文，疑「短」後有「髯」字，謂此毛人有短髯，故下文云「名曰髯公。一名髯狎」，皆謂其有髯也。《集韻・平聲四・十二庚》云：「毰毸，毛起皃」，又《平聲二・十虞》：「毸，毛磔起皃。」是二者之義均毛豎起之狀。「毸」當為從毛麗聲，如蕭說讀若「灑」、若「沙」均是也，固不得讀若「管」或為雙雛切，注文蓋有文字訛誤。「管」當「篩」字之殘誤，下「師」殘泐右旁「帀」，又形訛為「管」。「篩」或作「簁」、「籭」，音所皆切；「雙雛切」當作「雙離切」，皆與「灑」、「沙」音近。

〔七〕舊注：(瞁)，古陌反。○王國良曰：「瞷」下，《廣記》原注云：「古陌反」。《御覽》卷七九○引作「狊」，注云：「苦鵙切」。按《說文》第四篇上云：「瞷，左右視也。」今通行作瞿。又第十篇上云：「狊，犬視貌。」○張國風曰：目，原作「自」。現據沈本、陳本改。○蕭旭曰：《集韻・陌韻》：「瞁，郭擭切，閉目皃。」引《神異經》作「瞁目」為證。「郭擭切」與「古陌反」音同，音虢。《廣記》作「瞁」必誤。據舊音郭擭切或古陌反，「瞁」疑是「矆」異體字，驚視貌。《集韻》釋作「閉目皃」，不知所據。程榮本作「瞑目」，蓋臆改。○寧按：《廣記》之「瞷」字蓋本作「矍」，故注音「古陌反」，《廣韻》「矍」音居縛切，「古陌」、「居縛」正同。《說文》：「矍，一曰視遽皃」，《文選・東都賦》李善注引作「驚視皃」。蓋「瞁」字實「瞿」之殘誤，《說文》：「瞿，舉目驚瞿然也。」段注：「《廣韻》引《埤蒼》：『目驚瞿瞿然。』《襍記下》曰：『免喪之外，行於道路，見似目瞿，聞名心瞿。』二『瞿』當作『瞿』。」是古書中或與「瞿」字通用。又檢《御覽》卷七九○作「臭」，注音「若鵙反」。「臭」是「狊」之訛，注音當作「苦鵙反」，「鵙」是「鶪」之俗訛字。「矍」、「狊」

均謂睜大雙眼直視若受驚之狀，此言毛人「豐（臭）目吐舌」，是瞪大眼睛、吐出舌頭作出嚇唬人的樣子，今人嚇唬人扮鬼臉猶如此也。程榮本作「瞑」，謂閉目，其義相反，傅增湘校改作「臭」。

〔八〕○王國良曰：《御覽》卷七九○引，「覆胸」下，有「臨海水」三字。○袁珂曰：同書卷七九○引此「開口吐舌」下尚有「上唇覆面，下唇覆匈，臨海水」十一字。此當類乎梟羊、狒狒之獸。○張國風曰：胸，沈本作「胸臆」。○寧按：《御覽》卷七九○此「毛人」條的下一條是「《土物志》曰」，可知「臨海水」三字當屬下條的書名，即《臨海水土物志》，《御覽》常引此書，是版刻時誤斷此三字屬上條，不可據，茲不錄。

〔九〕舊注：（憙），許記反。○王國良曰：「憙」，《廣記》原注云：「許記反」。按：憙、喜，古今字也。○寧按：「憙食人舌鼻」一句，與下文「牽引共戲，不與即去」文意不諧，人不能自願以舌鼻與之食也，何言「不與即去」？由文意推之，「憙」字乃「喜人」二字之誤合，以其不成字，乃改作「憙」。「喜人食」者，喜愛吃人類之食物也。「人舌鼻牽引共戲」當作「人𠯑，界牽引共戲」，「𠯑」即「憩」字之省變，息也。古人或不識，誤分為「舌」、「自」二字，「自」又與下「界」字誤合作「鼻」。界，當作「卑」通「俾」，使也。「人憩，俾牽引共戲，不與即去」者，謂人休息之時，使毛人們互相牽引共同遊戲取樂，則與之食物作為獎賞；如果不與，它們也就離去了。如此，文意始洽。因為文字輾轉訛謬既久，無從校正，遂使文意不通。

〔一○〕舊注：俗曰髯麗。○王國良曰：「俗曰髯麗」四字，原作正文，今依全書通例改。又「麗」，疑當作「麤」，傳寫有訛。○寧按：傅增湘校「俗曰」為「一名」，校「麗」為「猑」。

〔一一〕舊注：小兒，髯〔狚〕可畏也。○王國良曰：「狚」，《御覽》卷三七三引作「猑」，並注云：「音昆」。按《廣韻》卷一《魂韻》：「猑，獸名。」○寧按：《大典》卷三千七引《太平廣記》、《漢魏叢書》本末二句並作「一名髯狚小兒髯狚可畏也」，其斷句經文當作「一名髯狚。」注文當作：「小兒，髯狚可畏也。」據補注文「狚」字。注文的意思是小孩可以用髯狚來嚇唬他，就像俗語說的「毛猴子」，今北方俗間大人嚇唬哭鬧不聽話的小孩時常說：「再哭毛猴子抓你來了」，即此類。然「狚」似當從《御覽》卷三七三作「猑」，蓋此動物是一種獼猴類動物，一名髯公，即「髯猴」之音轉（猴、公匣見旁紐雙聲），「髯猑」又是「髯公」之音轉（公、猑同見紐雙聲），都是同一名音轉變化而然。

〔一二〕○王國良曰：《廣記》失注出處，今依《御覽》卷三七二、卷七九〇引文參校，確定為本書所有。《集韻》卷二「𩴆」字下引，注云「東方朔說」。○張國風曰：《御覽》卷三七三、卷七九〇所引《神異經》，《廣博物志》卷八引有此條。今見於《神異經》。○寧按：四庫本《太平廣記》卷四八〇「毛人」條注「出《酉陽雜俎》」，今《酉陽雜俎》無此文。《廣記會校》本注「出《神異經》」，蓋明談愷刻本如此。又按：此條當入《北荒經》。

【石鼓】八方之荒有石鼓〔焉〕，〔一〕其徑千里，〔蒙之以皮〕，〔二〕撞之，其音即雷也。〔三〕天以此為喜怒之威。（《太平御覽》卷十三、《事類賦》卷三）

〔一〕○王國良曰：「焉」字，據《御覽》卷五八二、《事類賦》卷十一引文補。○寧按：「八方」當作「北方」。

〔二〕○陶憲曾曰：此四字從《事類賦注》十一補。○王國良曰：「蒙之以皮」四字，據《御覽》卷五八二、《事類賦》卷十一補入。

〔三〕○陶憲曾曰：「即」，《事類賦注》十一作「如」。○王國良曰：「即雷」，《述異記》卷上作「即成雷」，《御覽》卷五八二、《事類賦》卷十一作「如雷」。○寧按：《事類賦》卷十一引作「八方之荒有石鼓焉，蒙之以皮，其音如雷。」此條當入《北荒經》。

【獬豸】東北荒中有獸焉，〔一〕其狀如羊，〔二〕一角，毛青，四足似熊。性忠而直，〔三〕見人鬥則觸不直〔者〕，聞人論〔則〕咋不正〔者〕，〔四〕名曰獬豸，〔五〕一名任法〔獸〕。〔六〕（《太平御覽》卷四九六）

〔一〕○寧按：《晉書·輿服志》引《異物志》云：「北荒之中有獸，名獬豸，一角，性別曲直。見人鬥，觸不直者；聞人爭，咋不正者。楚王嘗獲此獸，因象其形以製衣冠。」所記與本條相似，然其言為「北荒」。

〔二〕○王國良曰：「羊」，《開元占經》卷一一六、《御覽》卷八九〇引作「牛」。按《說文》第十篇上云：「廌，解廌獸也。似牛，一角。古者決訟，令觸不直者。」《論衡》卷十七《是應篇》：「觟𧣾者，一角之羊也。青色，四足，能知曲直，性識有罪。」《後漢書·輿服志》云：「獬豸，神羊，能別曲直。」如牛、如羊，蓋皆據傳聞而云然。○寧按：《論衡·是應》曰：「觟𧣾者，一角之羊也，性知有罪。皋陶治獄，其罪疑者，令羊觸之。有罪則觸，無罪則不觸。斯蓋天生一角聖獸，助獄為驗，故皋陶敬羊，起坐事之。」據此，則言獬豸其狀「如羊」

是,「如牛」則非。

〔三〕○陶本作「性忠直」。陶憲曾曰:此三字從《開元占經》補。○寧按:《御覽》
　　卷八九○引無「性」、「而」二字。

〔四〕○陶憲曾曰:兩「者」字,從《開元占經》補。「論」,《開元占經》作「語」。
　　○劉城淮曰:論,爭吵。咋,咬。○寧按:「則」字,據《御覽》卷八九○引
　　補。

〔五〕○朱起鳳曰:獬豸,神羊,其形狀或云似鹿,或云似牛,皆臆測之辭爾。○
　　黃暉曰:《說文·廌部》:「解廌,獸也,似牛一角。古者決訟令觸不直者。
　　古者神人廌遺黃帝,(絫譹曰解廌,單譹曰廌。)帝曰:『何食何處?』曰:
　　『食薦,夏處水澤,冬處松柏。』」《廣韻》:「解廌,仁獸,似牛一角。」《後
　　漢書·輿服志》:「法冠一曰柱後,執法者服之,侍御史、廷尉正監平也。或
　　謂之獬豸冠。獬豸,神羊,能別曲直,楚王嘗獲之,故以為冠。」注引《異
　　物志》曰:「東北荒中有獸名獬豸,一角,性忠,見人鬥,則觸不直者,聞
　　人論則咋不正者。楚執法者所服也。」董巴曰:「獬豸,神羊也。」(《御覽》
　　二二七。)《金樓子》曰:「神獸若羊,名曰獬豸。」《漢書·司馬相如傳》
　　注張揖曰:「解廌似鹿而一角,人君刑罰得中則生於朝廷,主觸不直者。」
　　《隋書·禮儀志》引蔡邕曰:「獬豸如麟一角。」《神異經》曰:「東北荒中
　　有獸,如牛一角,毛青四足,似熊,見人鬥則觸不直,聞人論則咋不正,名
　　曰獬豸。故立獄皆東北,依所在也。」《蘇氏演義》(《路史·餘論四》引)
　　云:「毛青四足似熊。」《田俅子》曰:「堯時有獬廌,緝其皮毛為帳。」(引
　　同上。)按:以上諸文,或以似牛,或以似羊,或以似鹿,或以似麟,或以
　　似熊,蓋皆隨意狀之,實不相戾。云似熊者,與此文合。羅泌曰:「諸說皆
　　非,解廌蓋羊耳,羊性自知曲直。若齊莊公之臣王國卑與東里檄訟,三年而
　　不斷,乃令二人共一羊盟,二子相從刲羊,以血灑社。讀王國之辭已竟,東
　　里辭來半,羊起觸之,齊人以為有神,(按:此事見《墨子·明鬼篇》)則其
　　性也。王充之言,吾不謂然。」〔註1〕

〔六〕舊注:張華曰:今御史用法冠俗曰「獬豸冠」也。○王國良曰:「獸」字,據
　　《開元占經》卷一一六、《御覽》卷八九○引文補。「今御史……」一句,原混
　　入正文,今據《開元占經》卷一一六、《御覽》卷八九○改注。羅泌《路史·
　　餘論》卷四「解廌(獬豸)」篇云:「解廌,神羊也。……廌字,象獸有尾角及

〔註1〕 黃暉:《論衡校釋》,中華書局1990年,第761頁。

四足。《蘇氏演義》亦云:『毛青,四足似熊。性忠直,見鬥則觸不直,聞論則咋不正。古之神人以獻聖帝。』而《神異經》乃云:『獬廌,性忠,見邪則觸之,困則未止。東(北)荒之獸,故立獄階東北,依所在頁。』」所引《蘇氏演義》之說,蓋即沿用《神異經》文字,又轉引《神異經》,內容與它書所錄稍有出入,今列此以備參照云。○寧按:《御覽》卷八九○引此注作「張華曰:今御史法冠曰獬豸。」卷四九六混入正文,今正。又《白孔六帖》卷九十八引《神異經》:「獬廌性忠,而邪則觸之,困則未止,故立獄皆東北,依所在也,東北荒之獸也。」此中「故立獄」以下疑亦為古注文。「獬豸」一詞,古書寫法甚多,《辭通》中即有獬豸、解豸、解廌、解𧴁、獬廌、觟𧣾等寫法,最早為東漢王充《論衡》作「觟𧣾」,又《廣韻·上聲·蟹韻》於「獬」下云:「《字林》、《字樣》俱作『解廌』,《廣雅》作『貀狶』,陸作『獬豸』也。」蓋其獸本稱「廌」,因其有角則曰「觟廌」,再音轉為「解(獬)豸」等等。古書多云獬豸為「一角」,而從甲骨文以至於戰國文字,其「廌」字或從「廌」之字多見,均作有二長角之獸形,非一角也。廌疑即今所言之羚牛,四川、秦嶺地區均出產,古代分佈當更廣泛,其狀似羊又似牛,故古人或言如羊,或言如牛,毛色為淡黃色或棕褐色(即所謂「毛青」者),而言其「一角」則誤傳耳。蓋古人言獸角有二種,一種如麋、鹿之類之歧角,多分枝杈;一種如牛、羊之類之奇角,後所謂「犄角」,無分杈,此種角殆即所謂「一角」者,後人誤會為一隻角,恐非是。又按:此條當入《東北荒經》。

辨誤存疑第十一

　　○寧按：以下佚文諸家引述言出《神異經》，然文字不類，多為誤引者，故就目及者作「辨誤」，以免以訛傳訛；凡不能確定者，錄之存疑。

　　【化民】化民食桑，三七年化，能以自裹，如蠶績，九年生翼，七年而死。去瑯邪四萬里。(《太平御覽》卷八二五引《玄中記》，下注云：「《神異經》同。」)

　　○寧按：《類聚》卷八八、《御覽》卷八八八並引《博物志》曰：「化民食桑，二十七年，以絲自裹，九年死。」又卷九五五引《括地圖》曰：「化民食桑，二十七年化而自裹，九年生翼，十年而死。」《括地圖》當為漢魏時之書，《玄中記》文與之同，張華《博物志》抄錄之。故疑《御覽》注文當云「《括地圖》同」，非《神異經》也。

　　【狽】狽無前足，一云前足短不能自行，附狼背而行，如水母之有蝦也。若狼為巨獸或獵人逐之而逸，即狽墜於地，不能取濟，遂為眾工所獲。失狼之背，故謂之「狼狽」。(《蘇氏演義》卷上引《神異經》)

　　【狽】狽似狼，無前足，附狼而行，無狼則不能行也，故人進退不遂曰「狼狽失據」。(《山堂考索》卷二三七引《神異經》)

　　附錄1：【狼狽】狼，大如狗，蒼色，作聲諸竅皆沸。胜中筋大如鴨卵，有犯盜者薰之，當令手攣縮。或言狼筋如織絡，小囊蟲所作也。狼糞煙直上，烽火用之。或言狼狽是兩物，狽前足絕短，每行常駕于狼腿

上，狼失狽則不能動，故世言事乖者稱「狼狽」。臨濟郡西有狼塚，近世曾有人獨行於野，遇狼數十頭，其人窘急，遂登草積上。有兩狼乃入穴中，負出一老狼。老狼至，以口拔數莖草，群狼遂競拔之。積將崩，遇獵者救之而免。其人相率掘此塚，得狼百餘頭殺之，疑老狼即狽也。(《酉陽雜俎》卷十六《廣動植之一》)

附錄2：【狼狽】狼大如狗，蒼色，作聲諸竅皆沸，髀中筋大如鴨卵，有犯盜者熏之，當令手攣縮。或言狼筋如織絡小囊，蟲所作也。狼糞煙直上，烽火用之。或言狼狽是兩物，狽前足絕短，每行常駕兩狼，失狼則不能動，故世言事乖者稱「狼狽」。(《太平廣記》四四二引《酉陽雜俎》)

附錄3：【狼】狼之狀如狗，蒼赤色者最猛，每作聲，竅皆沸。腿中有筋，大如雞子，又筋遍身如織格之狀，人或有犯盜諱不道者，但燒此筋，以煙薰之，便能盜者手攣縮，可怪。凡邊上放火號，常用狼糞，燒以為煙，煙氣直上，雖風吹不散，故烽火常用此為候，故云：「狼煙」也。(《物類相感志》卷九)

〇寧按：上文互相參校，可知《酉陽雜俎》引文最早而不著出處，同為唐代作品而稍晚於段成式的《蘇氏演義》引「狽」之文言出《神異經》，《相感志》卷九此段亦沒注明出處，《山堂考索》疑本《蘇氏演義》為說。然觀段成式所引，其文字風格不類《神異經》，恐是他書之文，終未能詳也。

【東嶽神】昔盤古氏五世之苗裔曰赫天氏，赫天氏曰胥勃氏，胥勃氏曰玄英氏，玄英氏子曰金輪王，金輪王弟曰少海氏，少海氏妻曰彌輪仙女也。彌輪仙女夜夢吞二日，覺而有娠，生二子，長曰金蟬氏，次曰金虹氏。〔一〕金虹氏有功在長白山中，至伏羲氏封為太歲，為太華真人，掌天仙六籍，遂以歲為姓，諱崇。〔二〕掌人世居民貴賤高下之分，祿科長短之事，十八地獄六案簿籍，七十五司生死之期。〔三〕(《續道藏》本《搜神記》卷一、《三教源流搜神大全》卷一「東嶽」引東方朔《神異經》)

〔一〕舊注：金虹氏者，即東嶽帝君也。金蟬氏，即東華帝君也。〇寧按：此注原混入正文，今正。

〔二〕舊注：其太歲者，乃五代之前無上天尊所都之地，今之奉高是也。其后乃水一
　　天尊之女也。至神農朝，賜天符都官號，名「府君」。至漢明帝封太山元帥。
　　○寧按：此注文原混為正文，今正。「崇」，《靈寶無量度人上經大法》卷二十
　　八（下簡稱《上經大法》）作「𡾋」，從耑尞聲，字書不收，疑即「寮」之繁
　　構，或「崇」字形訛。蓋因其為嶽神名，故加三山之「耑」字為標誌符號，其
　　義與從「山」同也。下四嶽之名例同。《字彙補》引《五嶽真形圖》作「東嶽
　　姓崴名𡾋」，傳世本《五嶽真形圖》作「姓崴諱崇」。

〔三〕舊注：聖帝自堯、舜、禹、湯、周、秦、漢、魏之世，只有天都府君之位。○
　　寧按：此注文原混為正文，今正。

【南嶽神】〔南嶽〕神姓崇，〔一〕諱覃。〔二〕南嶽主於世界星辰分野
之地，兼麟甲水族龍魚之事。（《續道藏》本《搜神記》卷一、《三教源流
搜神大全》卷一「南嶽」引東方朔《神異經》）

〔一〕○寧按：「崇」，《五嶽真形圖》（清康熙二十一年鄧霖題跋，卜世刻石，今在西
　　安碑林）同，《上經大法》作「榮」。

〔二〕○寧按：「覃」，《搜神大全》、《上經大法》並作「𪑴」，此字字書不收，大概是
　　從耑昌聲。《五嶽真形圖》或作上耑下里的寫法，「昌」、「里」形近，未知孰
　　是。

【西嶽神】〔西嶽〕神姓善，〔一〕諱坔。〔二〕西嶽者，主管世界金銀
銅鐵五金之屬，陶鑄坑冶，兼羽毛飛鳥之事。（《續道藏》本《搜神記》
卷一、《三教源流搜神大全》卷一「西嶽」引東方朔《神異經》）

〔一〕○寧按：「善」，《上經大法》作「崇」。

〔二〕○寧按：其名諱字上從凼下從土，音義不詳。《字彙補》引《五嶽真形圖》作
　　「西嶽姓姜名堂」，疑「凼」乃「耑」之形訛，「堂」字音義亦不詳。《上經大
　　法》作「𡑞」，當是從耑正聲。「土」、「正」或形近而訛，未知孰是。

【北嶽神】〔北嶽〕神姓晨，諱萼。〔一〕北嶽者主於世界江河淮濟，
兼虎豹走獸之類，蛇虺昆蟲等屬。（《續道藏》本《搜神記》卷一、《三教
源流搜神大全》卷一「北嶽」引東方朔《神異經》）

〔一〕○寧按：其名諱字，上從屾下從号，或即「号」之繁構。《五嶽真形圖》作

「嵎」，據《集韻》乃「崿」之或體。《上經大法》作「䕫」上從耑下從嘉，音義不詳，疑音與「嘉」同。《字彙補》引《五嶽真形圖》作「北嶽姓峘名崿」，「崿」字從屾從兮，音義未詳；所從之「兮」當即「号」或「咢」之形訛。

【中嶽神】〔中嶽〕神姓惲，諱善。〔一〕中嶽者主於世界地澤、川谷、溝渠、山林、樹木之屬。（《續道藏》本《搜神記》卷一、《三教源流搜神大全》卷一「中嶽」引東方朔《神異經》）

〔一〕○寧按：「善」，《上經大法》作「奌」，上從耑下從央，音義不詳，疑是「峡」之異構或繁構。此字《五嶽真形圖》下從「大」，《字彙補》引《太清金液神氣經》下從「英」，均字形相近而輾轉訛謬，未知孰是。又按：從「東嶽神」條至此條乃關於五嶽神之記載，此類記載漢代緯書中已見，《太平御覽》卷八百八十一引《龍魚河圖》曰：「東方太山君神姓圓名常龍，南方衡山君神姓丹名靈峙，西方華山君神姓浩名鬱狩，北方恒山君神姓登名僧（《說略》卷十九引作「姓澄名溍淳」；《讀書紀數略》卷十一引作「姓澄名渭淳」），中央嵩山君神姓壽名逸羣，呼之令人不病。」今此《神異經》之記載類似之。此文不見他書徵引，雖然其明言出「東方朔《神異經》」，然其文內容不類《神異經》風格，疑是出自漢魏以來的某種道書而誤屬之《神異經》。從文字上看，可能是某種傳本的《五嶽真形圖》的解說，《雲笈七籤》卷七十九引有東方朔《五嶽真形圖序》，蓋道教傳言東方朔曾傳過此圖，故被誤記為同傳為朔作之《神異經》，只是今已難考其本源。

【翁仲孺】漢時，翁仲孺家貧力作，居渭川。一旦天雨金十斛於其家，於是與王侯爭富。今秦中有雨金翁，世世富。（《太平廣記》卷四○○引《神異經》）〔一〕

〔一〕○張國風曰：四庫本《神異經》無此條。本條也不似《神異經》中文字。《御覽》卷八一一所引《述異記》引有此條。《磊說》卷八、《編珠》卷三、《駢志》卷一二、《山堂肆考》卷一八四、《格致鏡原》卷三四所引《述異記》引有此條。○寧按：傅增湘指出此乃《廣記》之誤記者，云：「『翁仲孺雨金』條，乃《述異記》之文，核之一字不差。」此或是《廣記》引《述異記》，而誤記為《神異記》，又訛為《神異經》。

【墮婆登國】墮婆登國在林邑東，南接訶陵，西接述黎。種稻，每月一熟。有文字，書于貝多葉。死者口實以金釘，貫于四支，然後加以婆律膏及檀沉龍腦，積薪燔之。（《太平廣記》卷四八二引《神異經》）〔一〕

〔一〕○張國風曰：本事見於《舊唐書·南蠻西南夷傳》。《御覽》卷七八八所引《唐書》，《冊府元龜》卷九六〇，《讀禮通考》卷一一八所引《舊唐書》引有此條。
○寧按：此條傅增湘指出為《廣記》之誤記者，云「『墮婆登國』、『訶陵國』二條，其事蹟及文詞皆與本書不合，當是所記書名有誤耳。」「訶陵國」條《廣記》卷四八二注出《神異錄》，蓋即《宋史·藝文志二》著錄之「渤海填《唐廣德神異錄》四十五卷」，簡稱《神異錄》，又稱《廣德神異記》，其書記述唐代相關故事，非《神異經》。「墮婆登國」或亦出此書，而《廣記》誤「錄」為「經」。

【大茗】餘姚人虞洪，入山采茗，遇一道士，牽三青羊，引洪至天臺瀑泉，曰：「吾丹丘子也，聞子善具飲，常思見惠，山中有大茗，可以相給，祈子他日有甌犧之餘，不相遺也。」因立奠祀，後常與家人往山獲大茗焉。（《太平御覽》卷四一引《神異經》）

○寧按：此節文字不類《神異經》，《廣記》卷四一二引《顧渚山記》引《神異記》文略同，魯迅《古小說鉤沉》將此條輯入王浮《神異記》，當是。

【昆侖三角】昆侖三角，其一角正北干辰星，名曰閬風巔。其一角正西，名曰玄圃臺。其一角正東，名曰昆侖宮。上有玉樓十二，景雲映日，朱霞九光，西王母之治所，真官仙靈之所宗。（《太平御覽》卷六七四引《神異經》）

○寧按：此條文字出《海內十洲記》，非《神異經》，當是《御覽》引誤。

【破鏡】昔有夫妻將別，破鏡，人執半以為信。其妻與人通，其鏡化鵲飛至夫前，其夫乃知之。後人因鑄鏡為鵲安背上，自此始也。（《太平御覽》卷七一七、《廣博物志》卷三十九引《神異經》）

○寧按：此條文字風格亦不類《神異經》。疑出王浮《神異記》。

【花柳酒】河陵國柳花為酒。（《類說》卷三十七）

○寧按：此條文字見《廣記》卷四八二引《神異錄》：「訶陵在真臘國之南，

南海洲中，東婆利，西墮婆，北大海。豎木為城。造大屋重閣。以梭皮覆之。以象牙為牀。以柳花為酒，飲之亦醉。」「河陵」即此「訶陵」。此《神異錄》當即《廣德神異錄》。

【織女降】郭翰遇織女降其室，衣玄綃之衣，霜羅之帔，戴翹鳳之冠，躡瓊元之履，張丹轂之幬，施九晶玉華之簟，轉會風之扇，有同心龍枕。翰曰：「牽牛郎何在？」曰：「河漢阻隔，不復相聞。」翌日，丹鉛書青縑一幅以寄翰。（《類說》卷三十七）

○寧按：此條全文見《廣記》卷六十八「郭翰」條，注出《靈怪集》，《類說》引誤。

【陀移國人】陀移國人，壽萬歲。（《玉芝堂談薈》卷四引《神異經》）

○寧按：《御覽》卷三七八引王子年《拾遺記》曰：「員嶠山有陀移國，人長三尺，壽萬歲。」今《拾遺記》卷十云員嶠山「南有移池國，人長三尺，壽萬歲。」「陀移」當為「移池」之互倒，「陀」或作「阤」，與「池」形、音皆相近。則此條當出《拾遺記》，徐應秋云出《神異經》乃誤記。

【金翅鳥】閻浮提中及四天下有金翅鳥，名伽樓羅王，此鳥業報應食諸龍，日食一龍王及五百小龍。此鳥兩翅相去六千餘里，以翅膀搏海水開，龍見而取食之。龍聚沙戴頂上乃得免。（《玉芝堂談薈》卷三十五引《神異經》）

○寧按：「大鵬金翅鳥」乃佛家故事，見於佛書，如《佛說觀三昧海經》即有類似記載：「閻浮提中及四天下有金翅鳥，名正音迦樓羅王，于諸鳥中快得自在。此鳥業報應食諸龍，于閻浮提日食一龍王及五百小龍。明日復於弗婆提食一龍王及五百小龍。第三日復於瞿耶尼食一龍王及五百小龍。第四日復於鬱單越食一龍王及五百小龍。周而復始，經八千歲」，云云，恐非《神異經》之文，疑徐應秋誤記。

【雀芋】雀芋，狀如雀頭，置乾地反濕，置濕地反乾。飛鳥觸之墮，走獸遇之僵。（《廣博物志》卷四十三引《神異經》）

○寧按：此條見《廣記》卷四一二引《酉陽雜俎》。今見《酉陽雜俎》卷十九《廣動植類之四》，文同。李時珍《本草綱目》卷十七《草之六》引此文

亦稱《酉陽雜俎》，並疑雀芋是類似草烏頭之類的毒草，或是也。董斯張引作《神異經》，未詳所據，疑為誤記。

【猈猨】南荒有獸，名曰猈猨，見人衣冠鮮麗，輒跪拜而隨之，雖驅擊不去。身有奇臭，惟膝骨脆美，謂之「媚骨」，土人以為珍饌。則世之善諂者，皆有媚骨者也，是亦人之猈猨矣。（《古今笑史·容悅部第十七》、《堅瓠八集》卷一）

　　○寧按：此條二書均不言出何書，就其文字風格觀之，或即出《神異經》，屬於所謂「嘲諷之辭」，〔註1〕然不見他書徵引，抑或出於後人擬作，不能是定，姑附錄於此備參。

　　又按：《廣記》卷二六八「酷吏」條引《神異經》載來俊臣之事，傅增湘指出此亦《廣記》誤記者，云「『酷吏』條記來俊臣事，此書始見於《隋志》，何由下及唐代？」張國風曰：「似即《廣德神異錄》。《太平廣記》卷三九六《玉龍子》，原注出《神異錄》，而孫本作《廣德神異錄》。《大唐新語》卷一二引有本條來俊臣、侯思止、郭霸事。」則此條當如張說出《廣德神異錄》。又：《淵鑒類函》卷二十一引《神異經》一條，曰「文宗延學士於內庭，討論經義」云云，此條亦當出《廣德神異錄》。此二條全與《神異經》無關，其事顯然，故茲均不錄。

〔註1〕此類論述見陽清：《〈神異經〉嘲諷之辭考究》，《湖北民族學院學報（哲學社會科學版）》2013 年第 1 期。

附錄一：歷代著錄情況

1. 〔唐〕魏徵等：《隋書·經籍志二·史部·地理類》：《神異經》一卷。東方朔撰，張華注。

2. 〔日〕藤原佐世：《日本國見在書目·土地家》：《神異經》一（卷）。東方朔撰，晉張華注。

3. 〔後晉〕劉昫等：《舊唐書·經籍志乙部·史錄·地理類》：《神異經》二卷，東方朔撰。

4. 〔北宋〕歐陽修等：《新唐書·藝文志丙部·子錄·道家神仙類》：東方朔《神異經》二卷，張華注。

5. 〔北宋〕王堯臣等《崇文總目·史部·地理類》：《神異經》二卷，東方朔撰，張華注。

6. 〔南宋〕陳振孫《直齋書錄解題·小說家類》：《神異經》一卷，稱東方朔撰，張茂先傳。

7. 〔南宋〕王應麟《玉海·地理·異域圖書類》：《神異經》一卷，張華注。《後漢》《文選》注引之。《崇文目》《唐志》二卷。

8. 〔南宋〕尤袤《遂初堂書目·地理類》：《神異經》。

9. 〔元〕馬端臨《文獻通考·經籍考·子·小說家類》：《神異經》一卷。

10. 〔元〕脫脫等：《宋史·藝文志·子類·小說家類》：東方朔《神異經》二卷，晉張華傳。

11. 〔明〕焦竑《國史經籍志·史類·傳記》：《神異經》二卷。東方朔。

12. 〔明〕晁瑮：《寶文堂書目》：《神異經》、東方朔《神異經》。

13. 〔清〕黃虞稷《千頃堂書目》卷十五:《神異經》一卷。

14. 〔清〕永瑢等:《欽定四庫全書總目・子部・小說家類》:《神異經》一卷。內府藏本。(寧按:此是《漢魏叢書》之輯本。以下之著錄均為輯本。)

15. 〔清〕紀昀等:《欽定四庫全書簡明目錄・子部・小說家類》:《神異經》一卷。

16. 〔清〕岳濬等:《山東通志》卷三十四《經籍志》:漢東方朔《神異經》一卷。

17. 〔清〕曹寅:《楝亭書目・說部》:《神異經》,漢平原東方朔撰,一卷。晉范陽張華注。一冊。

18. 〔清〕姚際恆:《好古堂書目・載籍》:《神異經》,漢・東方朔。

19. 〔清〕莫友芝《邵亭知見傳本書目》:《神異經》一卷。舊本題漢東方朔撰,晉張華注。《說郛》本。《漢魏》本。《格致》本。《廣四十家小說》本。《龍威》本。

【附】《中國叢書綜錄・子目分類目錄・子部・小說類》

1. 神異經一卷
   (漢)東方朔撰
   格致叢書
   四庫全書・子部小說家類

2. 東方朔神異經一卷
   廣四十家小說

3. 神異經十五則
   舊小說(民國本、1957年本)甲集

4. 神異經佚文一卷
   (漢)東方朔撰　(清)王仁俊輯
   經籍佚文

5. 神異經一卷
   (漢)東方朔撰　(晉)張華注
   漢魏叢書(萬曆本、景萬曆本)・子籍
   廣漢魏叢書(萬曆本、嘉慶本)・載籍
   說郛(宛委山堂本)卷六十六
   五朝小說・魏晉小說雜志家

五朝小說大觀‧魏晉小說雜志家

增訂漢魏叢書（乾隆本、紅杏山房本、三餘堂本、大

通書局石印本）‧載籍

龍威秘書一集

子書百家‧小說家異聞類

百子全書‧小說家異聞類

古今說部叢書二集

說庫

漢魏小說採珍

6. 神異記

說郛（商務印書館本）卷六十五

上海圖書館編：《中國叢書綜錄‧子目分類目錄》，

上海古籍出版社 1986 年，第 1082〜1083 頁。

附錄二：諸家論說

　　寧按：關於《神異經》古今學者多有論述，主要在於討論該書成書時代及作者方面，多可為研讀此書者提供參考。凡各書重要論述者，盡量收錄全文；研究專書及專文則擇其結論。茲僅就目力所及者錄之，覽書有限，掛漏尚多，容有時日，再補苴完善。

　　〇高似孫曰：其後東方朔作《神異經》，張華箋之。華曰：「方朔周旋（一作巡）天下，所見神異《山海》所不載者列之，有而不具其說者列之」，謂《山海經》也。（宋‧高似孫：《史略》卷六，見清‧黎庶昌輯：《古逸叢書》中冊，江蘇廣陵古籍刻印社 1994 年，第 654 頁。）

　　〇陳振孫曰：《神異經》一卷，稱東方朔撰，張茂先傳。《十洲記》一卷。亦稱東方朔撰。二書詭誕不經，皆假託也。《漢書》本傳敘朔之辭，末言劉向所錄朔書具是矣，世所傳他事皆非也。贊又言，朔之談諧，其事浮淺，行於眾庶，而後世好事者，因取奇言怪語附著之朔，故詳錄焉。史家欲祛妄惑，可謂明矣。（宋‧陳振孫《直齋書錄解題》卷十一。《景印文淵閣四庫全書》第 674冊，第 719 頁。）

　　〇釋贊寧曰：東方朔著《神異經》記周巡天下所見。《山海經》所不載者，列之，雖有而不論者，亦列之說。（宋‧釋贊寧：《筍譜》，《景印文淵閣四庫全書》第 845 冊，第 199 頁。）

　　〇呂午曰：東方朔誦《詩》《書》二十二萬言，三冬文史足用。又隨師踐赤縣，遨五嶽，行澤陂，歷名山，猶以所見參酌《山海經》而後《神異經》《十洲記》始作。（宋‧呂午：《方輿勝覽序》，《景印文淵閣四庫全書》第 471 冊，

第 542 頁。）

○馬端臨曰：《神異經》一卷，陳氏曰：稱東方朔撰，張茂先傳。《十洲記》一卷。◇晁氏曰：漢東方朔撰。班固《贊》言：「朔之談諧，逢占射覆，其事浮淺，童兒牧豎，莫不眩耀。而後世好事者，因取奇言怪語附著之朔。」豈謂此書之類乎？◇陳氏曰：亦稱東方朔撰。二書詭誕不經，皆假託也。《漢書》本傳敘朔之辭，末言劉向所錄朔書具是矣，世所傳他事皆非也。《贊》又言，朔之談諧，其事浮淺，行於眾庶，而後世好事者，因取奇言怪語附著之朔，故詳錄焉。史家欲祛妄惑，可謂明矣。（元・馬端臨《文獻通考》卷二一五《經籍考四十二》，《景印文淵閣四庫全書》第 614 冊，第 550 頁）

○張萱曰：《神異經》，後人偽書也。漢東方朔詼諧，好言奇怪，故此經托名朔耳。且其文甚陋而野，非朔之筆明甚。第所載有獸曰窮奇者，言見忠信之人則囓而食之，見奸邪之人則擒禽獸而飼之，此亦非苟作者，豈有激而云然耶？（明・張萱：《疑耀》卷五，《景印文淵閣四庫全書》第 856 冊，第 258 頁。）

○胡應麟曰：《神異經》、《十洲記》俱題東方朔撰，悉假託也。其事實詭誕亡論，即西漢人文章有此類乎？《漢志》有《東方朔》二十篇，列雜家，今不傳而二書傳，甚矣！世好奇者眾也。（明・胡應麟：《少室山房筆叢》卷十六《四部正譌下》，《景印文淵閣四庫全書》第 886 冊，第 335 頁。）

○又曰：幼嘗戲輯諸小說為《百家異苑》，今錄其序云：自漢人駕名東方朔作《神異經》，而魏文《列異傳》繼之，六朝唐宋凡小說以「異」名者甚眾。（《少室山房筆叢》卷二十《二酉綴遺中》，《景印文淵閣四庫全書》第 886 冊，第 379 頁。）

○又曰：《神異經》《十洲記》之屬，大抵六朝贗作者。（《少室山房筆叢》卷五《續甲部・丹鉛新錄一》「古書不知名考」。《叢書集成續編》本，上海書店出版社 1994 年，第 172 冊，第 282 頁。）

○《四庫全書總目提要》曰：《神異經》一卷（內府藏本）。

舊本題漢東方朔撰。所載皆荒外之言，怪誕不經。共四十七條。陳振孫《書錄解題》已極斥此書，稱東方朔撰、張茂先傳之偽。今考《漢書》朔本傳，歷敘朔所撰述，言凡劉向所錄朔書俱是，世所傳他事皆非。其贊又言後世好事者取奇言怪語附著之朔云云。則朔書多出附會，在班固時已然。此書既劉向《七略》所不載，則其為依託，更無疑義。《晉書》張華本傳，亦無注《神異經》之文，則並華注亦屬假借，振孫所疑，誠為有見。然《隋志》載此書，已稱東

方朔撰，張華注。則其偽在隋以前矣。觀其詞華縟麗，格近齊、梁，當由六朝文士影撰而成，與《洞冥》、《拾遺》諸記先後並出，故其中西北荒金闕銀盤明月珠事，陸倕《石闕銘》引用之。其中玉女投壺事，徐陵《玉臺新詠序》引用之。流傳既久，固不妨過而存之，以廣異聞。又考《廣韻‧去聲‧四十一漾》收「猲」字，《說文》、《玉篇》皆所不載。注稱獸似獅子，實本此經「北方有獸焉，其狀如獅子，名曰猲」之文。則小學家已相援據，不但文人詞藻轉相採摭已也。《隋志》列之「史部‧地理類」，《唐志》又列之「子部‧神仙類」。今核所言，多世外恍惚之事，既有異於輿圖，亦無關於修煉，其分隸均屬未安。今從《文獻通考》列《小說類》中，庶得其實焉。（清‧永瑢等撰：《四庫全書總目》，中華書局 1965 年，第 1205～1206 頁。）

○《欽定四庫全書簡明目錄》卷十四《子部十二‧小說家類》：《神異經》一卷，舊本題漢東方朔撰，晉張華注。考諸《隋志》所載亦符，則其依託已久矣。所記皆八荒以外之言，不可究詰，而文采縟麗，辭賦家恆所引用，要亦六朝文士所為。《隋志》列入「地理類」，《唐志》列入「神仙家」，均非其實，今亦改隸於小說。（清‧永瑢、紀昀等撰：《欽定四庫全書簡明目錄》，《景印文淵閣四庫全書》第 6 冊，第 242 頁。）

○王謨曰：右東方朔《神異經》一卷，《十洲記》一卷，《隋志》並入《史部‧地理類》，《唐志‧子部》「神仙類」。其入「地理」者，以二書所言皆四海八荒事，為倣《山海經》而作；其入「神仙」者，一《神異經》第一篇即言東王公、玉女，而《十洲記》有蓬萊、瀛洲、方丈，又即海中三神山也。謨謂朔之博物，雖能曉畢方、辨觸牙，初不若禹、伯益之隨刊焚烈，徧歷九洲，又不能與羨門、安期生之屬憑虛御風，神遊六合，二者所托，皆似是而非也。善乎班史之論曰：「朔之詼諧，逢占射覆，其行事浮淺，行於眾庶。童兒牧豎，莫不眩燿。而後世好事者，因取奇言怪語，附著之朔。」若此二書，明非朔所自撰，在當時固必有樂為之傅會者，史家欲祛妄惑，絕異端，故詳著其說。且於本傳篇末直斷之曰：「凡劉向所錄朔書具是，世所傳他事非也。」今考《漢書‧藝文志》，諸子、雜家有《東方朔》二十篇，次《呂覽》《淮南鴻烈》後，惜其書不傳，而後世獨流傳此二書及《靈棋經》，甚矣，人之好怪也！《文獻通考》以二書入小說家，蓋亦有見於此云。汝上王謨識。（清‧王謨：《增訂漢魏叢書跋》，《增訂漢魏叢書》乾隆五十六年刊本，第 72 冊。）

○段玉裁曰：又按《神異經》：「南方有人，人面鳥喙，而有翼，手足扶翼

而行，食海中魚，有翼不足以飛。一名鴅兜。《書》曰：『放鴅兜于崇山。』一名驩兜。為人狠惡，不畏風雨禽獸，犯死乃休耳。」此等書疑皆是偽作，未必東方朔所為、張華所注也，而服氏注《左氏》檮杌、饕餮亦引《神異經》，則自漢有之矣，學者闕疑可也。（清·段玉裁：《古文尚書撰異》卷一，《續修四庫全書》影印華東師大圖書館藏清乾隆道光間段氏刻《經韻樓叢書》本，上海古籍出版社 2002 年，第 46 冊，第 23 頁。）

○姚際恆曰：《神異經》《十洲記》，已上二書稱東方朔撰。陳直齋曰：二書詭誕不經，皆假託也。《漢書》本傳敘朔之辭，末言劉向所錄朔書具是矣，世所傳他事皆非也。贊又言朔之詼諧，逢占射覆，其事浮淺，童兒牧豎莫不炫耀，而後世好事者因取奇言怪語附著之朔，故詳錄焉。史家欲祛妄惑，可謂明矣。〔重考〕《神異經》《十洲記》二書，並非漢世好事者依附之作，考其文格雅近齊梁間人所為，要為六朝人一手所假託。故辭采過於縟麗，頗便詞章家所取資。若於地理道家，均無當也。（清·姚際恆：《古今偽書考》，《姚際恆著作集》第五冊，中央研究院中國文哲研究所 2004 年，第 235～236 頁。）

○周中孚曰：《神異經》一卷，《漢魏叢書》本。

舊題漢東方朔撰，晉張華注，《四庫全書》著錄，《隋志》「地理類」作一卷。《書錄解題》《通考》俱同。《舊唐志》「地理類」、《新唐志》「道家類」、《崇文目》、《宋志》俱作二卷，而《崇文目》又重載於「地理類」。其書凡《東荒經》九則，《東南荒經》五則，《南荒經》十則，《西南荒經》三則，《西荒經》八則，《西北荒經》六則，《北荒經》三則，《東北荒經》一則，《中荒經》十則，大抵仿《山海經》為之。《漢志》及本傳皆不載，朔有是書，即《晉書》華傳亦不言其注是書，則其均為後人所依託矣。所記皆八荒以外之言，不可究詰，而文格雅近齊梁間人所為，故辭采過於縟麗，頗便詞章家所取資。特於地理、道家均無當也。《說郛》亦收入之。（清·周中孚：《鄭堂讀書記》卷六十六《子部·小說家類四·異聞》「神異經」條。商務印書館 1937 年，第 1302 頁。）

○孫志祖曰：《神異經》題云東方朔撰，而中有引張茂先語，豈別一人，非晉之司空邪？《述異記》題云任昉撰，而中有北齊武成河清年事。案武成河清已在陳世，非昉之所得記也。蓋此二書皆後人偽託（《十洲記》亦偽書）。（清·孫志祖：《讀書脞錄》卷四，《續修四庫全書》第 1152 冊，第 256 頁。）

○姚振宗曰：《神異經》一卷，東方朔撰，張華注。張華有《博物志》，別見《子部·雜家》。《唐日本國見在書目》：「《神異經》一卷，東方朔撰，張華

注。」《唐書・經籍志》：「《神異經》二卷，東方朔撰。」《唐書・藝文志・神仙家》：「東方朔《神異經》二卷，張華注。」《四庫・小說家提要》曰：凡四十七條，皆荒外之言，怪誕不經。然《隋志》載此書已稱東方朔撰，張華注，則其偽在隋以前。觀其詞華縟麗，格近齊梁，當由六朝文士影撰而成，與《洞冥》《拾遺》諸記先後並出，故陸倕《石闕銘》、徐陵《玉臺新詠序》並引用之，流傳既久，不妨過而存之。（清・姚振宗：《隋書經籍志考證・地理類》，《二十五史補編》，開明書店 1937 年，第 4 冊，第 5394～5395 頁。）

○陶憲曾曰：粵若渾輿初啟，孟幼未分，詭類殊品，日接於目前；游魂靈怪，不隔於宇內。故禹鑄九鼎，益名百物，羅大荒而志怪，包宇合以徵奇。《山經》所述，詳哉博矣。若夫九紀以降，三古而還，乾清坤夷，日穆月爽，生其間者，跡不出禹域，目不睹魁書，而欲探險九幽，搜奇八表，則亦張騫鑿空，烏覩昆侖；鄒衍談天，虛傳裨海而已。

《神異經》者，舊本題東方朔撰，張茂先注，《漢志》不載其文，《隋書》乃箸於錄，列之地理，以配《山經》。陳振孫辨之於前，孫志祖疑之於後。夫樹號如何，鳥名希有，桃羹治嗽，竹筍已瘡。扶桑之蠶，繭長者三尺；北方之鼠，肉重則千斤。鶩鳥捕鯨，或展風雷之翼；黃父吞鬼，乃餐霧露之漿。未免語近憑虛，辭同象罔。況復東西南北，不著其地名；裔外荒中，難詳其里數。是則迂誇閡誕，雖同柏翳之經；而恢恑憰怪，或類莊周之論。《欽定四庫書目》，乃改隸之小說家，其義當矣。然而大宛之馬，已著於《漢書》；火山之鼠，足徵於《魏志》。玄獏齧鐵，證《周書》而益明；魖頭捕魚，校《夏經》而胥合。則又持之有故，言匪無稽者焉。是以子慎釋經，世期注史，賈思勰之《要術》，酈道元之《水經》，莫不採茲異聞，證彼故實。固不僅西海神童，左太沖因之作賦；北荒明月，陸佐公取以為銘。故知此書者，饌箸於兩漢，而流行於六代，乃經史之考鏡，而辭賦之淵藪也。歲歷縣暖，簡策滋譌，焉烏淆混於一編，緣絲迷茫於三寫。椰本作邪，音尚符乎古訓；軱譌為觀，字已闕於六書。

戊戌臘月，余偶讀之，見其殘缺，深為慊悶。爰據他書所引者，略為校勘，補其闕遺。其經注混淆，灼然可見者，並以意為是正。錄置篋笥，取便觀覽。篇中間有舊校，每稱「埠按」，疑為明朱鬱儀中尉名謀埠者，《明史》傳稱其箸述百十有二種者也。昔師古敘《漢書》之例，亦著瓚音；景純注《山海》之經，恆稱璨曰。今準其例，並題舊校存之，以備參攷云。光緒二十五年歲在屠維大淵獻孟陬月，安化陶憲曾譔。（清・陶憲曾：《神異經輯校序》）

　　○胡玉縉曰：【提要】觀其詞華縟麗，格近齊、梁，當由六朝文士影撰而成。

　　案文十八年《左傳》「謂之渾敦」，孔疏云：「服虔案《神異經》云：『檮杌狀如虎，毫長二尺，人面虎足豬牙，尾長丈八尺，能鬬不退。饕餮獸名，身如牛，人面，目在腋下，食人』」，是其書自漢已有之，與《漢書・東方朔傳》云：「後世好事者取其奇言怪語附著之朔」合。又《詩・雲漢》疏引旱魃事，《提要》皆未及。（胡玉縉撰，王欣夫輯：《四庫全書總目提要補正》卷四十二《小說家類二》，上海書店出版社 1998 年，第 1128 頁。）

　　○余嘉錫曰：【提要】《神異經》一卷，舊本題漢東方朔撰。所載皆荒外之言，怪誕不經，共四十七條。

　　嘉錫案：此書舊無單行本，亦不聞有宋、元舊槧。明代叢書，凡有數本，匪惟字句詳略彼此不同，即篇章多寡，亦復懸絕。最少者原本《說郛》卷六十五所錄，僅十五條，每條皆有題目。其中如誕、山臊、河伯使者三條，皆較今本（謂何允中及王謨本。）多出數十字。蓋雖節鈔不全，而所據者猶是善本也。最多者何允中《漢魏叢書》本，分八荒及中荒為九篇，凡五十八條（間有一條誤分為二者。），每條首尾完具。以唐、宋類書所引校之，亦大抵相合。中有校語，自稱「埠案」，陶憲曾以為朱謀埠，是也。謀埠貫串群籍，著述至百十二種（見《明史・寧王權傳》），其校此書，雖不甚詳，然僅注明異同，不輕改字，知其所據，必是舊本，非如《搜神記》、《述異記》之類，出於抄撮者比也。又有胡文煥《格致叢書》本、程榮《漢魏叢書》本，均刻在何本之前。兩本字句，完全相同，纔四十七條，與《提要》合。全書不分篇目，殊少條理，又多所刪節，文意不完，疑是明人從類書輯出，偽充古書，而復耳目隘陋，掛漏宏多。《提要》據以著錄，不免失考。然以校何本，多「毛人」一條，考《集韻・十虞》、《類篇》卷二十三，並有「氀」字，注云：「八荒中有毛人，如猴（《類篇》作似猴），毛長牦氀。東方朔說。」知古本實有此條。《太平御覽》卷三百七十三及卷七百九十亦引之，而文皆不完，固當據此本補入。又有「刀味核」一條（《北戶錄》引作四味木，刀蓋四之誤，核當作木。），即《南荒經》之如何樹也。今本脫去兩句，此本有之，於《北戶錄》卷二所引合，可資參校。然則此本雖不佳，亦復寸有所長矣。近人安化陶憲曾刻有《靈華館叢稿》（與其弟紹曾所作合為《二陶遺稿》），後附《神異經輯校》一卷，並佚文九條。所校旁徵類書，頗為詳密。然尚有遺漏，如《北戶錄》、《說郛》、《太平廣記》所引，

皆未據校。即《太平御覽》亦檢閱未周，不知其前後互異（《御覽》、《廣記》所引書名多誤，不盡是本書，分別觀之可也。），又所據僅王謨重刻《漢魏叢書》，未及博採異本。令人讀之，不能無憾。要其改正譌誤，分別經注，粲然可觀，固不可謂非是書之善本矣。

【提要】陳振孫《書錄解題》，已極斥此書稱東方朔撰、張茂先傳之譌。今考《漢書》朔本傳，歷敘朔所撰述，言凡劉向所錄朔書俱是（案當作具是。），世所傳他事皆非。其贊又言，後世好事者取其奇言怪語附著之朔云云，則朔書多出附會，在班固時已然。此書既劉向《七略》所不載（案《七略》當作《別錄》。），則其為依託，更無疑義。《晉書》張華本傳，亦無注《神異經》之文，則併華注亦似屬假借。振孫所疑，誠為有見。然《隋志》載此書，已稱東方朔撰，張華注，則其偽在隋以前矣。觀其詞華縟麗，格近齊、梁，當由六朝文士影撰而成，與《洞冥》、《拾遺》諸記，先後並出。故其中《西北荒》金闕銀盤明月珠事，陸倕《石闕銘》引用之。其中玉女投壺事，徐陵《玉臺新詠序》引用之。流傳既久，固不妨過而存之，以廣異聞。

案：《左傳》文公十八年《正義》曰：「服虔案《神異經》云：檮杌狀似虎，毫長二尺，人面虎足豬牙，尾長丈八尺，能鬬不退。饕餮，獸名，身如牛，人面，目在腋下，食人。」此所引檮杌，在今本《西荒經》中，文字小異。惟其言饕餮之狀，乃大不同。蓋服虔原注，分屬傳文兩句，並不聯為一條。其釋饕餮，別有所據，本非用《神異經》文也。李貽德《左傳賈服注輯述》卷八曰：「《山海北山經》云：鉤吾之山有獸焉，其狀如羊身，人面，其目在腋下，虎齒人爪，其音如嬰兒，名曰狍鴞，是食人。郭注：像在夏鼎，《左傳》所謂饕餮是也。服亦以《山海經》之狍鴞為饕餮，故所引即狍鴞狀。」其說是矣。夫此經既為服虔所引用，則至遲當出於靈帝以前（《後漢書》虔本傳云：中平末拜九江太守。），或且後漢初年，已有其書。班固所謂後世好事者，因取奇言怪語附著之朔者也。若如《提要》之說，以為格近齊、梁，當為六朝文士所作，則服子慎卒於漢末，安得豫引六朝之書乎？段玉裁《古文尚書撰異》卷一曰：「《神異經》疑是偽作，未必東方朔所為、張華所注也。而服氏注《左氏》檮杌、饕餮亦引《神異經》（案段氏未知服注饕餮乃用《山海經》文），則自漢有之矣。學者闕疑可也。」陶憲曾《神異經輯校序》曰：「子慎釋經，世期注史，賈思勰之《要術》，酈道元之《水經》，莫不採茲異聞，證彼故實。固不僅西海神童，左太沖因之作賦；北荒明月，陸佐公取以為銘。故知此書者饌箸於兩漢，

而流行於六代,乃經史之考鏡,而辭賦之淵藪也。」蓋援引此經文字以著書者,莫早於服虔之《春秋左氏傳解詁》,運用此經故實以入文者,莫早於左思之《吳都賦》(賦云:「江斐於是往來,海童於是宴語。」李善注:「《神異經》曰:『西海有神童,乘白馬,出則天下大水。』」)固不始自陸倕、徐陵。段、陶兩家之言,洵足補《提要》所不及矣。《提要》又謂《隋志》載此書,已稱東方朔撰、張華注,一似此書之撰人姓名,始見於《隋志》也者。今考《水經·河水》注引崑崙銅柱一條,已稱張華敘東方朔《神異經》(洪頤煊《讀書叢錄》卷二十四曾舉出。),《三國志·齊王紀》注、《水經·灅水》注均引「南荒火山」一條。裴注稱東方朔《神異經》,酈注稱東方朔《神異傳》(《水經·沔水》注引《神異傳》由拳縣一條,不稱東方朔,乃別一書,非此經。)《齊民要術》卷十引此經凡七條,其椰木、沛竹(《廣韻》作篩竹,今《神異經》作涕竹。)二條,並兼引張茂先注。是六朝舊本所題,固已如此,《隋志》因以著錄耳。《提要》由此始知其偽在隋以前,其見聞抑何隘也。

【提要】又考《廣韻·去聲·四十一漾》收「獇」字,《說文》、《玉篇》皆所不載,注稱獸似獅子,實本此經「北方有獸焉,其狀如獅子,名曰獇」之文,則小學家已相援據,不但文人詞藻轉相採摭已也。

案:此經自漢時已為服虔所引用,具如前述。《毛詩·雲漢》正義亦引《神異經》曰:「南方有人,長二三尺,袒身而目在頂上,走行如風,名曰魃。所見之國,赤地千里。一名旱母,遇者得之,投溷中即死,旱災消。」所引與今本僅字句略有不同,是則漢、唐大儒皆嘗援據以釋經傳矣,遑論宋人所重修之《廣韻》哉!即以《廣韻》言之,其《上平聲·六脂》「篩」字、《入聲·十六屑》「鐵」字下,均明引《神異經》(「鐵」字下所引經文,陶憲曾漏未據校。)。足為顯證,不似「獇」字注之不著出處也。《提要》不肯細考,故不免失之耳目之前矣。

【提要】《隋志》列之《史部》「地理類」,《唐志》又列《子部》「神仙類」。今核所言,多世外恍惚之事,既有異於輿圖,亦無關於修煉,其分隸均屬未安。今從《文獻通考》列「小說類」中,庶得其實焉。

案:《隋志》列之「地理類」者,為其書之體例與《山海經》相近也。若論作者著書之旨,則《唐志》屬之神仙家,不為無見。今以本經之言考之,如云:「東方有樹焉,名曰梨,和羹食之,為地仙,衣服不敗,辟穀,可以入水火。東方有樹名曰桃,和核羹食之,令人益壽。南方大荒之中有樹焉,名曰柤

稼穡，三千歲作華，九千歲作實，得食復見實，壽一萬二千歲。南方大荒有樹焉，名曰如何，實有核，形如棗子，食之者地仙，不畏水火，不畏白刃。西北荒中有玉饋之酒，與天同休，飲此酒，人不生死。西北荒中有小人，抓而食之，殺腹中三蟲。三蟲死，便可食仙藥也。北方荒中有棗林，殊於常棗，食之可已安軀益氣力，故方書稱之。赤松子云：北方大棗味有殊，既可益氣又安軀。九府玉童玉女與天地同休息，男女無為匹配，而仙道自成。」凡此皆神仙家言，其必出於後漢方士之手無疑也。《太平御覽》卷六百八十五引《神異經》曰：「西荒有人，不讀五經而意合，不觀天文而心通，不誦禮律而精當。天賜其衣，男朱衣縞帶委貌冠，女碧衣戴勝，皆無縫。」（《北堂書鈔》卷一百二十八及一百三十五讀五經亦引之，而文較略，無不三句。）今本無之。相其體制，確是此經佚文，而其言乃與《列子·仲尼篇》所謂「西方之人有聖者焉，不治而不亂，不言而自信，不化而自行」云云無以異，皆隱以指浮屠氏。蓋佛法初入中國，自附於道家之清虛無為。《魏志·東夷傳》注引《魏略》曰：「浮屠所載，與中國《老子經》相出入」是也。故中國人視之，與黃、老等。楚王英喜黃、老學，為浮屠齋戒祭祀（見英本傳）；桓帝於宮中立黃、老、浮屠之祠（見《襄楷傳》），此所謂黃、老，實為神仙方技家之所崇奉者，而浮屠乃與之並祀。蓋兩家之學，此時尚合而未分。於是神仙家著書，亦喜借浮屠以自重。如託名劉向所著之《列仙傳》，實後漢人所作。其贊云：「得仙者百四十六人，其七十四人已見佛經。」（今本無此語。詳見《列仙傳》條下。）是為援佛入道之證。此經本出於方士，而有媚佛之言，亦後漢時風氣然耳。若為齊、梁人所作，則佛道二家，已如水火，必不肯作此等語矣。故自其書之體例言之，則《山海經》既入地理，此書自應依類附入。自其著書之宗旨言之，則實與神仙家相近。隋、唐二《志》，各明一義，皆不為無理。夫古今人所見不必相同，《提要》以其所言恍忽無稽，改從《通考》列入小說，原無不可。要不必以後世之見，輕議古人耳。且此書之改隸小說，始自《書錄解題》（見《解題》卷十一。），而《通考》從之。《提要》第援《通考》為言，尚未求其朔也。（余嘉錫：《四庫提要辯證》，中華書局 1980 年，第 1122～1128 頁。）

○傅增湘曰：余日前既取《太平御覽》以校《述異記》、《洞冥記》二書，《述異記》補佚文四十七條，《洞冥記》補佚文八條，其餘詞句亦大有詳略之差殊，因悟宋初所採各書皆卷子本，未經後來刻板展轉之訛奪，且《太平御覽》多因襲《修文殿御覽》而成，引書來源最古，尤足據依。因思《神異經》向無

舊刻，遂檢取《御覽》所引者凡得九十餘條，去其重引者，仍以程氏《漢魏叢書》本對勘。程本凡四十八條，為《御覽》所未引者有二十四條，可校者得二十四條，正訛補脫，所得佳字極多。每條末時附張華原注，程本奪失不尠，尤賴以補助。其「東明山」一條，《御覽》所引備列六方之宮，凡一百六十餘言，今本祗存「長男之宮」一事。其《御覽》所有而今本佚去者又有三十九條，幾增全書之半，所獲可謂豐矣。茲將各條錄存於後，異日他書倘續有所得，當更以附之。

自乾、嘉諸儒篤嗜考訂之學，盡取古來類書及注家所引群籍以轉校原書，或搜輯逸書，於是訛文佚典，裒然成帙，供後學挹取之資。然所校者多經史之文，或地理之屬，而小說家言乃不屑措意，以其不關閎旨，無裨實用也。如此書及《洞冥記》、《十洲記》之屬，尤多荒渺無稽之言，祗供詞人漁獵之用，余顧不憚繁屑，窮日力以從事於此者，徒以頹齡已屆，學殖久荒，鉤深索隱，既非精力之所堪，討史摰經，更苦窮年而莫竟。惟此郢書燕說，瀏覽所及，聊事考尋，藉以發意興而解煩憂，亦賢於博弈荒嬉，坐拋歲月而已。故明知為大雅所譏，亦不遑恤也。後之覽者，其諒此區區之微旨乎？

余校《御覽》既竣，又檢《太平廣記》所引，凡得十八條，逐卷勘之，所引咸錄全文，不似《御覽》之間加刪節。惟其中有誤記者：一、「酷吏」條記來俊臣事，此書始見於《隋志》，何由下及唐代？二、「翁仲孺雨金」條，乃《述異記》之文，核之一字不差。又，「墮婆登國」、「訶陵國」二條，其事蹟及文詞皆與本書不合，當是所記書名有誤耳。其餘十四條，於詞句亦少有訂正。合二書計之，其未經校者祗十九條耳。耗兩日光陰，此書遂差可讀，亦暮年之一快也。壬午冬月二十五日，即新曆之元旦，藏園老人識。（傅增湘：《藏園群書題記》卷九《校神異經跋》）

○范煙橋曰：今之所存漢人小說，亦寥寥矣。惟東方朔《神異經》《十洲記》為神怪之府。朔字曼倩，平原厭次人也。武帝時，官至太中大夫，《漢書》稱其口諧倡辯，依隱玩世，詭時不逢，滑稽之雄。《神異經》仿《山海經》，惟略于山川道里，而詳于神物，間有嘲諷之詞。《十洲記》亦相近，所謂十洲者，祖洲、瀛洲、玄洲、炎洲、長洲、元洲、流洲、生洲、鳳麟洲、聚窟洲是也。後人疑為偽記，則以《漢書·東方朔傳》《贊》有云：「朔之詼諧，逢占射覆，其事浮淺，行于眾庶，兒童牧豎，莫不眩耀，而後之好事者，因取奇言怪語，附著之朔。」當時已多假託附會，學者不能無疑。惟即是偽作，亦已悠古，況

於中國文學，久占勢力，六朝文章據引蒙多，要亦中國小說之前輩矣。（范煙橋：《中國小說史》，蘇州秋葉社 1927 年。第 14～16 頁。）

○胡懷琛曰：《神異經》，原題漢東方朔著。按：前人已考定係六朝人假託。（胡懷琛：《中國小說研究》，商務印書館 1933 年，第 133 頁。）

○又曰：《山海經》和後世的小說的關係也很深。例如後來的《神異經》《海內十洲記》等書，都是從《山海經》演化出來的。《神異經》及《海內十洲記》，都題為東方朔作，其實是假託的，不知為何人所作。（胡懷琛：《中國小說概論》，世界書局 1934 年，第 21 頁。）

○郭希汾曰：《神異經》一卷，舊本題漢東方朔撰（《四庫全書提要》小說家類）。東方朔與虞初等同以博識辯給為漢武所寵幸，亦稗官一流之人物。……要之其作之被稱於世者，僅此《神異經》與《海內十洲記》二種被收入《漢魏叢書》，其出於傅會，固或難免。今本有晉張華之注。張華為博覽多識之人，其所著有《博物志》，而作《神異經》之注釋，其本傳中乃未言此，則此注或亦屬於偽託。惟《隋書・經籍志》又明言東方朔撰，張華注，則雖是偽作，要亦甚古，必在隋以前耳。《四庫全書提要》由於《神異經》之詞華絺麗，而斷為成於六朝文士之手，或亦非誣。此書內容，全脫胎《山海經》，述四荒之事頗有怪誕不經之處，而唐之詩人多取材於此以養其才藻。……《山海經》中荒誕之話別無寓意；《莊子》《列子》之寓言，不過借以說明深奧之哲理，至《神異經》則多以淺薄的童話寓教訓之意矣，此均由於時代變遷之故。於此點，《東方朔傳》中所載之滑稽話，微有類似，是則此書雖出假託，或有幾分是傳朔之漫言。（郭希汾：《中國小說史略》，上海新文化書社 1933 年，第 16～19 頁。）

○譚正璧曰：《神異經》與《海內十洲記》二書，偽託為朔作。二書皆仿《山海經》，然略於山川道路，而多載詭異之物，間有嘲諷之辭。《神異經》中尤多有意義的寓言，與其他神仙故事不同。（譚正璧：《中國小說發達史》，上海光明書局 1935 年，第 82 頁。）

○郭箴一曰：東王公故事，見於《神異經》，此書當為晉以後人作稱東方朔撰，偽託也。（郭箴一：《中國小說史》，商務印書館 1939 年，第 86 頁。）

○魯迅曰：現存之所謂漢人小說，蓋無一真出於漢人，晉以來，文人方士，皆有偽作，至宋明尚不絕。文人好逞狡獪，或欲夸示異書，方士則意在自神其教，故往往托古籍以衒人；晉以後人之托漢，亦猶漢人之依託黃帝、伊尹矣。此群書中，有稱東方朔、班固撰者各二，郭憲、劉歆撰者各一，大抵言荒外之

事則云東方朔、郭憲，關涉漢事則云劉歆、班固，而大旨不離乎言神仙。稱東方朔撰者有《神異經》一卷，仿《山海經》，然略於山川道里而詳於異物，間有嘲諷之辭。《山海經》稍顯於漢而盛行於晉，則此書當為晉以後人作；其文頗有重複者，蓋又嘗散佚，後人鈔唐宋類書所引逸文復作之也。有注，題張華作，亦偽。（魯迅：《中國小說史略》，上海古籍出版社 1998 年，第 16 頁。）

○徐震堮曰：志怪書在漢以前已經有《山海經》和《穆天子傳》。《山海經》專記八荒異物，可算是中國古代神話的結集，不過都是零零碎碎的記載，沒有構成一個系統。《穆天子傳》是記周穆王北絕流沙、西登昆侖、見西王母的故事。漢魏六朝的志怪書就是從這兩種系統發展下來的。一類專記絕域殊方的山川物產，是《山海經》的流派，另一類專記神仙靈異之跡，是《穆天子傳》的流派。前者如《神異經》、《十洲記》、《漢武洞冥記》之類，後者如《漢武故事》、《神仙傳》之類。（徐震堮：《漢魏六朝小說選》，古典文學出版社 1955 年，《前言》第 4～5 頁。）

○葛賢寧曰：《神異經》一卷及《十洲記》一卷，均傳為東方朔所作。東方朔，字曼倩，平原厭次人。武帝時，為常侍郎，拜太中大夫，給事中。生性鯁直，放蕩不羈，而巧於言辯，詼諧百出。今有《東方太中集》輯本一卷傳於世。其中以《答客難》及《非有先生論》兩篇最著，皆有所寓。朔的滑稽與奇特的言行，在當時即很有名。《漢書·朔傳》《贊》中說：「而後之好事者因取奇言怪語附著之朔。」可知朔在漢代，已多附會的傳說。因之，《神異經》及《十洲記》兩書，是否出之朔的手筆，已難推斷。《神異經》，係仿《山海經》而作，而所記異物，卻較《山海經》為詳盡。文筆贍美，想像豐富，時有詼諧之詞。晉人裴啟的《語林》中有一則：「辛恭靜見司馬太傅，問卿何處人？答曰『西人。』太傅應聲戲之曰：『在西頗見西王母不？』恭靜答曰：『在西乃不見西王母，過東已見東王公。』太傅大慚。」可見西王母與東王公的傳說，由來已久。魯迅《小說史略》第四篇中說：「《山海經》稍顯於漢而盛行於晉，則此書（《神異經》）當為晉以後人作。」未免流於武斷。（葛賢寧：《中國小說史》，中華文化出版社事業委員會 1956 年，第 15～16 頁。）

○《中文大辭典》曰：神異經，書名，凡一卷。舊本題漢東方朔撰，晉張華注。《隋志》所載亦相符，但劉向《七略》不載，當為六朝文士所依託。所記皆荒外之言，不可究詰，而詞華縟麗，詞賦家多引用之。見《四庫提要·子·小說家類》。（中文大辭典編纂委員會編纂：《中文大辭典》，臺北中國文化研究

所 1968 年，第 1413 頁。）

○《辭海》曰：《神異經》，志怪小說集。舊題漢東方朔撰，晉張華注，實為偽託。一卷。其最初傳本，後亦散佚，今本乃輯錄唐宋類書所引逸文而成。仿《山海經》體例，但略於山川道里而詳於記敘神怪異物，間有嘲諷之作。（《辭海》（1979 年版縮印本），上海辭書出版社 1980 年，第 1584 頁。）

○青木正兒曰：《漢書·藝文志》列為小說家的十五種書中，可以認為與道家及神仙家有關係者就占著多一半。就中在後漢張衡《西京賦》中也詠著「小說九百，本自虞初」的《虞初周說》九百四十三篇的著者，據《漢書·藝文志》則為武帝時之方士侍郎，是神仙家。到了這一類的著作，我想決不止是街談巷語之搜輯，自己製造的架空之談也很多，這即是創作。然此類漢代之書，今皆不傳，傳者以作於魏、晉、南北朝之間的為最古。《神異經》、《海內十洲記》、《漢武洞冥記》、《漢武故事》、《漢武內傳》等，雖皆託名漢人之作，其實都是魏、晉、南北朝人的東西，《四庫全書總目》中考證得很詳細。無論那一種，都多量的含著神仙說，乃《虞初周說》等之流亞也。（〔日〕青木正兒著，隋樹森譯：《中國文學概說》，重慶出版社 1982 年，第 144 頁。）

○周蕣曰：這樣統觀起來，本經不但不是兩漢的作品，甚且不在晉初成書。我想，從《山海經》以來，就有許多怪異的傳說（不然張茂先、郭景純也不會有那樣的博物傳奇），而後慢慢醞釀，直至佛教傳入，更加上許多想像——如《西荒經》說到「鵠國」之人，「好經綸拜跪」；誦經綸而拜跪的事，恐怕不是我國土產的禮儀，我以為是佛教敷佈之後的事體——到了東晉末年，由某個方術之士寫下來的；《提要》說「觀其詞華縟麗，格近齊梁，當由六朝文士影撰而成。」應該稍往前挪些時間。因為賈思勰的《齊民要術》引本經八條之多，裴松之《齊王紀》注和酈道元《灢水》注明引本經「南荒火山」一條，善長《河水》注更引「崑崙銅柱」條，他們全是從宋到梁時候的人，所以說本經東晉末成書是不錯的。（周蕣：《神異經研究》，文津出版社 1986 年，第 83 頁。）

○王國良曰：從郭璞《江賦》的用典，以及葛洪《抱朴子》的引述，我們的推斷是：最遲在西晉末年，《神異經》即已問世，並稍見流通。此後，東晉顧愷之撰《啟蒙記》，有「如何隨刀而改味」之句；劉宋初，裴松之注《三國志》，援引《神異經》以釋「火浣布」。等到北魏酈道元、賈思勰相繼引用，此書已南北並見流行了。（王國良：《神異經研究》，文史哲出版社 1985 年，第 10 頁。）

　　○又曰：原撰作者的形式既無法確知，但其身份背景可以本書文字稍作瞭
解。四庫館臣謂此書「詞華縟麗，格近齊梁，當由六朝文士影撰而成。」事實
上，它的文字並未可以修飾，毫無華麗的味道，而撰者恐怕也不是一位普通的
文士。……以上十則，顯然與神仙方術及陰陽災異有密切關係。又《東荒經》
第七則，撰者還描述了佛經常提及的沃焦山之特異，可以看出佛教的一點影
響。但從整部書的內容來看，儒家傳統忠孝節義、仁民愛物的思想，仍然占有
不少分量。因此，我們的看法是：作者可能是一位深受道教影響的儒生，或是
一位長期浸淫在儒家思想中的方士。（《神異經研究》，第 10～12 頁。）

　　○《辭源》曰：《神異經》，舊題漢東方朔撰，晉張華注，一卷。不見於《漢
書‧藝文志》。《隋書‧經籍志》著錄，《新唐書‧藝文志》作二卷。所記皆荒
誕無稽的事物。但文采綺麗，後來詞賦家經常引用。自宋陳振孫《書錄解題》
以來即疑其偽，當為魏晉南北朝時文士所依託。（《辭源（修訂本）》，商務印書
館 1988 年，第 2275 頁。）

　　○呂思勉曰：《神異經》，秦、漢間方士，多好求仙採藥於窮荒之地，故於
域外地理，頗有所知。傳述既廣，即未嘗親歷者，亦摭拾其辭以欺世，故其書
多荒怪之談。然輾轉傳講，自有所本，理而董之，亦或可考見其朔也。（呂思
勉：《呂思勉讀史札記（增訂本）‧戊帙》，上海古籍出版社 2005 年，第 1431
頁。）

　　○侯忠義曰：《神異經》一卷，舊題東方朔撰，又有《十洲記》，亦同，均
係託名。

　　東方朔（前 154～前 93），西漢厭次（今山東惠民）人，字曼倩。長於文
辭，喜詼諧滑稽，武帝時累官侍中、大中大夫等職。《史記》、《漢書》均有傳。
東方朔是偽託著述者的理想人物。《漢書》本傳贊說「朔之詼諧，逢占射複，
其事浮淺，行於眾庶，童兒牧豎，類不眩耀。而後世好事者因取奇言怪語，附
著之朔，故詳錄焉。」唐顏師古注云：「言此傳所以詳錄朔之辭語者，為俗人
多以奇異妄附於朔故耳。欲明傳所不記者皆非其實也。」所錄即為《答客難》
等十餘種著作，而《神異經》、《十洲記》並不在內，可見二書之偽，十分明顯。
又，《水經注》卷一、卷十三，《二國志‧齊王紀》裴松之注，均已徵引題名東
方朔的《神異經》，可見於南北朝之時，已將二書歸之東方朔名下。《四庫全書
總目》認為此書「詞華縟麗，格近齊梁，當由六朝文士影撰而成」，這是一種
具有代表性的意見。但《左傳》文公十八年，有東漢末年服虔注文，已引《神

異經》，則初步可定《神異經》為漢人作品。《神異經》有張華注，亦偽。今本《神異經》注文有竄入正文者，明人朱謀㙔《神異經輯校》多有指正。

《神異經》是仿《山海經》之作，略於山川地理而詳於異物奇人，間有譏刺嘲諷之辭，這也符合東方朔的身份。主要寫靈異之物和成仙故事，文字簡樸而又流暢，不似《十洲記》《洞冥記》之淺薄。書凡九篇，分《東荒經》、《西荒經》、《南荒經》、《北荒經》、《中荒經》、《東南荒經》、《西南荒經》、《東北荒經》及《西北荒經》，計六十一則。關於異人異物的記載，有些承襲了《山海經》的內容而又加以豐富和發展。……由此可見，《神異經》乃仿《山海經》式的作品、不少內容都來自民間，想像豐富，文思深茂，又絕無佛家影響，是文人創作的傑出的志怪小說集。（侯忠義：《漢魏六朝小說史》，春風文藝出版社 1989 年，第 23～25 頁。）

○李劍國曰：《神異經》一卷，今存。《隋書·經籍志》地理類題東方朔撰，又有《十洲記》亦題為朔作（《十洲記》下節討論）。此前，酈道元《水經注》卷一《河水注》引《十洲記》、《神異經》，卷一三《㶁水注》引《神異傳》，《三國志·齊王紀》裴松之注引《神異經》，均題撰人為東方朔，說明至遲在南北朝，已十分肯定地將二書歸於東方朔名下。唐以降大率因襲舊說，《中興館閣書目》並謂「朔周遊天下，所見神異，《山海經》所不載者，列之」。高似孫《史略》卷六，亦持此說。

但這個說法不可靠。考《漢藝文志》雜家類僅列《東方朔》二十篇，無東方朔撰《神異》、《十洲》的著錄。《漢書》卷六五《東方朔傳》臚列朔作《答客難》等十餘種，且云「朔之文辭……凡劉向所錄朔書具是矣（師古注：『劉向《別錄》所載』），世所傳他事皆非也」。贊又云「後世好事者因取奇言怪語附著之朔，故詳錄焉」，師古注：「言此傳所以詳錄朔之辭語者，為俗人多以奇異妄附於朔故耳。欲明傳所不記，皆非其實也。」班固之時，已頗有人假託東方朔而造奇言怪語，所以孟堅為正視聽而詳錄朔之作，其中既無《神異》二書，其不出東方則明甚。

這一點前人早已指出。南宋陳振孫《直齋書錄解題》卷一一稱《神異》、《十洲》「二書詭誕不經，皆假託也」，又引《漢書》，謂「史家欲袪妄惑，可謂明矣」。但論者又多以二書乃六朝人所造，《少室山房筆叢》續甲部《丹鉛新錄一》云：「《神異經》、《十洲記》之屬，大抵六朝贗作者。」《四庫全書總目》卷一四二小說家類云「詞華縟麗，格近齊梁，當由六朝文士影撰而成」。這種

說法幾成定論。

這個說法同樣也不可靠。《神異經》雖非朔作，但卻是漢人作品。胡應麟《少室山房筆叢·二酉綴遺中》曾云「漢人駕名東方朔，作《神異》」，這話很對，不知何故又說六朝贗作，自相抵牾如此。考《左傳》文公十八年孔穎達疏曰：「服虔按：《神異經》云：檮杌，狀似虎，毫長二尺，人面虎足豬牙，尾長七八尺，能鬥不退。」服虔乃東漢末人，《後漢書》卷七九下《儒林》有傳，稱「中平末，拜九江太守，免，遭亂行客，病卒」，中平係靈帝年號。服注《左傳》既已稱引《神異經》，則必為漢書無疑。

這一點也已經前人指出，見段玉裁《古文尚書撰異》卷一、胡玉縉《四庫全書總目提要補正》卷四二、陶憲曾《靈華館叢稿·神異經輯校序》、余嘉錫《四庫提要辨正》卷一八。我們尚要補充的是漢末許慎《說文》六上木部梟字注為「不孝鳥也」，不孝鳥的名稱出《神異經》，似亦可證書出漢人。而且，《神異經》出於西漢末，因為東漢初郭憲《洞冥記》卷二有云：「昔西王母乘靈光輦，以適東王公之舍。」此正本於《神異經》。再者《漢書》朔傳謂「後世好事者因取奇言怪語附著之朔」，劉歆《上山海經表》云宣帝后文學大儒皆讀學《山海經》，《神異經》刻意模仿《山海經》，又託名東方朔，看來出於西漢成、哀前後，是不會有多大問題的。

《神異經》有注，《隋志》稱張華注，之前《水經注》卷一《河水注》已稱「張華敘東方朔《神異經》」，《齊民要術》卷一〇引《神異經》並張茂先（按：張華字）注，可見華注《神異》之說由來已久。南宋高似孫《史略》卷六云：「東方朔作《神異經》，張華箋之。華曰：方朔周旋天下，所見神異，《山海》所不載者列之，有而不具說者列之。」「華曰」云云，疑張華注《神異》本有序，此即序中語也。南宋序尚存，故高氏引之。昔人多疑華注亦係偽託，並無實據。《西荒經》西方山中有蛇名率然條，張華注云：「會稽常山最多此蛇。《孫子兵法》『三軍勢如率然』者也。」與《博物志》卷三「常山之蛇名率然」云云全合。又「鵠國」條注云：「陳章與齊桓公論小兒。」《御覽》卷三七八引《博物志》逸文詳記此事，與注文正相吻合。此皆可證注出張華之手。今本《神異經》中，有些注文竄入正文，明人朱謀㙔《神異經》校語屢有指出。如《南荒經》「枙稼樞」條後㙔按：「『言複見』以下十三字乃茂先注。」又《中荒經》：「九府玉童玉女，與天地同休息，男女無為匹配，而仙道自成。張茂先曰：『言不為夫妻也。』男女名曰玉人。」「張茂先曰」一句亦為注文，《太平御覽》卷

一八七引神異經》此節作：「……下有仙人府，與天地同休息。男女名曰玉人，男即玉男，女即玉女，無為配定，而仙道成也。」清人孫志祖不辨此中原委，以為正文有張華語，知書係後人偽託，實為陋見。

《神異經》今本一卷，同《隋志》地理類、《日本國見在書目》土地家、《文獻通考》小說家、《四庫全書總目》小說家著錄；《舊唐志》地理類、《新唐志》道家類、《崇文總目》地理類、《中興書目》小說家、《宋史・藝文志》小說家、《通志》傳記冥異類和地理方物類俱析為二卷。今天流行的版本，有明何允中《廣漢魏叢書》本、清陶珽《說郛》本、王謨《增訂漢魏從書》本、馬俊良《龍威秘書》本、民國王文濡《說庫》本、掃葉山房《百子全書》本等，皆為五十八則，為諸本之最完者；明程榮《漢魏叢書》本、胡文煥《格致叢書》本、闕名《五朝小說》本，才四十七則，四庫所採即為此本，故《提要》謂「共四十七條」。又張宗祥校明本《說郛》卷六五、民國吳曾祺《舊小說》甲集僅十五則，蓋節取耳。曾慥《類說》卷三七錄《神異經》五則，然羼入他書。諸本皆題作《神異經》，唯明本《說郛》作《神異記》。按諸書稱引多有作《神異記》者，又有傳、錄等稱，皆訛，蓋書仿《山海》，自當名之以「經」也。今本《神異經》非足本，陶憲曾《神異經輯校》輯佚文九條，清王仁俊輯有佚文一卷，載《經籍佚文》，均未見。（李劍國：《唐前志怪小說史》，南開大學出版社 1984 年，第 151～154 頁。）

○袁珂曰：《神異經》，書名。舊題漢東方朔撰，晉張華注。一卷。實為六朝文士所依託。內容多荒外之言，不可究詰。然詞華褥麗，詞賦家多引用之。中如東王公、西王母相會故事，且見於漢代石刻畫像，知所記當有本源。（袁珂：《中國神話傳說詞典》，上海辭書出版社 1985 年，第 302 頁。）

○又曰：《神異經》和《十洲記》舊題東方朔撰，但《漢書・藝文志》雜家類僅列《東方朔》二十篇，二書均未著錄，可知並非朔撰。《四庫提要》以為《神異經》「詞華褥麗，格近齊梁，當由六朝文士影撰而成」；僅憑格調文詞以定真贗，頗難服人。明胡應麟《少室山房筆叢》卷三十六說：「漢人駕名東方朔，作《神異經》。」比較合乎事實，卻仍舊是推想，而無佐證。《左傳・文公十八年》孔穎達正義說：「服虔案：《神異經》云，檮杌，狀似虎，毫長二尺，人面虎足豬牙，尾長丈八尺，能鬥不退。」服虔是漢末靈帝時的人，服虔所引《神異經》，見今本《神異經・西荒經》，文字大略相同，這就可以作為此書為「漢人駕名」的堅證。東方朔為人滑稽誕謾，《漢書・東方朔傳贊》已云：「朔

之詼諧，逢占射覆，其事浮淺，行於眾庶，童兒牧豎，莫不眩耀。而後世好事者，因取奇言怪語，附著之朔。」班固時已如此，可知服虔所見《神異經》之得「駕名」於東方朔就很自然了。從時間推斯，此書大約為東漢人所作。（袁珂：《中國神話史》，上海文藝出版社 1988 年，第 116～117 頁。）

　　○趙傳仁、鮑延毅、葛增福曰：《神異經》，舊題漢東方朔（前 154～前 93）撰。志怪小說，一卷。「觀其詞華縟麗，格近齊、梁，當由六朝文士影撰而成」（《四庫總目提要》）。因其「仿《山海經》，然略於山川道里而詳於異物」（《中國小說史略》），並分「東荒經」、「東南荒經」、「南荒經」、「西南荒經」、「西荒經」、「西北荒經」、「北荒經」、「東北荒經」、「中荒經」等幾部分記述，故名。有《格致叢書》、《漢魏叢書》一卷本。是書一名《東方朔神異經》，有《廣四十家小說》一卷本。（趙傳仁、鮑延毅、葛增福：《中國古今書名釋義辭典》，山東友誼書社 1992 年，第 428 頁。）

　　○陳建樑曰：總括而言，持《神異經》作於六朝諸說，除周睿、王國良外，皆不曾提到服虔曾援引此書，故有該等議論，而周、王二氏，為求合於《四庫提要》，卻又無法解釋東漢時代服子慎《春秋左氏傳解誼》已經引用其書的事實，於是作出了多番不能成立的假設，更對一些信而有徵的合理事實橫生疑寶；可是服氏引文明在確鑿，且為一項判別《神異經》成書年代的重要材料，在未有充分證據前，實不宜據加抹殺。澄清了「六朝派」的質疑，則《神異疑》一書成於漢世，當可作為定讞矣。（陳建樑：《《〈神異經〉成書年代平議》，《古籍整理研究學刊》1995 年第 3 期。》）

　　○孫啟治、陳建華曰：《神異經》一卷，今存，舊題東方朔撰，實出依託，參《直齋書錄解題》，蓋魏晉間人為之。（孫啟治、陳建華：《古佚書輯本目錄（附考證）》，中華書局 1997 年，第 256 頁。）

　　○王枝忠曰：漢代託名小說中，署東方朔作的有兩部，也即此書和《十洲記》，均見錄於《隋書·經籍志》史部地理類。其實均駕名東方朔，並不可信。《漢書·東方朔傳》載：「……朔之文辭，此二篇（按指《答客難》《非有先生論》）最善。其餘有《封泰山》……凡向所錄具是矣。（師古曰：『劉向《別錄》搜載。』）世所傳他事皆非也（師古曰：『謂如《東方朔別傳》及俗用五行時日之書，皆非實事也。』）」「贊曰：『劉向言少時數問長老賢人通於事及朔時者，皆曰……朔之詼諧，逢占射覆，其事膚淺，行於眾庶，童兒牧豎莫不眩耀。而後世好事者因取奇言怪語附著之朔，故詳錄焉。』（師古曰：『言此傳所以詳錄

朔之辭語者，為俗人多以奇異妄附於朔故耳。欲明傳所不記，皆非其實也。而今之為《漢書》學者，猶更取他書雜說，假令東方朔之事以博異聞，良可歎矣。他皆類此。』）」既然東方朔的著作已俱載於其本傳中，其中沒有《神異經》和《十洲記》，那麼也就說明它們並不是東方朔的作品，而其原因就是「讚」中所說的。不過，它們不是如許多人所懷疑的那樣，乃晉人所撰。因為在《左傳》文公十八年條的唐孔穎達疏中有這麼一段話：「服虔按：《神異經》云：『檮杌狀似虎，毫長二尺，人面虎足豬牙，尾長丈八尺，能鬥不退。』」服虔其人於史可稽，生當東漢末年；上引《神異經》文字也見於今本，唯有小異。那麼，其為漢人所作當可無疑。所以，胡應麟謂「漢人駕名東方朔，作《神異》」的說法，最符合實際。

今存《神異經》為一卷，同於《隋書・經籍志》所載，但各本數量多寡不一，主要有四十七條與五十八條兩種，而後者也未必就是足本。

此書體例仿《山海經》，分九章，按順序分別記述東、東南、南、西南、西、西北、北、東北八荒及中荒共九處的山川道里、奇人異物，其中尤以後者為詳。除去少數異物原出自《山海經》，此書賈誼改造製作之外，大都為新制。所述故事富於想像，頗有意趣。（王枝忠：《漢魏六朝小說史》，浙江古籍出版社 1997 年，第 55～56 頁。）

〇王根林曰：《神異經》一卷，舊題漢東方朔撰，晉張華注。由於《漢書・東方朔傳》未列此書，因此學者多認為此書為後人偽託。但是唐孔穎達在疏《左傳》時，曾引「服虔按：《神異經》云……」，服虔是東漢人，可知《神異經》作者當在服虔之前。又，許慎〈說文解字〉及東漢郭憲《漢武洞冥記》皆有引《神異經》的內容，更可證此書作者是漢人。很可能如《漢書・東方朔傳》所說的「後世好事者因取奇言怪語附著之朔」，而形成此書。

本書受《山海經》的影響，分為《東荒經》、《東南荒經》、《南荒經》、《西南荒經》、《西荒經》、《西北荒經》、《北荒經》、《東北荒經》、《中荒經》，凡九篇。內容多奇聞異物，想像豐富，文筆簡潔流暢。（王根林校點：《神異經・校點說明》。上海古籍出版社編：《漢魏六朝筆記小說大觀》，上海古籍出版社 1999 年，第 47 頁。）

〇韓晉曰：東方朔是一個被神話化了的歷史人物，有關他的傳說很多，甚至還有《東方朔傳》，但無論他的事迹（包括現實中的和傳說中的）怎樣撲朔迷離，《神異經》非其所著卻是十分肯定的。其根據有二：一是《漢書・藝文

志》雜家類僅列《東方朔》二十篇，未列東方朔撰《神異經》、《十洲記》。二是《漢書》卷六十五《東方朔傳》盡列朔作諸書，又云「凡劉向所錄朔書具是矣，世所傳他事皆非也」，贊又云「後世好事者因取奇言怪語附著之朔，故詳錄焉」。可見，班固之時，就有許多人附會東方朔而造奇言怪語之事，所以班固為正視聽而特詳錄東方朔著作，其中既然沒有《神異經》、《十洲記》，可見稱東方朔作定是偽托。有論者在指出其非東方朔所作的同時，又稱為六朝贋作，明胡應麟《少室山房筆叢》續甲部《丹鉛新錄一》云：「《神異經》、《十洲記》之屬，大抵六朝贋作者。」《四庫全書總目》卷一百四十二小說家類云「詞華縟麗，格近齊梁，當由六朝文士影撰而成」。這種說法也不可信。胡應麟大概是推測，而《四庫全書總目》據風格斷定作者有所不妥，文章風格當然可以作為我們考訂的依據，但不能作為決定性的依據，只能參考，因為雖然一個朝代有一個朝代的文章風格，但並不會所有人的風格都那麼整齊劃一，這種情況在文章風格變得豐富時尤其常見。雖然作者不能確定，但是此書成書的大致年代卻有據可推。《左傳》文公十八年孔穎達疏曰：「服虔按：《神異經》云：檮杌，狀似虎，毫長二尺，人面虎足豬牙，尾長七八尺，能鬥不退。」服虔是東漢末人，《後漢書》卷七十九有傳，既然服虔已經稱引《神異經》，則此書必出於漢代或漢之前。另外，漢末許慎《說文》六上木部梟字注為「不孝鳥也」，此名出自《神異經》，亦可證此書出於漢或漢以前。（韓晉：《唐前地理博物志怪小說審美研究》，遼寧大學碩士學位論文 2006 年 5 月，第 27〜28 頁。）

　　○金軍華曰：對於《神異經》之成書年代，歷來學者眾說紛紜，形成了「東方朔時說」、「六朝說」和「漢末說」等多種意見。近年來學者李劍國又提出新的見解，他在「漢末說」的基礎上加補證數條，並上推其成書年代當在西漢成帝、哀帝前後。筆者以為此說不可信，認為其成書年代當在西元 2 世紀與 3 世紀之間。（金軍華：《也談〈神異經〉之成書年代——兼與李建國先生商榷》，《南陽師範學院學報（社會科學版）》2009 年第 10 期。）

　　○許菊芳曰：今本《神異經》的語料情況相當複雜，它的語言並不是一個時代層面的，而是各個時代語言層累的結果。經過考辨，我們看到，出現在六朝時期的語言現象並不是很多，不能排除是後人附會增益的可能，但其語言時代的上限當為東漢時期。（許菊芳：《四種現存託名漢代小說語料鑒別研究》，浙江大學人文學院博士學位論文 2009 年 1 月，第 106〜107 頁。）

　　○竺濟法曰：該書舊題漢東方朔撰，晉張華注，實為假託。胡應麟、四庫

館臣、魯迅等均認為該書是六朝人所作，但東漢時已有人引用該書書名、故事，因此一些專家認為該書應該成書於東漢之前。《神異記》受《山海經》影響，所載皆荒外之言，怪誕不經，分為《東荒經》《東南荒經》、《南荒經》、《西南荒經》、《西荒經》、《西北荒經》、《北荒經》、《東北荒經》、《中荒經》，凡9篇63則；內容多奇聞異物，想像豐富，文筆簡潔流暢。（竺濟法：《〈神異記〉與〈神異經〉考》，《中國茶葉》2009年第11期。）

○又曰：與《神異記》相比，成書於漢代，5000多字的《神異經》，則堪稱長篇了。該書舊題漢東方朔撰，晉張華注，實為假托。胡應麟、四庫館臣、魯迅等認為是六朝人所作，但東漢時已有人引用該書書名、故事，因此一些專家認為該書應該成書於東漢之前。該書受《山海經》影響，所載皆荒外之言，怪誕不經，內容多奇聞異物，想像豐富，文筆簡潔流暢，全文無茶事記載。（竺濟法：《茶說〈神異記〉與〈神異經〉》，《中國茶葉》2013年第11期。）

○張亞南曰：關於《神異經》的作者，歷來有爭議，歷代學者除顏師古、南宋官定的《中興館閣書目》卷四及高似孫認為是東方朔所撰之外，其它學者大都對其作者及其成書時代問題產生了疑問，其主要觀點有二：其一為《神異經》非東方朔所撰，但是成書於漢代。此說以金壇段玉裁為代表，段氏在《古文尚書撰異》中認為東漢末年服虔在其注釋《左傳》時既然已經引用了《神異經》所以《神異經》然成書於漢末以前。後世學者如光緒年間陶憲曾、民國時期胡玉縉、余嘉錫先生、現代學者李劍國均秉承了段玉裁的說法，將《神異經》的成書年代定在漢代。其二、《神異經》非東方朔所撰，但是成書於六朝時期。此說代表人物是明人胡應麟。其後姚振宗、黃雲眉、張舜徽等均秉承此說，此說影響甚大，但是卻沒有學者提出明確證據。筆者認為，《神異經》最早在《隋書·經籍志》地理類中被著錄，題為漢東方朔撰、晉張華注。南北朝時期一些著名的注書，如酈道元《水經注》、《三國志·齊王紀》裴松之注均引用過《神異經》這些注釋不僅引用了《神異經》而且均認定作者為東方朔。故在沒有更為充分的證據之前，我們還是應當依據史書著錄，將其書歸為東方朔的著述，將其注歸入張華名下。（張亞南：《〈神異經〉及其注釋研究》，《荊楚理工學院學報》2010年第8期。）

○陶淑敏曰：通觀起來，《神異經》最遲在東漢末年既已問世，但沒有確切證據證明其在東漢中期以前已存在，因此，在新的資料被發掘出來之前，我們可以斷定其成書年代為東漢末期，而且此時尚少見流通，直到魏晉六朝時期

才廣泛流傳，並被大量應用。另外，關於作者身份的推測，因書中宣揚封建倫理道德思想的內容頗多，李劍國先生認為此書作非方士或巫師之輩，而是儒生，或者說是受方術之士影響的儒生。對此，王國良先生也多有論證，他認為「作者可能是一位深受道教影響的儒生，或是一位長期浸淫在儒家思想中的方士」，此說頗為可信。（陶淑敏：《神異經研究》，重慶大學碩士學位論文 2012年 4月，第 12 頁。）

○張黎明、馬敬宇、朱琳曰：《神異經》是現存託名東方朔的一部漢代博物體小說，其按照地理方位來介紹各種異物的敘事風格顯然是受到《山海經》的影響，但不同處是其「略於山川道里而詳於異物」，即並不注重地理方位的具體描述，而是詳細介紹各種異物，如從名物的角度來看待《神異經》會發現其對異物的描繪富有特點，能夠展現《神異經》的風貌。《神異經》是《山海經》影響下的產物，但不是簡單的抄襲和模仿，而是頗有創新之處，尤其是在描摹異物時，體現出在名物上有明顯的道德教化和仙化特點，值得充分重視。（張黎明、馬敬宇、朱琳：《〈神異經〉的名物特點辨析》，《語文學刊》2015 年第 2 期。）

○邢培順曰：《神異經》雖不一定是東方朔所著但西漢具備產生這部奇書的條件因而它可能是班固在《漢書‧東方朔傳》中所說的「後世好事者因取奇言怪語附著之朔」而產生的著作則它應該成書於西漢。（邢培順：《論〈神異經〉的作者和成書年代》，《蒲松齡研究》2016 年第 4 期。）

○康玥曰：《神異經》今存一卷，有注。自南朝裴松之《三國志‧魏書‧齊王芳紀》注文首稱「東方朔《神異經》」，北魏酈道元《水經注‧河水注》引「張華敘東方朔《神異經》」，其後，歷代公私書目大多稱《神異經》為東方朔撰，張華注。自宋代學者對東方朔作說產生質疑，其後大概形成四種意見：東方朔作說、六朝人說、西漢說、東漢說。目前學界普遍認同西漢及東漢說，《神異經》為漢代作品幾無爭議。（康玥：《漢代志怪及準志怪小說研究》，山東大學碩士學位論文 2019 年 6 月，第 21 頁。）

○周運中曰：前人指出《神異經》偽託東方朔所作，但時代不會很晚，因為唐代孔穎達《左傳》疏引服虔按《神異經》云之語，說明東漢已經成書。王國良認為《神異經》最遲成書於西晉末，東漢許慎《說文解字》、郭憲《洞冥記》引《神異經》。我認為此書有濃厚儒家思想，但混合了道士收集的資料，應在東漢魏晉時成書。（周運中《漢晉道士雜記中的中外交流史料考》，《中國

港口》2020 年第 S1 期。）

　　○劉朝飛曰：《神異經》舊題東方朔作，不太可信，但此書的出現也不會
晚於東漢。（劉朝飛：《志怪於常》，浙江古籍出版社 2020 年，第 79 頁。）

　　○李勇曰：《神異經》舊題東方朔所撰，實為後人託名東方朔所作。清代
陶憲曾、民國胡玉縉、余嘉錫、現代李劍國等都將《神異經》的成書年代定在
東漢。直到魏晉六朝時期，《神異經》才得以廣泛流傳。《神異經》最早著錄於
《隋書·經籍志》，題為漢東方朔撰、晉張華注。南北朝時期一些著名的注書，
如酈道元《水經注》《三國志·齊王紀》裴松之注均引用過《神異經》。（李勇：
《「扶桑」神話的仙化與歷史化研究》，四川師範大學碩士學位論文 2021 年 5
月，第 27～28 頁。）

　　○周金泰曰：《神異經》作為博物志怪，內容包羅萬象，照理應被同類博
物志怪或小學著作等廣泛徵引。然學者已注意到，漢末許慎《說文解字》引諸
家說凡廿八，卻不引《神異經》。又西晉張華《博物志》多處徵引《山海經》
《穆天子傳》等，卻對性質更近的《神異經》隻字未提，更讓人生疑（《神異
經》舊題東方朔撰外，亦題張華注，學界亦公認托偽）。相反，劉宋《三國志》
裴注、北魏酈道元《水經注》、北魏賈思勰《齊民要術》等，已能廣泛徵引《神
異經》，這應是《神異經》通行於世的有力證據。且上文提到，六朝時期博物
志怪一時湧現，其中不乏托偽漢人者，《神異經》頗能反映這一風氣。故應堅
持胡應麟、《四庫全書總目》以來通行觀點，定《神異經》為六朝作品。特別
在筆者提供新思路推測服虔未見過《神異經》之後，此觀點進一步具有了說服
力。（周金泰：《五行學說與博物志怪編纂──從〈山海經〉到〈神異經〉的文
本結構演變》，《浙江學刊》2021 年第 6 期。）

附錄三：《春秋左氏解誼》引《神異經》獻疑——兼說《吳都賦》「海童」的出典問題 [註1]

　　《神異經》是一本記錄「荒外之言」的作品，在以「經」命名的此類作品中，除了《山海經》之外，大概就屬它有名，雖然已經佚失，而因為古籍中多所徵引，存留佚文較多，仍是研究神話傳說的重要的資料。

　　現在對此書最大的爭論是其製作的時代，到現在都不太好定論。目前可見的說法，主要有西漢說、六朝說和漢末說，西漢說就是相信《隋書·經籍志》的說法，認為這書是東方朔作的，東方朔是西漢人，即使是不是東方朔親作，也是西漢人託名他所作。這個說法今學界沒幾個相信的，所以可以不論。

　　「六朝說」和「漢末說」兩派的爭論很大，許多學者著述進行論述，這方面的問題，周淑敏在其碩士論文《〈神異經〉研究》中對諸家說作了比較詳細的梳理和分析，最後的結論是：

　　「《神異經》最遲在東漢末年既已問世，但沒有確切證據證明其在東漢中期以前已存在，因此，在新的資料被發掘出來之前，我們可以斷定其成書年代為東漢末期，而且此時尚少見流通，知道魏晉六朝時期才廣泛流傳，並被大量應用。」[註2]

　　目前學界普遍接受「漢末說」，因為此說有一個很直接的證據，就是唐代

〔註1〕本文原刊發於《神話研究集刊》第六輯，巴蜀書社 2022 年 12 月。
〔註2〕周淑敏：《〈神異經〉研究》，重慶大學碩士學位論文，2012 年 5 月，第 12 頁。

孔穎達在《春秋左傳正義》說服虔解《左傳》時引用了《神異經》，他所引的服虔說，即出自東漢末期服虔的《春秋左氏解誼》，後人或稱《春秋傳服氏注》，可這個證據卻疑點重重。

一、服虔引《神異經》的問題

　　關於這個問題，論證較早且最為詳細的是余嘉錫，也最具有代表性。他在《四庫提要辨證》卷十八「子部·小說類」的《神異經》條下作了很長的一番論述：

　　《左傳》文公十八年《正義》曰：「服虔案《神異經》云：檮杌狀似虎，毫長二尺，人面虎足豬牙，尾長丈八尺，能鬥不退。饕餮，獸名，身如牛，人面，目在腋下，食人。」此所引檮杌，在今本《西荒經》中，文字小異。惟其言饕餮之狀，乃大不同。蓋服虔原注，分屬傳文兩句，並不聯為一條。其釋饕餮，別有所據，本非用《神異經》文也。李貽德《左傳賈服注輯述》卷八曰：「《山海北山經》云：鉤吾之山有獸焉，其狀如羊身，人面，其目在腋下，虎齒人爪，其音如嬰兒，名曰狍鴞，是食人。郭注：像在夏鼎，《左傳》所謂饕餮是也。服亦以《山海經》之狍鴞為饕餮，故所引即狍鴞狀。」其說是矣。夫此經既為服虔所引用，則至遲當出於靈帝以前（《後漢書》虔本傳云：中平末拜九江太守。），或且後漢初年，已有其書。班固所謂後世好事者，因取奇言怪語附著之朔者也。若如《提要》之說，以為格近齊、梁，當為六朝文士所作，則服子慎卒於漢末，安得豫引六朝之書乎？段玉裁《古文尚書撰異》卷一曰：「《神異經》疑是偽作，未必東方朔所為、張華所注也。而服氏注《左氏》檮杌、饕餮亦引《神異經》（案段氏未知服注饕餮乃用《山海經》文。），則自漢有之矣。學者闕疑可也。」陶憲曾《神異經輯校序》曰：「子慎釋經，世期注史，賈思勰之《要術》，酈道元之《水經》，莫不採茲異聞，證彼故實。固不僅西海神童，左太沖因之作賦；北荒明月，陸佐公取以為銘。故知此書者饌箸於兩漢，而流行於六代，乃經史之考鏡，而辭賦之淵藪也。」蓋援引此經文字以著書者，莫早於服虔之《春秋左氏傳解誼》，運用此經故實以入文者，莫早於左思之《吳都賦》（賦云：「江裴於是往來，海童於是宴語。」李善注：《神異經》曰：西海有神童，乘白馬，出則天下大水。）固不始自陸倕、徐陵。段、陶兩家之言，洵足補《提要》所不及矣。〔註3〕

〔註3〕余嘉錫：《四庫提要辨證》卷十八，中華書局1980年，第1124～1125頁。

　　余氏是堅持《神異經》是漢代的作品，其證據主要就是兩方面：

　　一是東漢時期的服虔《春秋左氏解誼》（下簡稱「服書」）裏引用了《神異經》。

　　二是從西晉的左思作《三都賦》時就開始引用「海童」的典故，而「海童」的典故據李善注就是出自《神異經》。

　　此後凡是持「漢末說」者基本上也都是以余氏所論的內容為主要依據。可如果仔細考察一下就會發現，這兩個證據都很薄弱。

　　第一點，也是最大、最直接的證據，是唐代孔穎達在《春秋左傳正義》中說到服虔引用了《神異經》。在《左傳·文公十八》裏，提到「四凶」，是渾敦、窮奇、檮杌、饕餮，古人注書時，把這「四凶」和《尚書·堯典》裏的「四罪」聯繫起來，認為渾敦是歡兜，窮奇是共工，檮杌是鯀，饕餮是苗民。在解釋「四凶」時，孔穎達《正義》兩次引到服虔說，一次是說帝鴻氏不才子「渾敦」，孔《正義》先說：

　　「渾敦，不開通之貌，言其無所知也。服虔用《山海經》，以為歡兜人面鳥喙，渾敦亦為獸名。」〔註4〕

　　這是孔穎達說服虔針對「渾敦」給出的解釋，說「歡兜」、「渾敦」都出《山海經》，可這裏面有漏洞。王國良說：

　　「但《左氏傳》所提四凶中的『渾敦』、『窮奇』、『饕餮』，也分別見於《神異經》的《西荒經》、《西北荒經》、《西南荒經》，服氏卻不引，乃轉而援用《山海經》。這種作法，頗令人不解。服虔到底有否看過《神異經》，並引用之以解釋《左氏傳》，單由唐代學者轉引的孤證就下論斷，似嫌輕率。」〔註5〕

　　王氏認為孔穎達的話有問題，不可輕信，他經過考察得出的結論是「最遲在西晉末年，《神異經》即已問世，並稍見流通。」〔註6〕且不說他的結論如何，只說他質疑孔穎達《正義》的這段話有道理，可也不準確——孔穎達說服虔解釋檮杌、饕餮用《神異經》，解釋歡兜、渾敦是用《山海經》，王氏卻說解「饕餮」也用《山海經》，想必是記錯了。

　　在「歡兜」、「渾敦」的解釋裏，孔氏說也有問題，《山海經》和《神異經》

〔註4〕〔唐〕孔穎達：《春秋左傳正義》，〔清〕阮元校刻：《十三經注疏》，中華書局1980年，第1862頁。

〔註5〕王國良：《神異經研究》，臺北文史哲出版社1985年，第7頁。

〔註6〕王國良：《神異經研究》，第10頁。

中都有歡兜，也都說到他「人面鳥喙」，是一樣的；可《山海經》中沒有「渾
敦」。裏面提到過「渾敦」這個詞彙，是《西次三經》裏記載天山上的神帝江
的狀貌「渾敦無面目」，和獸名的渾敦無關。而最早說到「渾敦」是「獸名」
的，就是《神異經》。這個問題，清代學者李貽德作過一番考證，他說：

「案《山海經‧西山經》云：『有神焉，其狀如黃囊，赤如丹火，六足四
翼，渾敦無面目，是識歌舞，實惟帝江也。』畢氏沅曰：『江讀為鴻，《春秋傳》
云帝鴻氏有不才子，天下謂之渾敦。此云帝江，猶言帝江氏子也。』愚按畢氏
之說非也。經云『渾敦無面目』，言其象，帝江則其名。經云『神』，服云『獸』，
不得以帝江當之。《神異經》云：『昆侖西有獸焉，其狀如犬，有目而不見，有
兩耳而不聞，有腹無五藏，有腸直而不旋，食物經過。人有德行而往抵觸之，
有凶德則往依憑之，天使其然，名為渾敦。』則實有此獸。《爾雅翼》亦引帝
江為渾敦，誤也。」〔註7〕

自然《山海經》裏根本就沒有「渾敦」這個獸名，那麼服虔說「渾敦亦獸
名」必定不是根據《山海經》。這麼一分析我們只能相信，孔穎達說的「服虔
用《山海經》以為歡兜人面鳥喙，渾敦亦為獸名」，很可能是孔氏的表述不清
晰，應該是服虔用《山海經》以為「歡兜人面鳥喙」，又案《神異經》渾敦亦
為獸名。也就是說服書中解釋《左傳》的「四凶」的時候，是引了《山海經》
和《神異經》二書為說的。服虔對「四凶」的解釋既引《神異經》，一定是一
整段文字，不是隻言片語，這點孔穎達不可能搞錯。

之後孔穎達又說了很長一段話，說明此「四凶」就是《堯典》的「四罪」，
同時第二次引到服虔說，裏面有「案《神異經》」之語：

「此傳所言說《虞書》之事。彼云『四罪』，謂共工、歡兜、三苗、鯀也；
此傳『四凶』，乃謂之渾敦、窮奇、檮杌、饕餮，檢其事以識其人。《堯典》帝
言共工之行，云『靖言庸違』，傳說窮奇之惡，云『靖譖庸回』，二文正同，知
窮奇是共工也。《堯典》帝求賢人，歡兜舉共工應帝，是與共工相比。傳說渾
敦之惡，云『醜類惡物，是與比周』，知渾敦是歡兜也。《堯典》帝言鯀行，云
『咈哉，方命圮族』，傳說檮杌之罪，云『告頑舍嚚，傲狠明德』，即是『咈戾』、
『圮族』之狀，且鯀是顓頊之後，知檮杌是鯀也。《尚書》無三苗罪狀，既甄
去三凶，自然饕餮是三苗矣。先儒盡然，更無異說，皆以行狀驗而知之也。《莊

〔註7〕〔清〕李貽德：《春秋左氏傳賈服注輯述》，《續修四庫全書》第125冊，上海
古籍出版社2002年，第479～480頁。

子》稱，南方之神，其名為儵，北方之神，其名為忽，中央之神，其名為混沌。
混沌無七竅，儵忽為鑿之，一日為一竅，七日而混沌死。混沌與渾敦，字之異
耳。《莊子》雖則寓言，要以無竅為混沌，是渾敦為不開通之貌。此四凶者，
渾敦、檮杌以狀貌為之名；窮奇、饕餮以義理為之名。古人之意自異耳。服虔
案《神異經》云：檮杌狀似虎，毫長二尺，人面虎足，豬牙，尾長丈八尺，能
鬥不退。饕餮，獸名，身如牛人，面目在腋下，食人。」〔註8〕

這裏面說「四凶」就是「四罪」的看法，「先儒盡然，更無異說」，就是說
賈（逵）、服（虔）、杜（預）等人的看法都是一致的，沒有異說，賈、服注已
佚，而驗之杜注確實如此。只是在解釋「四凶」之名的含義是各家有所不同，
他舉了兩種「異說」，即《莊子》裏的神名「混沌」，和服虔用《神異經》裏的
獸名檮杌和饕餮，也就是服虔認為《左傳》裏的檮杌和饕餮即《神異經》裏的
這兩種獸名。否定漢末說的學者，也指出這裏面有問題，比如周睿否認服虔用
的是《神異經》，認為：

「今考服氏注《左傳・文公十八年》的『饕餮』，是引的《山海經・北次
二經》的『狍鴞』條，不是《神異經》的文字。再看服注『檮杌』，實在也是
引自《山海經・北次二經》的『獨狢』，不是引自《神異經》的《西荒經》『檮
杌』，說詳前文《西南荒經》、《西荒經》的『校訂』。」〔註9〕

周睿又舉出從東漢許慎直到兩晉之際的郭璞，諸家著作中都不曾引過《神
異經》，他經過研究認為是東晉末成書。〔註10〕但是周氏認為「饕餮」是「狍
鴞」是有根據，可認為「檮杌」是「獨狢」的說法，就牽強比附，證據薄弱，
實在是缺乏說服力的，不足以否認孔穎達的說法。

二、服解「饕餮」用《山海經銘》

服書中解釋「饕餮」時，的確是用了《山海經・北山經》「狍鴞」的文字：

「鉤吾之山……有獸焉，其狀如羊身，人面，其目在腋下，虎齒人爪，其
音如嬰兒，名曰狍鴞，是食人。」

二者文字大致相同，服虔在引用時有所節略，還把「如羊」訛為「如牛」。
而《神異經》的文字是：

「西南方有人焉，身多毛，頭上戴豕，性狠惡，好息，積財而不用，善奪

〔註8〕〔唐〕孔穎達：《春秋左傳正義》，〔清〕阮元校刻：《十三經注疏》，第1862頁。
〔註9〕周睿：《神異經研究》，文津出版社，1986年，第80～81頁。
〔註10〕同上，第83頁。

人物。強毅者奪老弱者，畏群而擊單，名曰饕餮。一名貪惏，一名強奪，一名凌弱。此國之人皆如此也。」〔註11〕

　　二者的文字迥異，根本就不是一書。李貽德辨之云：

　　「《北山經》云：『鉤吾之山有獸焉，其狀如羊身人面，其目在腋下，虎齒人爪，其引如嬰兒，名曰狍鴞，是食人。』郭注：『像在夏鼎，《左傳》所謂饕餮是也。』《呂覽·先識》云：『周鼎著饕餮，有首無身，食人未咽，害及其身。』服亦以《山海經》之狍鴞為饕餮，故所引即狍鴞狀。閩本、監本、毛本並作『身如牛，宋本作『身如羊』，是也。」〔註12〕

　　余嘉錫也指出：

　　「此所引檮杌，在今本《西荒經》中，文字小異。惟其言饕餮之狀，乃大不同。蓋服虔原注，分屬傳文兩句，並不聯為一條。其釋饕餮，別有所據，本非用《神異經》文也。李貽德《左傳賈服注輯述》卷八曰：『《山海·北山經》云：鉤吾之山有獸焉，其狀如羊身，人面，其目在腋下，虎齒人爪，其音如嬰兒，名曰狍鴞，是食人。郭注：像在夏鼎，《左傳》所謂饕餮是也。服亦以《山海經》之狍鴞為饕餮，故所引即狍鴞狀。』其說是矣。」〔註13〕

　　余氏同意李貽德的說法，其饕餮之文是用《山海經》而非《神異經》，可服虔既然是案《神異經》，為什麼又不引《神異經》？這個問題實在難以索解，余氏說「分屬傳文兩句，並不聯為一條」根本解釋不了這個現象。還有一個很大的問題是，《山海經》本文中並沒說「狍鴞」是「饕餮」，那麼服虔認為饕餮是狍鴞是怎麼來的？這個郭璞注可以給出答案，郭璞注「狍鴞」云：

　　「為物貪惏，食人未盡，還害其身，象在夏鼎，《左傳》所謂饕餮是也。」〔註14〕

　　原來服虔之說就是本於此。可問題是，東漢的服虔怎麼會看到晉代郭璞的注？當然，郭璞這個注文是有來歷的。《呂氏春秋·先識覽·先識》云：

　　「周鼎著饕餮，有首無身，食人未咽，害及其身，以言報更也。」〔註15〕

　　郭注很像是根據《先識》，可文字又不同，比如《先識》裏就沒有「為物

〔註11〕據王國良校釋本，見王國良：《神異經研究》，第77頁。
〔註12〕《春秋左氏傳賈服注輯述》，《續修四庫全書》第125冊，第481頁。
〔註13〕《四庫提要辯證》卷十八，第1125頁。
〔註14〕袁珂：《山海經校注》，上海古籍出版社，1980年，第82頁。
〔註15〕〔戰國〕呂不韋：《呂氏春秋》，《四部備要》第53冊，中華書局1989年，第109頁。

貪惏」這句，《先識》裏說「周鼎著饕餮」，而郭璞的注卻說是「象在夏鼎」，郭璞也沒說明出《呂氏春秋》。可是看看郭璞這幾句注，前四句都是整齊的四字句，如果把最後一句的「是也」去掉，這五句以「惏」（侵部，侵、真通轉）、「盡」（真部）、「身」（真部）、「饕」（質部，質、真對轉）為韻，也就是這段注文本身是韻文。

我們知道郭璞在注《山海經》時，在注文中五次引用到《銘》，同時還為《山海經》作了《圖贊》，「銘」、「贊」都是針對《山海經圖》而作的。郭璞引用到的《山海經銘》如下：

《銘》曰：安得沙棠，刻以為舟，泛彼滄海，以邀以遊。（《西次三經》注）

《銘》曰：窮奇之獸，厥形甚醜。馳逐妖邪，莫不奔走。是以一名，號曰神狗。（《西次四經》注）

《銘》曰：蜚之為名，體似無害。所經枯竭，甚于鴆厲。萬物斯懼，思爾遐逝。（《東次四經》注）

《銘》曰：跂踵為鳥，一足似夔。不為樂興，反以來悲。（《中次十經》注）

《銘》曰：開明為獸，稟資乾精。瞪視昆侖，威震百靈。（《海內西經》注）〔註16〕

郝懿行《山海經箋疏》認為「《銘》即郭氏《圖贊》」、「《銘》亦郭氏《圖贊》也」，〔註17〕郝氏的說法影響很大，其實他的看法是不對的。如果郭璞引的是自己的《圖贊》，那麼他作的《圖贊》很多，為什麼只引了這五首？同時，《銘》和《圖贊》有文字上的差異。比如郝懿行解釋「狍鴞」郭璞注云：

「注蓋《圖贊》之文，與今世所傳復不同。」〔註18〕

郝氏這麼說，是後面郭璞的《圖贊》是這樣的：

「狍鴞貪婪，其目在腋。食人未盡，還自齕割。圖形妙鼎，是謂不若。」〔註19〕

〔註16〕〔晉〕郭璞注：《山海經》，《景印文淵閣四庫全書》第1042冊，臺灣商務印書館，1986年，第15頁、第19頁、第34頁、第47頁、第64頁。

〔註17〕〔清〕郝懿行著，劉朝飛點校：《山海經箋疏》，華東師範大學出版社，2019年，第56頁、第277頁。

〔註18〕《山海經箋疏》，第97頁。

〔註19〕《山海經箋疏》，第381頁。

郝氏《箋疏》云：「《贊》與郭注《銘》詞異。臧庸曰：『割』字非韻。」
〔註20〕郝氏以為郭璞的那段注文是《銘》，可謂一語中的，而又認為就是郭璞
的《圖贊》就錯了，二者文字大異（另：其中那個不入韻的「割」字當是「剾」
之形誤，「齗剾」猶今言「磨牙」）。其它再如「窮奇」，其所引《銘》已見上引，
其《圖贊》是：

「窮奇如牛，蝟毛自表。蒙水之蠃，匪魚伊鳥。孰湖之獸，見人則抱。」
〔註21〕

郭璞是把「窮奇」、「蠃」、「孰湖」三樣動物放在一首贊裏的，明顯和《銘》
不同。再如「蜚」的《銘》見上引，而其《圖贊》是：

「蜚則災獸，跂踵厲深。會所經涉，竭水槁林。稟氣自然，體此殃淫。」
〔註22〕

也和《銘》的內容不同，郝懿行於此條下云：

「案郭注《銘》詞即《圖贊》也。此《贊》乃全與《銘》異，可疑。」
〔註23〕

嚴可均在《全晉文》輯郭璞《山海經圖贊》此條下亦云：

「《廣韻・八未》引郭璞《山海經贊》，今《東山經》注《贊》作《銘》，
『攸懼』作『斯懼』，餘皆同，而藏本之《贊》絕異，疑莫能明。」〔註24〕

其實這很容易明白，《銘》與《圖贊》本非一書，《銘》當是郭璞之前已經
有的一種作品，它是東漢《山海經》在社會上流傳開來之後，有人給《山海經
圖》中的圖畫作的題銘，其具體製作時代和作者不詳，可是它裏面出現了「瞪
視」這個詞語。「瞪」字漢代使用較少，《說文》中不收，西漢王褒《洞簫賦》
中曰「瞪瞢」，東漢王延壽《魯靈光殿賦》《夢賦》裏有「瞪眄」，「瞪視」一詞
出現很晚，目前能見到的最早的書證就是郭璞所引的《山海經銘》，其它的，
是傳為晉陶潛（淵明）所作的《搜神後記》（又稱《續搜神記》，當是六朝人所
偽託），其卷九曰：「須臾，有一大熊來入，瞪視此人」，〔註25〕再早的就見不

〔註20〕《山海經箋疏》，第 381 頁。
〔註21〕《山海經箋疏》，第 378 頁。
〔註22〕《山海經箋疏》，第 385 頁。
〔註23〕《山海經箋疏》，第 385 頁。
〔註24〕〔清〕嚴可均：《全上古三代秦漢三國六朝文・全晉文》卷一百二十二，中華
　　　　書局 1958 年，第 2164 頁。
〔註25〕舊題〔晉〕陶潛撰：《搜神後記》卷九，《景印文淵閣四庫全書》第 1042 冊，
　　　　第 493 頁。

到了，而隋唐（包括）以後的作品中卻在大量使用，顯然它是晉代才有的一個詞語，《山海經銘》應該是郭璞之前的西晉人所作，而且它是一物一銘，郭璞注書引它是當古籍來引的，以證經義；《圖贊》則是郭璞自作的，他是模仿《銘》又重新作的一種作品，往往把好幾種事物放在同一首贊裏，而且他注書的時候從沒引述過，因為古人注書慣例是引前人著作為證，注書時引述自己著作者很罕見。只不過在後世的流傳中，《銘》大部分失傳，殘存的一部分和郭氏《圖贊》摻混在一起了，於是就出現了兩種絕然不同的文辭。郭璞在注《北山經》鉤吾之山的「狍鴞」時，也當是引用了《山海經銘》，只不過他沒明確地寫「《銘》曰」，或者本來有而被後人抄書時偶然遺漏。

服虔書中認為「狍鴞」是「饕餮」，可《山海經》本文裏，絕無言「狍鴞」是「饕餮」之事，如果服書中真的是把「狍鴞」當成「饕餮」，那就該是根據《山海經銘》，因為《銘》裏很明確地說「狍鴞」是「《左傳》所謂饕餮」，否則就無法解釋。其實《銘》的作者也是瞎比附，鼎彝上的饕餮是有五官、有肉翅、有爪的怪獸形，最突出的是其首部的兩隻巨眼，與狍鴞「目在腋下」的形狀全不相同，絕非一物；大概《銘》的作者只是看到「饕」字從「號」聲，「鴞」、「號」音近，就聯想到了「饕餮」才這麼說的。

三、服書所引《山海經》及《神異經》是摻入

知道了服虔的解釋「饕餮」的根據，仍然是個問題，東漢的服虔怎麼可能看到晉人的作品？而且《神異經》裏明明就有直接說「饕餮」的文字，他為什麼不引？同時，《山海經》《神異經》中都有「窮奇」的記述，為什麼服虔也沒引？李貽德也發現了這個問題，說：

「服釋渾敦、檮杌、饕餮皆援獸名，此注疑已佚也。《西山經》：『邽山有獸焉，其狀如牛，蝟毛，名曰窮奇，音如獆狗，是食人。』《海內北經》云：『窮奇狀如虎，有翼，食人從首始。所食被髮。一曰從足。』」〔註26〕

是李貽德也認為服注可能有文字缺佚，其中當有引《山海經》以釋「窮奇」的文字而佚失了，所以它又抄了一番《山海經》關於「窮奇」的文字進行補充。實際上，在「四凶」、「四罪」中，歡兜、苗民（三苗）、窮奇、饕餮（狍鴞）見於《山海經》，而「渾敦」、「檮杌」、「共工」、「鯀」見於《神異經》，可服書只引了《山海經》中的文字來證明了歡兜和饕餮（狍鴞），只引了《神異經》

〔註26〕《春秋左氏傳賈服注輯述》，《續修四庫全書》第 125 冊，第 480 頁。

來證明了渾敦、檮杌，其它的都沒涉及，服虔會粗率如此？

　　如果看看現存《神異經》的文字，就更奇怪了，孔穎達在說「四凶」即「四罪」時特別說「先儒盡然，更無異說」，也就是服虔也是持此說，可是，《神異經》裏不僅有檮杌、窮奇、渾敦、饕餮「四凶」，另外還有苗民、歡兜、共工和鯀這「四罪」，各有不同的記述文字，也就是《神異經》作者的看法與傳授《左傳》的諸儒迥異，他不認為「四凶」就是「四罪」，而以「四凶」為四種獸名，「四罪」是四種人類，各有其人其獸，如果服虔真的看過《神異經》並且加以採用的話，怎麼還會同於其他先儒之說而於焉不置一詞？

　　另外，南朝劉宋時的裴駰作《史記集解》，在解《史記·五帝本紀》這「四凶」的時候，引了賈逵、服虔、杜預三家說，並沒提到《神異經》的事情，反而唐代張守節的《史記正義》引了《神異經》，卻沒有提到服虔說。〔註27〕杜預是晉代人，在賈、服之後，其注今存，裏面也絲毫沒提到《神異經》，甚至連《山海經》都沒涉及。蓋兩漢魏晉的古文經派注經，務求雅正簡明，除了先儒師說之外，很少引書證，魏晉人偽造的《古文尚書孔傳》裏也奉行這個原則，更不肯涉怪獵奇，閑僻雜書，並不在他們引述之列。特別是《山海經》之類帶有荒怪色彩的書，漢人在注經時都儘量回避引用，服虔也是東漢末古文經派的大家，他怎麼會引《山海經》《神異經》這種書作證呢？

　　統觀上述種種情況，服虔引《山海經》和《神異經》的事情實在是疑點重重。唯一合理的解釋就是，服虔根本就沒看過《神異經》，他的書裏也沒引過《神異經》，甚至連那引《山海經》的文字都可疑。

　　我們知道，宋代以前書籍的流傳主要是靠傳抄，古人有個普遍的習慣，就是在傳抄過程中，除了會增刪篡改文字外，還會在正文旁加校、加注、加批語，甚至把一些可用作參考的資料也抄在裏面備考，而這些文字在後來的傳抄中往往會混入正文，這種情況實在是太多見了，至少自漢代以來既有之。比如《山海經》的《山經》末尾有「禹曰天下名山」一段經文，也見於《管子·地數》，郝懿行《山海經箋疏》裏說：

　　「畢氏云：自『此天地之所分壤樹固也』已下，當是周秦人釋語，舊本亂

入經文也。今案：自『禹曰』已下，蓋皆周人相傳舊語，故《管子》援入《地數篇》，而校書者附著《五臟山經》之末。」〔註28〕

這節文字在晉代已經當成了正文，郭璞還給作了注。再比如《逸周書》裏的《王會》這篇之末有一篇《伊尹‧朝獻》，還有解釋說：

「《商書》，不《周書》，錄中以事類來附。」

孫詒讓就認為：

「《朝獻》即《伊尹書》之一篇，秦漢人附錄《周書》，而劉向校定，遂因而存之耳。」〔註29〕

這篇《朝獻》因為和《王會》的文字類似，所以傳抄《逸周書》的人抄了放在《王會》後面備參，所謂「錄中以事類來附」，在晉代也被當成了正文，孔晁也給作了注。

那麼服書中有引《山海經》和案《神異經》的文字，也不能排除是後人在傳抄服書時加入的備考文字被混入了正文。筆者的看法是服書中本來就沒有引用《山海經》和《神異經》，是後人在抄書時覺得不完備，就抄了《山海經》和《神異經》的相關文字作為參考，還加了個「案」字以示區別，此引述的文字在服書中必定是獨立於正文之外的夾注或旁注，和服虔文字是不摻混的；同時，因為它是抄書者隨手所加，隨意性很大，是想到一點加一點，自然就不會那麼整齊完備，《山海經》《神異經》的文字或引或不引，所以才會出現上述種種問題。

到了唐代，因為輾轉傳抄這些備參的內容就被混成了正文，孔穎達看到的服書，就是這麼個經過輾轉傳抄有所竄亂的本子，所以他把裏面案《山海經》和《神異經》的話都當成了服書的原文，而且是用他自己的話敘述出來的，把引《山海經》的文字案《神異經》的文字摻混在一起說，給了後人以極大的誤導。

另外，周奢指出，從東漢的許慎一直到兩晉之際的郭璞，這期間有大量的著作，但是沒有人引述《神異經》。特別是郭璞，他的例子較有代表性。周奢說：

「就是晚張華四、五十年的郭璞，他的學問、識見，以及好虛妄怪誕處，都不下張華。然而，他注《爾雅》、注《方言》、注《山海經》、注《穆天子傳》

〔註28〕《山海經箋疏》，第228頁。
〔註29〕黃懷信等：《逸周書匯校集注》，上海古籍出版社1995年，第696頁引。

等，盡有很多機會引到《神異經》，而卻沒有。」〔註30〕

郭璞是正一道教徒，特別好怪，也是因為這個他才為荒怪詭譎的《山海經》作注，《神異經》這樣的書，也正是郭璞所喜好的著作，且裏面的很多內容可以和《山海經》互證（比如關於「四凶」、「四罪」的記載），郭璞注《山海經》引用過許多古書，包括晉代才出土的汲冢書，《神異經》卻隻字沒引——從東漢直到西晉末，服虔引《神異經》之事成了個例，或者說是孤證，同時還是由唐代人孔穎達轉述出來的，那麼學者們認為此事證據薄弱，就不是沒有理由了；說這些內容可能是古人傳抄服書時加入的備參內容，也合乎情理了。

筆者的看法即如上說，服虔書裏不僅沒引《神異經》，連引《山海經》的文字都是後人摻入的，劉宋時期的裴駰作《史記集解》時，服書裏還沒有這些文字，只有服虔隨文解釋「四凶」即「四罪」和解釋「四凶」之名含義的內容，他沒有引書證。

裴駰之後直到唐朝近二百年間，服書又不知幾經傳抄，大概也就是此時之人傳抄服書時覺得文意不完足，就抄了些《山海經》和《神異經》的文字作為備參資料附錄在相關文字旁，後來這些附著的文字混入了正文。孔穎達看到的正是這麼個本子，他就誤認為是「服虔用《山海經》」或「服虔案《神異經》」了。所以，孔穎達轉述說服虔用《山海經》和《神異經》解《左傳》，說服力實在薄弱。

四、「海童」之典非出《神異經》

余嘉錫的第二個證據，就是從左思作《三都賦》的時候開始使用了「海童」的典故，《吳都賦》裏說「江斐於是往來，海童於是宴語」，據李善注就是出自《神異經》，余氏和後來持「漢末說」者對此深信不疑，可這個說法也是有問題。

首先，《神異經》說所謂「海童」的原文是：

「西海水上有人〔焉〕，乘白馬朱鬣，白衣玄冠，從十二童子，馳馬西海水上，如飛如風，名曰河伯使者。或時上岸，馬跡所及，水至其處。所之之國，雨水滂沱，暮則還河。」〔註31〕

這條經文記述的不是「海童」，而是「河伯使者」，河伯是黃河之神，河伯

〔註30〕周睿：《神異經研究》，第 82 頁。
〔註31〕據王國良校釋本。見王國良：《神異經研究》，第 87 頁。

使者自然也是黃河之神，因為據《山海經・海內西經》記載，黃河是先入渤海，又出海外，再由禹所導積石山入海，據何幼琦研究，這個「渤海」又作「勃海」，認為「勃海是鉅野澤的古名」，同時認為巨（鉅）野澤也是「西海」，〔註32〕所以河伯使者可以馳馬西海；那十二個童子是他的隨從，也沒有出現「海童」這個詞語；特別說「暮則還河」，說明河伯使者和十二童子都是河神，只是巡行於西海，和「海童」毫無關係——左思寫《吳都賦》主要是寫吳地的事情，而吳國靠海卻不靠河（黃河），他怎麼會用河伯使者的典故？而今傳李善注左思《吳都賦》所引是：

「《神異經》曰：西海有神童，乘白馬，出則天下大水。」〔註33〕

在這條注的引文裏，「河伯使者」沒了，其所從的十二童子成了「西海神童」，也成了乘白馬巡行西海的主角，明顯地是篡改了原文，這種削足適履的做法有多大說服力不言自明。李善只是看到了《神異經》這條裏有「西海」和「童子」，就憑己意給篡改成了「西海有神童」。

其實這條注文是否是李善所作都有疑問，唐鈔《文選集注》中的李善注裏沒引《神異經》，引《神異經》的是《文選鈔》和陸善經的注：

「《鈔》曰：《神異經》：海童乘朱鬣白馬，有十八人童子從，若見則雨。……陸善經曰：《神異經》云：河伯使者乘白馬朱鬣，行四海水上，從十二童，斯即海童。」〔註34〕

宋刻本《六臣注文選》此句的李善注裏也沒有引《神異經》的注文。〔註35〕在南宋時期的尤袤刻本《文選注》裏，李善就引《神異經》如今本了，〔註36〕不能排除那是後人摻入的文字。三家所引的是同一條《神異經》文，可差別很大，只有陸善經的引文比較接近原貌。總之，認為「海童」的出典是《神異經》這是唐代人的觀點。

這就有了個很大的問題，左思《三都賦》作成之後，就有同時代的學者張載（字孟陽）和劉逵（字淵林）給作了注，劉逵注「海童」是怎麼說的呢？他說：

〔註32〕何幼琦：《〈海經〉新探》，《歷史研究》1985年第2期。

〔註33〕〔唐〕李善：《文選注》，《景印文淵閣四庫全書》第1329冊，第86頁。

〔註34〕周勛初纂輯：《唐鈔文選集注匯存》第一冊，上海古籍出版社，2000年，第129～130頁。

〔註35〕《六臣注文選》，中華書局，2012年，第104頁。

〔註36〕劉躍進著，徐華校：《文選舊注輯存》第二冊，鳳凰出版社，2017年，第1075頁。

「海童，海神童也。《吳歌曲》曰：『仙人齎持何，等前謁海童。』」〔註37〕

劉逵給《吳都賦》作注時引用了很多古書指明出典，可在「海童」上就奇怪了，既然如余氏及今諸家所言左思是用了《神異經》中的典故，而且是「海童」唯一的出典，劉逵怎麼不引《神異經》反而引《吳歌曲》？難道左思看過《神異經》並從中取典，而與之同時代的劉逵就一點都不知道？西晉的劉逵不知道左思文中的「海童」是出自《神異經》，那麼唐代人是怎麼知道的？

李善注沒引《神異經》的另一個證據，是同是西晉學者的木華《海賦》裏也出現了「海童」，說：「則有海童邀路，馬銜當蹊」，西晉末的郭璞《江賦》裏也有「海童之所巡遊，琴高之所靈矯。」《六臣注文選》本李善注「海童邀路」、「海童之所巡遊」二句時都是作：「《吳歌》曰：『仙人齎持何，等前謁海童』」，只是後者的所引「海童」作「仙童」；〔註38〕今本《文選注》於《江賦》「海童之所巡遊」句時只說「海童，已見上文。」〔註39〕都沒提《神異經》的事情，而是像劉逵一樣只引了《吳歌》（即劉逵引的《吳歌曲》），可見那條引《神異經》的李善注文很可疑。

由上可知，「海童」的典故絕非出自《神異經》，而是別有來歷，應該是取自流傳在吳地的民間傳說，所謂的《吳歌曲》是流傳在吳地的民間歌謠。左思在作《三都賦》時曾經廣泛閱讀文獻、諮詢耆老，全面搜集相關資料，吳地的傳說、歌謠自然也在其中。吳國佔據江南大部，東靠大海，有漫長的海岸線，其民間有海神傳說毫不足怪。說出自《神異經》河伯使者的十二童子是唐代人的牽強附會。

因此，余嘉錫所持的兩個主要證據均薄弱，難以證明《神異經》出自東漢或西晉已有之。從其內容和形式上看，《神異經》明白是出自郭璞注《山海經》之後，其內容或有取自《山海經》者，而其形式全仿照《山海經》：《山海經》託名禹、益所作，《神異經》則託名東方朔所作；《山海經》有銘，《神異經》也有銘；《山海經》有郭璞注，《神異經》則託名張華注——此書的經、銘、注實際是出自一人之手，它能比其他同類文獻有名，也正是這種比擬和依託之故。所以說它是六朝人所作，應該是最為適當的。

〔註37〕《六臣注文選》，第 104 頁。
〔註38〕《六臣注文選》，第 233 頁、第 243 頁。
〔註39〕《文選注》，《景印文淵閣四庫全書》第 1329 冊，第 218 頁。

主要引用及參考書目

    本書所引諸家說之論著均在《前言》及《凡例》中說明，他處所引之書、文均隨文附注或以腳注注明，此處不再重複羅列。以下文獻均為輯校集注部分校勘、注釋所引用之古籍，諸家說中所引而經筆者覆按者亦列入，未覆按者不錄。

一、類書類

1. 《北堂書鈔》，〔唐〕虞世南撰。〔清〕孔廣陶校宋本。影印光緒十四年南海孔氏刊本，中國書店 1989 年。簡稱《書鈔》。

2. 《藝文類聚》（排印本），〔唐〕歐陽詢撰。上海古籍出版社 1999 年（新 2 版）。簡稱《類聚》。

3. 《初學記》（排印本），〔唐〕徐堅撰。中華書局 1962 年。

4. 《白孔六帖》，〔唐〕白居易原本，〔宋〕孔傳續編。四庫本。

5. 《太平御覽》，〔宋〕李昉等撰。影印上海涵芬樓影宋本，中華書局 1960 年。簡稱《御覽》。

6. 《太平廣記》，〔宋〕李昉等撰。《景印文淵閣四庫全書》本，臺灣商務印書館 1986 年（下簡稱「四庫本」）。簡稱《廣記》。

7. 《東坡先生物類相感志》，〔宋〕釋贊寧撰。《四庫全書存目叢書·子部》第一一六冊影印北京圖書館藏明抄本，齊魯書社 1995 年。簡稱《相感志》。

8. 《事類賦》，〔宋〕吳淑撰並注。四庫本

9. 《錦繡萬花谷》，〔宋〕佚名撰。四庫本。簡稱《萬花谷》。

10. 《玉海》，〔宋〕王應麟撰。四庫本。

11. 《海錄碎事》，〔宋〕葉庭珪撰。四庫本。

12. 《記纂淵海》，〔宋〕潘自牧撰。四庫本。或簡稱《淵海》。

13. 《事物紀原》，〔宋〕高承撰。四庫本。

14. 《古今合璧事類備要》，〔宋〕謝維新撰。四庫本。簡稱《事類備要》。

15. 《永樂大典》（殘卷），〔明〕解縉等編。中華書局 1986 年影印本。簡稱《大
    典》。

16. 《廣博物志》，〔明〕董斯張撰。影印明萬曆四十五年高暉堂刻本。嶽麓書
    社 1991 年。

17. 《天中記》，〔明〕陳耀文撰。四庫本。

18. 《淵鑒類函》，〔清〕張英、王士禎等纂。影印上海同文書局石印本，中國
    書店 1985 年。

19. 《格致鏡原》，〔清〕陳元龍撰。四庫本。

二、經類及小學類

1. 《毛詩正義》，〔漢〕毛亨傳，〔漢〕鄭玄箋，〔唐〕孔穎達正義。〔清〕阮
   元校刻《十三經注疏》本。

2. 《尚書正義》，〔漢〕孔安國傳，〔唐〕孔穎達正義。〔清〕阮元校刻《十三
   經注疏》本。

3. 《春秋左傳正義》，〔晉〕杜預注，〔唐〕孔穎達正義，〔清〕阮元校刻《十
   三經注疏》本。

4. 《禮記正義》，〔漢〕戴聖撰，〔漢〕鄭玄注，〔唐〕孔穎達正義，阮元校刻
   《十三經注疏》本。

5. 《周禮正義》，〔清〕孫詒讓撰。中華書局 1987 年。

6. 《爾雅注疏》，〔晉〕郭璞注，〔宋〕邢昺疏。阮元校刻《十三經注疏》本。

7. 《方言》，〔漢〕揚雄撰。四庫本。

8. 《釋名》，〔漢〕劉熙撰。四庫本。

9. 《說文解字》，〔漢〕許慎撰。影印陳昌治刻本，中華書局 1963 年。簡稱
   《說文》。

10. 《廣雅》，〔魏〕張揖撰。四庫本。

11. 《經典釋文》，〔唐〕陸德明撰。影印通志堂本。中華書局 1983 年。

12. 《一切經音義》，〔唐〕釋慧琳撰。《續修四庫全書》本，上海古籍出版社 2002 年（下同）。簡稱《慧琳音義》。

13. 《宋本玉篇》，〔梁〕顧野王撰。影印張氏澤存堂本，中國書店 1983 年。簡稱《玉篇》。

14. 《原本玉篇殘卷》，〔梁〕顧野王撰。中華書局 1985 年。

15. 《龍龕手鑑》（高麗本），〔遼〕釋行均撰。中華書局 1985 年。

16. 《宋本廣韻》，影印張氏澤存堂本。中國書店 1982 年。簡稱《廣韻》。

17. 《爾雅翼》，〔宋〕羅願撰。四庫本。

18. 《古今韻會舉要》，〔元〕黃公紹、熊忠撰。影印明嘉靖十五年秦鉞、李舜臣刻十七年劉儲秀重修本，中華書局 2000 年。簡稱《韻會》。

19. 《集韻》，〔宋〕丁度撰。影印述古堂影宋抄本，上海古籍出版社 1985 年。

20. 《字彙》，〔明〕梅膺祚撰。《續修四庫全書》本。

21. 《通雅》，〔明〕方以智撰。影印康熙姚文燮浮山此藏軒刻本。中國書店 1990 年。

22. 《正字通》，〔明〕張自烈撰。《續修四庫全書》本。

23. 《字彙補》，〔清〕吳任臣撰。《續修四庫全書》本。

24. 《廣雅疏證》，〔清〕王念孫撰。影印嘉慶王氏家刻本，中華書局 1983 年。

25. 《說文解字注》，〔清〕段玉裁撰。上海古籍出版社 1988 年。簡稱「段注」。

26. 《說文通訓定聲》，〔清〕朱駿聲撰。影印臨嘯閣刻本，中華書局 1984 年。簡稱《通訓定聲》。

27. 《辭通》，〔民國〕朱起鳳撰。上海古籍出版社 1982 年。

三、史類

1. 《史記》，〔漢〕司馬遷撰，〔宋〕裴駰集解，〔唐〕司馬貞索隱，〔唐〕張守節正義。中華書局 1959 年。

2. 《漢書》，〔漢〕班固撰，〔唐〕顏師古集注。中華書局 1962 年。

3. 《後漢書》，〔宋〕范曄撰，〔唐〕李賢注。中華書局 1965 年。

4. 《三國志》，〔晉〕陳壽撰，〔南朝宋〕裴松之注。中華書局 1959 年。

5. 《水經注》，〔北魏〕酈道元撰。四庫本。

6. 《晉書》，〔唐〕房玄齡撰。四庫本。

7. 《周書》，〔唐〕令狐德棻撰。四庫本。

8. 《通典》，〔唐〕杜佑撰。影印萬有文庫本，浙江古籍出版社 2000 年。

9. 《資治通鑒》，〔宋〕司馬光撰，〔元〕胡三省音注。中華書局 1976 年。

10. 《春秋戰國異辭》，〔清〕陳厚耀撰。四庫本。

11. 《廣東通志》，〔清〕郝玉麟監修，魯曾煜編纂。四庫本。

12. 《補三國志藝文志》，〔清〕侯康撰。《二十五史補編》本，開明書店 1937 年。

13. 《補後漢書藝文志》，〔清〕姚振宗撰。《叢書集成初編》本。

14. 《補後漢書藝文志》，〔清〕顧櫰三撰。《二十五史補編》本。

四、諸子類

1. 《晏子春秋》，〔春秋〕晏嬰撰。《四部叢刊初編》本。

2. 《列子》，〔戰國〕列禦寇撰，〔晉〕張湛注。影印浙江書局本，上海古籍出版社 1989 年。

3. 《孟子注疏》，〔戰國〕孟軻撰，〔漢〕趙岐注，〔宋〕孫奭疏，阮元校刻《十三經注疏》本。

4. 《荀子》，〔戰國〕荀況撰，〔唐〕楊倞注。影印浙江書局本，上海古籍出版社 1989 年。

5. 《韓非子》，〔戰國〕韓非撰。影印浙江書局本，上海古籍出版社 1989 年。

6. 《呂氏春秋》，〔戰國〕呂不韋撰，〔漢〕高誘注。影印浙江書局本，上海古籍出版社 1989 年。

7. 《淮南子》，〔漢〕劉安撰，〔漢〕高誘注，〔清〕莊逵吉校，影印浙江書局本，上海古籍出版社 1989 年。

8. 《論衡》，〔漢〕王充撰。《龍溪精舍叢書》本，中國書店 1991 年。

9. 《獨斷》，〔漢〕蔡邕撰。四庫本。

10. 《十洲記》，舊題〔漢〕東方朔撰。影印《正統道藏》本，上海古籍出版社 1990 年。

11. 《抱朴子》，〔晉〕葛洪撰。影印《正統道藏》本，上海古籍出版社 1990 年。

12. 《博物志》，〔晉〕張華撰。四庫本。

13. 《山海經》，〔晉〕郭璞注。四庫本。

14. 《玄中記》，舊題〔晉〕郭璞撰。《魯迅全集》第八卷《古小說鈎沉》輯本，

江蘇鳳凰文藝出版社 2020 年。

15. 《齊民要術》，〔北魏〕賈思勰撰。《摛藻堂四庫全書薈要》本。簡稱《要術》。

16. 《顏氏家訓》，〔北齊〕顏之推撰。四庫本。

17. 《述異記》，〔梁〕任昉撰。四庫本。

18. 《荊楚歲時記》，〔梁〕宗懍撰。山西人民出版社 1987 年。

19. 《玉燭寶典》，〔隋〕杜臺卿撰。《古逸叢書》本。

20. 《酉陽雜俎》，〔唐〕段成式撰。四庫本。

21. 《蘇氏演義》，〔唐〕蘇鶚撰。四庫本。

22. 《法苑珠林》，〔唐〕道世撰集，影印《影印宋磧砂版大藏經》本（一百卷本），上海古籍出版社 1991 年。又四庫本（一百二十卷本）。簡稱《珠林》。

23. 《唐開元占經》，〔唐〕瞿曇悉達撰。四庫本。或稱《開元占經》。

24. 《獨異志》，〔唐〕李冗撰。《叢書集成初編》本。

25. 《北戶錄》，〔唐〕段公路撰，龜圖注。四庫本。

26. 《杜工部草堂詩箋》，〔唐〕杜甫撰，〔宋〕蔡夢弼會箋。《古逸叢書》本。簡稱《草堂詩箋》。

27. 《雲笈七籤》，〔宋〕張君房編。影印《正統道藏》本，書目文獻出版社 1992 年。

28. 《分門集註杜工部詩》，〔唐〕杜甫撰，〔宋〕王洙、趙次公等注。《四部叢刊》本。

29. 《緯略》，〔宋〕高似孫撰。四庫本

30. 《類說》，〔宋〕曾慥撰。四庫本。

31. 《紺珠集》，〔宋〕朱勝非撰。四庫本。

32. 《野客叢書》，〔宋〕王楙撰。四庫本。

33. 《能改齋漫錄》，〔宋〕吳曾撰。四庫本。

34. 《鼠璞》，〔宋〕戴埴撰。四庫本。

35. 《笋譜》，〔宋〕釋贊寧撰。四庫本。

36. 《廣川書跋》，〔宋〕董逌撰。四庫本。

37. 《三教源流搜神大全（外二種）》，〔宋〕佚名撰。上海古籍出版社 1990 年。（此書包括《三教源流搜神大全》、《續道藏》本《搜神記》、《新編連相搜神廣記》三種）。

38. 《說郛》一百卷本，〔明〕陶宗儀編。《說郛三種》本，上海：上海古籍出版社 1988 年。

39. 《本草綱目》，〔明〕李時珍撰。影印一九三年商務印書館鉛印本，中國書店 1988 年。

40. 《玉芝堂談薈》，〔明〕徐應秋撰。四庫本。

41. 《說略》，〔明〕顧起元撰。四庫本。

42. 《古今笑史》，〔明〕馮夢龍編，欒保群點校，中華書局 2007 年。

43. 《香祖筆記》，〔清〕王士禎撰。四庫本。

44. 《山海經廣注》，〔清〕吳任臣撰。四庫本。

45. 《讀書紀數略》，〔清〕宮夢仁撰。四庫本。

46. 《水經注箋刊誤》，〔清〕趙一清撰。四庫本。

47. 《山海經箋疏》，〔清〕郝懿行撰，劉朝飛點校。華東師範大學出版社，2019 年。

48. 《莊子集釋》，〔清〕郭慶藩撰，王孝魚點校。中華書局 1961 年。

49. 《讀書偶識》，〔清〕鄒漢勛撰。《續修四庫全書》本。

50. 《堅瓠集》，〔清〕褚人獲撰。《續修四庫全書》本。

51. 《經籍佚文》，〔清〕王仁俊輯，《玉函山房輯佚書續編三種》據稿本影印。上海古籍出版社 1989 年。

52. 《茶香室叢鈔》，〔清〕俞樾撰，貞凡、顧馨、徐敏霞點校。中華書局 1995 年。

53. 《水經注疏》，楊守敬、熊會貞撰。《續修四庫全書》本。

五、集類

1. 《六臣注文選》，〔唐〕李善等撰。影印《四部叢刊》本，中華書局 2012 年。本書所引《文選》各篇及注均出此書。

2. 《文苑英華》，〔宋〕李昉等編，中華書局 1966 年。

3. 《楚辭補注》，〔宋〕洪興祖撰。四庫本。